国家社会科学基金教育学青年项目
"发达地区高职院校办学模式改革研究"成果

高等教育现代化研究丛书

主　编／卢晓中

高职院校
办学模式改革

刘志文　著

科学出版社

北京

内 容 简 介

本书运用教育基本规律，特别是外部关系规律，研究高职教育的改革发展。从理论、政策和实践三个维度，对改革开放以来我国高等职业院校办学模式改革的发展规律、模式类型、实践经验进行深入分析，既肯定已取得的成就，也实事求是地指出已经存在和可能出现的问题，并有针对性地提出对策建议。

本书可供高等教育学领域的研究者和高校师生阅读，也可供高职院校的办学者参考使用。

图书在版编目(CIP)数据

高职院校办学模式改革/刘志文著. —北京：科学出版社，2017.9
（高等教育现代化研究丛书/卢晓中主编）
ISBN 978-7-03-054458-2

I. ①高… II. ①刘… III. ①高等职业教育－办学模式－研究－中国
IV. ①G718.5

中国版本图书馆 CIP 数据核字（2017）第 222042 号

责任编辑：郭勇斌　周　爽/责任校对：邹慧卿
责任印制：张　伟/封面设计：黄华斌

科 学 出 版 社 出版
北京东黄城根北街 16 号
邮政编码：100717
http://www.sciencep.com

北京教图印刷有限公司 印刷
科学出版社发行　各地新华书店经销
*

2017 年 9 月第 一 版　开本：720×1000　1/16
2017 年 9 月第一次印刷　印张：13
字数：220 000
定价：75.00 元
（如有印装质量问题，我社负责调换）

丛 书 序

在当今时代，现代化已然成为一个时代的主题。世界各国都在大力推进国家现代化，以能立于世界民族之林。在国家现代化中教育现代化又被许多国家置于重要战略地位。进入新世纪，随着教育的重要战略地位日益彰显和落实，我国教育现代化进程明显提速。特别是《国家中长期教育改革和发展规划纲要（2010-2020 年）》把基本实现教育现代化作为国家教育改革发展的战略目标。新出台的《国家教育事业发展"十三五"规划》提出的"十三五"时期教育改革发展的总目标是：教育现代化取得重要进展，为实现中国教育现代化 2030 远景目标奠定坚实基础。随着高等教育在国家发展、民族复兴中扮演越来越重要的角色，高等教育日益走向"社会的中心"，中国高等教育现代化也被提到前所未有的高度，推进高等教育现代化是促使我国从高等教育大国向高等教育强国迈进的必然选择，也成为从国家到地方正在掀起的高等教育改革发展热潮的主要路向。

伟大的实践需要伟大的理论。习近平同志在哲学社会科学工作座谈会上指出："需要不断在实践和理论上进行探索、用发展着的理论指导发展着的实践。"同样，中国高等教育现代化实践急需高等教育现代化理论给予指导和引领。高等教育现代化作为一种历史进程，显然它又是一种发展着的实践，如何为之构建和确立科学、适宜的高等教育现代化理论，便成为当前高等教育理论界必须面对并作出解答的重大课题。这也是我们组织出版"高等教育现代化研究丛书"的初衷。

高等教育现代化理论是现代高等教育发展理论的重要内容，高等教育现代化研究也是现代高等教育发展研究的重要组成部分。在我看来，对于现代高等教育发展理论体系的构建，有以下几个基本向度。

一是以多样性作为现代高等教育发展理论的逻辑起点。与传统高等教育发展不同，现代高等教育发展的一个最为普遍的也是最为本质的现象即

为多样性，这既与教育的价值追求（满足每个人的教育需求和社会对教育的多样化需求）有关，也是高等教育发展到现代以来的阶段性的特殊现象。应当说，高等教育多样性既是高等教育发展到现代的结果性现象，又是现代高等教育发展出现的种种新现象、新特征和新问题的原因或根源所在，或可称之为原因性现象。比如，高等教育大众化与多样化互为因果关系反映了高等教育多样性作为现代高等教育发展的结果性现象，以及出现新现象、新特征和新问题的原因或根源的这一现象。现代高等教育发展理论需要解释这一现象，回答这一现象带来的高等教育发展的种种问题。

二是从高等教育原理与国际比较高等教育相互联系的视角建构现代高等教育发展理论体系。教育发展理论的出现首先源于比较教育学的发展。即在 20 世纪 70～80 年代，比较教育学逐步发展为两个主要分支领域，一个是国际教育，另一个就是发展教育。当然，在我国，从发展学的角度研究教育发展问题相对晚一些，发轫于 20 世纪 90 年代。21 世纪初，人们又提出从教育原理的角度构建发展教育学，即从教育的本质及其规律来探究教育发展问题，甚至有人提出"教育的本质就是发展"。

由此也提出了一个问题，即如何将高等教育原理的角度与国际比较高等教育的角度相联系，来寻求对高等教育发展问题的正确认识。如果说国际比较高等教育为人们认识高等教育发展问题提供了一个"宽度"，那么高等教育原理则为认识高等教育发展问题提供了一个"深度"，"宽度"和 "深度"这两个向度就构成了现代高等教育发展研究的基本视角。其中，国际比较高等教育的视角，一方面，可为发现高等教育发展的普遍规律提供案例国依据（如高等教育大众化理论）；另一方面，它也可为发现特殊规律提供个案（如印度高等教育发展的"人才外储理论"）。高等教育原理的视角更多的是揭示高等教育发展的普遍性规律。国际比较高等教育角度的"宽度"则时常反映高等教育发展的特殊性。特殊性可以是普遍性的个案（通常包括个案归纳出来的普遍性和普遍性演绎出来的个案），也可以是普遍性的例外，而作为普遍性例外的特殊性可能有以下两种情形：一是这种特殊性可能是高等教育发展的一种现象，深究其本质，与普遍性所反映的高等教育发展本质并无二致；二是这种特殊性可能反映的就是高等教育发展的本质。无论何种情形，我们都需要"透过现象看本质"，这正是高等教育原理的本体功用。

三是构建"发展理论-发展理念-发展实践"现代高等教育发展研究的分析框架。高等教育发展理论作为高等教育发展的理论基础，是高等教育发展实践的理论依据，对高等教育发展实践起指导和引领作用。但高等教育发展理论对高等教育发展实践的指导和引领往往难以直接实现，需要通过一个"中介"，这个"中介"就是高等教育发展理念。高等教育发展理念是在一定的高等教育发展理论指导下形成的（广义的高等教育发展理论包括高等教育发展理念），它实际上是高等教育发展主体对高等教育发展理论的一种主观认识、主观态度和价值选择，对高等教育发展实践可以起直接的指导和引领作用。比如，高等教育发展战略是具有实践性特征的，如果说高等教育发展理论是对高等教育发展问题、发展实践的感性认识上升到了理性认识，那么高等教育发展战略则使高等教育发展理论以另一种精确的形式重新走向高等教育发展实践。

四是以系统发展观作为现代高等教育发展理论的核心理念和思想。从现代高等教育发展理论的系统发展观来观察高等教育发展问题，如高等教育的可持续发展理论等，都贯穿了这一思想理念。

五是关注高等教育自身的发展，尤其是人的发展问题，促使现代高等教育发展理论从工具理性向价值理性转变。这是跟传统的教育发展理论更多关注教育与国家、教育与社会的关系等宏观问题明显不同的地方。

构建现代高等教育发展理论体系的以上基本向度，对于建立新时期高等教育现代化理论也同样适合。本丛书着重于对高等教育现代化的理论问题与实践问题进行深入探讨，涵盖高等教育现代化的诸多方面，力图体现高等教育现代化的理论问题研究与实践问题研究相结合，宏观问题研究与微观问题研究相结合等原则。本丛书各分册中既有对高等教育现代化的基本理论问题和专题问题的系统研究，也有对国际高等教育现代化问题和国外高等教育现代化有关专题的比较研究，还有对中国高等教育现代化发展及有关专题的深入探讨。虽然有的专著书名上并没有直接冠以"现代化"之词，但皆为高等教育现代化研究的专题中应有之义。

本丛书是广东省高水平大学重点建设学科群——华南师范大学"面向教育现代化重大战略的教育学学科群"，以及华南师范大学高等教育学博

士点重点支持的重要成果。各分册的主要撰著者都是本学科领域的学者，他们为本丛书的顺利出版付出了艰辛的努力。尽管如此，由于高等教育现代化实践是发展着的，正如"用发展着的理论指导发展着的实践"所表达的意蕴，高等教育现代化理论也必然是发展着的，这便意味着高等教育发展理论体系的完善永远在路上。我们期待各位方家对本丛书提出批评指正，以使我们通过持续的高等教育现代化研究，不断完善中国特色的现代高等教育发展理论体系和高等教育现代化理论。

卢晓中

教育部长江学者特聘教授

2017 年 4 月

序

  高职教育在中国经济社会发展中发挥着重要作用，越来越受到国家和社会各界的重视。近年来，高等教育研究工作者的视线也纷纷从普通高等教育向高等职业教育转移，高职教育的研究课题和专著、论文大量涌现，但大多数只是宏观政策的解读，或就某个问题表述自己的见解，以及对某所示范性高职院校的推介。探讨高职教育的发展规律，展望高职院校的改革前景，进行深入系统理论研究的论著较少。刘志文博士最近完成的"发达地区高职院校办学模式改革研究"的课题成果《高职院校办学模式改革》，是一本值得向读者推介的新著。

  这本专著的全书结构如下。

  第一章简述中国高等职业教育的发展史，将运行与管理过程分为 5 个具有不同特点的阶段，从而指出高职教育从"层次"分类走向"类型"分类的必然性，同时也开启了高职教育与普通高等教育并行发展的空间。

  第二章是全书的理论基础，从政策与模式上分析高职院校办学制度多元化改革的必然性，从而论证办学者自主探索改革发展的合理性。

  第三章到第五章是全书的主体部分，分别论述高职院校的管理体制、校企合作、工学结合的改革，也就是从管理、办学到教学过程的自主探索，层层剥茧，步步深入。

  第六章是高职教育国际化的展望。以面向地方为主的高职院校，也应当通过多种类型的中外合作办学，走国际化的道路。

  本书的主要特点有两个方面。首先，能够较好地运用教育基本规律，特别是外部关系规律，研究高职教育的改革发展，提出许多符合规律的见解。例如，指出高职院校发展模式，由"层次"走向"类型"，是高等教育大众化的必然趋势；又如，指出办学多元化与自主办学的关系——多元化而不是同质化，有利于办学者的自主探索、自主办学、自主发展而不是被动地"等、靠、要"。其次，指出符合教育发展规律的改革及其所出现的新模式，并非都是十全十美的。在肯定其正确的改革方向时，也实事求是地指出其已经存在和可能出现的问题，有针对性地提出对策建议。该书除第一章外，每章最后一节都分别提出了"主要成就""主要问题"和"对策建议"。

这本理论与实践结合的专著，我认为既可以为高职院校办学者提供参考，也可以作为高等教育学科的研究与教学的参考书。

潘懋元

2017 年 2 月 8 日

于厦门大学教育研究院

目　录

第一章　高等职业教育发展的中国模式

第一节　当代中国高等职业教育的发展

高等职业教育是高等教育的重要组织部分，属于应用性、职业性的高等教育，按国际教育标准分类法中的分类标准，属于第5级B类，即实用的、技术的、适应具体职业的高等教育类型。以1977年高考制度的恢复为起点，当代中国高等职业教育经历了曲折起伏的、不平凡的发展历程：从高等教育的辅助和配角，逐渐成为高等教育的重要组成部分，成为实现中国高等教育大众化的生力军，成为培养中国经济发展、产业升级换代迫切需要的高素质技能型人才的主力军，在中国高等教育和经济社会发展中扮演越来越重要的角色，发挥越来越重要的作用。

一、专科学校的恢复与职业大学的创办（1977～1984年）

（一）高等专科学校的恢复

1977年，中国恢复高等教育招生考试，标志着中国高等教育进入全面恢复时期。同年，高等专科教育恢复招生。1978年，全国恢复和新建专科学校98所，招收专科生12.37万人，专科在校生达37.96万人，占本专科生总数85.63万人的44.3%。但是，由于对专科教育的重要性认识不足及"升格风"的影响，从1979年开始，专科生人数和比例逐年下落，当年的招生人数减少，专科在校生人数为34.85万人，占本专科生总数的34.2%（吴岩，孙毅颖，2009）。1980年专科生在校比1978年减少近10万人，1981年又比1980年减少6万多人，该年度专科生仅218 827人，只占本专科生总数的17.7%（杨金土，2007）。同时，专科教育的科类结构也极不合理，1982年，专科生中非师范专业的学生仅占33.9%，国家经济建设许多急需的专科人才严重缺乏。

（二）职业大学的创办

十一届三中全会确立了以经济建设为中心，把全党工作重点转移到经

济建设上来的方针，我国经济建设进入快速发展时期。为适应改革开放后地方经济快速发展对技术应用型人才的迫切需求，缓解经济快速发展与人才紧缺的矛盾，部分省市提出创办职业大学的设想。1980 年，教育部批准建立了我国首批职业大学 13 所。这些学校都是培养地方经济建设急需的高等应用型人才，因而取名"短期职业大学"（严海鹰，2008）。

1982 年，第五届全国人民代表大会第五次会议提出："要试办一批花钱少，见效快，可收学费，学生尽可能走读，毕业生择优录用的专科学校和短期职业大学。"1983 年 4 月国务院批转教育部、国家计划委员会（简称国家计委）《关于加速发展高等教育的报告》指出："要采取多层次、多种规格和多种形式加快高等教育的发展。要在发展中逐步调整好高等教育内部的比例关系，多办一些专科，注重发展一些为建设所急需的短线专业。"根据这一精神，教育部在 1983 年又批准建立了 33 所职业大学，1984 年、1985 年又批准建立了 22 所职业大学。

20 世纪 80 年代初，我国高等教育发展的重点在于规模扩张和数量增长。职业大学的产生和发展在高等教育数量上起到了补充作用。从高等教育改革的层面来看，职业大学的创办代表一种体制的突破和制度的创新，具有划时代的意义。第一，职业大学冲破长期以来中央和省的两级办学体制，主要由中心城市举办并采取多种渠道筹集资金的社会化办学方式与运行机制，表现出较强的地方性；第二，从招生、分配制度的改革入手，实行收费走读，不包分配，这是对传统高等学校管理体制的大胆创新；第三，按照当地的实际需求设置专业，培养地方经济发展急需的应用型人才，是对新型人才培养模式的有益探索。职业大学的创办体现出高等教育的创新，反映了高等教育适应经济发展的改革趋势。

二、多种办学形式的探索与调整（1985～1994年）

1985 年《中共中央关于教育体制改革的决定》首次提出要"积极发展高等职业技术院校，优先对口招收中等职业技术学校毕业生以及有本专业实践经验、成绩合格的在职人员入学，逐步建立起一个从初级到高级、行业配套、结构合理又能与普通教育相互沟通的职业技术教育体系"。我国高等职业教育正式纳入国民教育体系，开始进入一个探索与调整的阶段。

（一）专科教育的快速发展

为了遏制专科教育的滑坡趋势，改善高等教育结构，国务院于 1983 年批转教育部和国家计委《关于加速发展高等教育的报告》，指出"要在发展中逐步调整好高等教育内部的比例关系，多办一些专科"。1985 年,《中共中央关于教育体制改革的决定》进一步指出要"改变专科、本科比例不合理的状况，着重加快高等专科教育的发展"。

由于政府的高度重视和有关部门的大力支持，我国的专科教育从 20 世纪 80 年代中期开始进入快速发展时期，专科生的数量及比例逐年上升。1985 年全国专科在校生达 582 472 人，比 1983 年增加 30 万人，1986 年、1988 年、1992 年和 1994 年，专科在校生的数量先后突破 60 万、70 万、110 万和 120 万大关，专科教育得到快速发展。从 1992 年开始，专科生招生数连续 4 年都超过本科生，1994 年专科在校生为 1 226 449 人，占本专科生总数的 40.6%。普通高等教育层次结构不合理的状况已得到有效改观（李均，2007）。

专科教育在蓬勃发展的同时，也存在一些多年未能解决的问题，主要表现在：①学科结构仍不合理。新增专业多为人文学科，如师范、财经、政法、管理等，工程技术类的专业和人数增加缓慢，这与国家经济建设急需大量的应用型人才的实际不相适应。②专科特色仍不突出。一方面，新建的专科学校多由中专升格而成，一些学校尚不能很好地转换角色，在办学上仍沿用中专的一些做法，只是"扩大了的中专"；另一方面，不少专科学校把升格成本科作为奋斗目标，片面追求"高大全"，走压缩式本科的模式。从 20 世纪 80 年代中期开始，新一轮院校"升格风"愈刮愈烈，每年都有一批专科学校升为本科院校，使得专科学校无法安于本位，追求自身特色。③专科学校办学条件差的状况仍没有得到很好的改善。师资力量薄弱、经费紧张、设备不足、校舍拥挤、图书资料缺乏等问题困扰着专科学校的发展，严重影响专科教育的质量。

1990 年 11 月，全国普通高等专科教育工作座谈会在广州召开，对我国几十年来发展专科教育的经验教训进行了较为全面深刻的认识和总结；对专科教育的地位、性质与作用作了较为明晰的定位；并明确提出，专科教育是高中教育基础上的一种专业教育，主要是为基层部门、生产第一线岗位培养德智体全面发展的、有较强适应性的应用型专门人才。

（二）"五年一贯制"技术专科的试点与发展

为了有效地培养大批生产一线需要的技术人员、管理人员及业务人员，同时为了避免专科教育的本科化，加强专科教育与中等职业教育的衔接，教育部提出试办"初中后五年制的技术专科学校"实施方案。1985 年，国家教育委员会（简称国家教委）印发了《关于同意试办三所初中后五年

制的技术专科学校的通知》，开始了五年制技术专科学校的试点。

1985 年 9 月，职业教育与成人教育司在北京召开了三所试办五年制技术专科学校座谈会，经过讨论明确了五年制技术专科学校办学应遵循的指导思想："三所专科学校是属于职业技术教育体系的，中等专业教育和高等专科教育相结合的、以培养应用型、工艺型人才为主要目的的高等专科学校。"座谈会讨论认为这是一种新型的高等专科（简称高专）教育，它有利于通过教育使学生具有较坚定的专业思想和较系统的专业知识，获得较全面的专业技能训练；并强调在办学形式上有助于职业技术教育与普通教育的紧密衔接，有助于中专和高专之间内部的有机联系，有助于建立职业技术教育体系（韩星，1998）。

为适应经济社会发展对高等职业教育的需求，在原有三所技术专科学校的基础上国家教委又先后批准了 19 所重点中专学校举办五年制高等职业教育班。五年制高等职业教育的学校扩大到 22 所，开办专业 66 个（杨仲雄，1998）。部分中专、职业大学、高等专科学校鉴于五年制高等职业教育的优势和已取得的成效，也积极申办五年制高职班，使之成为高等职业教育发展的新途径。

（三）职业大学的调整与分流

职业大学的兴起主要依靠地方财政，由于认识、政策、条件和经验等方面的原因，发展初期困难重重，一些职业大学在办学方向上发生动摇，并纷纷向普通高校靠拢。1990 年 11 月，全国普通高等专科教育工作座谈会提出了职业大学可以分流的意见，在会后发布的《关于加强普通高等专科教育工作的意见》中提出："现有大多数短期职业大学在服务对象、专业设置、培养目标、培养模式、毕业生去向等方面与普通高等专科学校区别甚微，实际上是由地方举办的综合性高等专科学校。办学部门应根据本地区经济建设和社会发展的实际需要，认真研究这些学校的办学方向。一部分应办成以培养高级技艺性人才为目标的高等职业教育；一部分根据需要，经过上级主管部门审定并报国家教委批准，可以明确为普通高等专科学校。"这些意见，尽管当时存在较大的争议，但也确实引起了一些职业大学的转向或升格。1991 年初召开的全国职业技术教育工作会议及其会后发出的《国务院关于大力发展职业技术教育的决定》，虽然提出"积极推进现有职业大学的改革，努力办好一批培养技艺性强的高级操作人员的高等职业学校"，并再次强调建立包括高等职业教育在内的职业教育体系的重要性，但对职业大学的发展没有明显的推动作用。

（四）成人高等学校的发展

成人高等教育是我国高等教育的重要组成部分，多年来，为经济建设和社会发展培养了大批人才。1986年，全国职业教育工作会议提出，高等职业学校、一部分广播电视大学、高等专科学校，应划入高等职业教育。1987年6月23日，国务院批转《国家教育委员会关于改革和发展成人教育的决定》，提出"职工大学、职工业余大学、管理干部学院应当利用自己同企业、行业关系紧密的有利条件，结合需要，举办高等职业教育"。

这一时期我国高等职业教育在办学主体、学制改革及培养目标、办学特色等方面进行了积极的探索和调整。首先，进行高等职业教育办学主体探索。通过出台一系列文件，逐步将高等职业技术院校、成人高等学校、高等专科学校纳入高等职业教育领域，形成"三教统筹"，实现多主体办学。其次，开展学制改革探索。通过"四五套办""五年一贯制"试点进行办学模式改革。再次，面对办学特色、人才培养质量不能满足和符合社会要求的状况，高等职业教育进入初步调整阶段，明确了专科教育应用型人才培养目标，以及通过自身转型发展高等职业教育的发展道路，促进职业大学注重办学特色及办学质量的提升。

三、高职院校体制的确立与发展（1994～1999年）

（一）"三改一补"高等职业教育发展方针的确立

1994年，第二次全国教育工作会议确定高等教育发展的重点是高等职业教育。会议上明确提出"通过现有的职业大学、部分高等专科学校或独立设置的成人高校改革办学模式，调整培养目标来发展高等职业教育。仍不满足时，经批准利用少数具备条件的重点中等专业学校改制或举办高职班作为补充来发展高等职业教育"。自此，确定了"三改一补"发展高等职业教育的基本方针。

"三改一补"政策的形成和制定，初步划定了高等职业教育机构的办学分类，有利于整合和优化高等职业教育资源配置，并试图把过去的旧专科改造为新高职。这一政策奠定了中国高等职业教育发展的组织主体和基本格局，为高等职业教育的全面快速发展奠定了基础。

（二）高等职业教育法律地位的确立

1996年5月15日，全国人民代表大会通过的《中华人民共和国职业教育法》（简称《职业教育法》）提出，"建立、健全职业学校教育与职业培训并举，并与其他教育相互沟通、协调发展的职业教育体系"。其第13条规定："职业学校教育分为初等、中等、高等职业学校教育……高等职业学校教育根据需要和条件由高等职业学校实施，或者由普通高等学校实施。"这是我国第一次把高等职业教育以法律的形式确立下来，从此高等职业教育走上了依法办学的道路。

1998年，《中华人民共和国高等教育法》（简称《高等教育法》）颁布，其第68条规定："本法所称高等学校是指大学、独立设置的学院和高等专科学校，其中包括高等职业学校和成人高等学校。"进一步确立了高等职业教育的法律地位。

（三）"六路大军办高职"局面的形成

1999年1月，教育部、国家计委印发《试行按新的管理模式和运行机制举办高等职业技术教育的实施意见》，明确提出高等职业教育由以下机构承担：短期职业大学、职业技术学院、具有高等学历教育资格的民办高校；普通高等专科学校；本科院校内设置的高等职业教育机构（二级学院）、经教育部批准的极少数国家级重点中等专业学校；办学条件达到国家规定合格标准的成人高校，等等。同年，教育部成立高职高专教育人才培养工作评估委员会，进一步明确"三教（高等专科教育、高等职业教育和成人高等教育）统筹、协调发展"的方针。

至此，职业大学和职业技术学院、高等专科学校、普通本科院校二级职业技术学院、部分重点中专、成人高校6类高校共同举办高等职业教育的局面基本形成。

这一时期，以全国教育工作会议召开和《职业教育法》颁布为标志，高等职业教育的地位得到了确定：一是发展高等职业教育是高等教育的发展重点之一；二是高等职业教育的法律地位得到确立。

四、高职院校规模发展与质量提升（1999～2010年）

（一）高职院校的规模发展

1999年6月，国务院办公会议做出了大幅度扩大高校招生的决策，教育部随即就扩招问题进行调研，并召开多次专题研讨会。6月13日，教育部紧急召开全国扩大招生计划工作会议，决定按增加50万人的规模重新安排招生计划。6月24日，国家计委、教育部联合召开新闻发布会，宣布在年初扩大招生规模的基础上，进一步扩大高等学校招生计划，从1998年的

108 万人扩大到 1999 年的 156 万人（教育部改革开放 30 年中国教育改革与发展课题组，2008）。1999 年开始，全国高校连续大规模扩招，2002 年全国各类高等学校在学人数增加到 1600 万人，高等教育毛入学率达到 15%，初步跨入国际公认的大众化发展阶段。2009 年，全国各类高等教育总规模达到 2979 万人，高等教育毛入学率达到 24.2%。1999～2009 年，我国高等教育发生了历史性变化，高职院校的规模也得到快速发展。1999 年，高等学校专科招生人数为 61.2 万，在校生人数为 136.1 万；2002 年，高等学校专科招生人数为 161.7 万，在校生人数为 376.3 万；2009 年，高职院校招生人数为 313.4 万，在校生人数为 964.8 万。[①]10 年间，高职院校的招生人数增加了 4 倍，在校生人数增加了 6 倍。

2000 年 1 月，《国务院办公厅关于国务院授权省、自治区、直辖市人民政府审批设立高等职业学校有关问题的通知》发布，文件规定独立设置的高等职业学校、省属本科高等学校以二级学院形式举办的高等职业学校、社会力量举办的高等职业学校，由国务院授权省级政府审批设立。2000 年 3 月，教育部发布《高等职业学校设置标准（暂行）》，进一步明确了高职院校的办学条件和设置要求。高职院校审批权的下放和设置标准的明确，极大地提高了地方政府举办高职院校的积极性，高职院校得到前所未有的发展。独立设置的高职院校数量从 1999 年的 161 所增加到 2002 年的 767 所，2010 年达到 1246 所。

（二）高职院校人才培养工作水平评估

根据教育部《关于开展高职高专院校人才培养工作水平试点工作的通知》（教高司函[2003]16 号），2003 年，开展了高职高专院校评估试点工作，对 26 个省（自治区、直辖市）的 28 所高职院校进行了评估。在试点基础上，2004 年 4 月，《教育部办公厅关于全面开展高职高专院校人才培养工作水平评估的通知》（教高厅[2004]16 号）发布，委托省级教育行政部门具体组织实施本地的高职高专院校评估工作，正式建立起高职高专院校评估制度。2005 年，教育部办公厅印发《教育部关于进一步推进高职高专院校人才培养工作水平评估的若干意见》（教高[2005]4 号），对评估范围、评估标准、评估专家队伍、评估实施、评估结论、评估纪律作了进一步的规定。

由于高职高专院校人才培养工作水平评估由省级教育行政部门组织实施，缺乏统一的评估方案，2008 年以前，各地的评估工作进展较为缓慢。2008 年，教育部印发《高等职业院校人才培养工作评估方案》，各地开始

---

① 资料来源：教育部网站教育统计数据。

依据该评估方案加快开展独立设置的高等职业院校评估工作，到 2010 年，独立设置的高职高专院校基本完成了评估工作。

（三）示范性高职院校建设工程

2005 年 10 月，《国务院关于大力发展职业教育的决定》（国发[2005]35号）明确提出要实施职业教育示范性院校建设计划，在整合资源、深化改革、创新机制的基础上，重点建设高水平的培养高素质技能型人才的 100 所示范性高等职业院校。大力提升这些学校培养高素质技能型人才的能力，促进它们在深化改革、创新体制机制中起到示范作用，带动全国职业院校办出特色，提高水平。

2006 年 11 月，教育部和财政部正式启动"国家示范性高等职业院校建设计划"，这项计划被誉为我国高水平高等职业院校建设的"211 工程"。从 2006 年到 2010 年，国家分批投入 20 亿元重点支持 100 所高水平示范性高职院校建设。示范性高职院校在探索校企合作办学体制机制、工学结合人才培养模式、单独招生试点、增强社会服务能力、跨区域共享优质教育资源等方面取得了显著成效，引领了全国高职院校的改革与发展方向。

2010 年，教育部和财政部联合下发了《教育部、财政部关于进一步推进"国家示范性高等职业院校建设计划"实施工作的通知》，在原有 100 所国家示范性高等职业院校的基础上，新增 100 所左右国家骨干高职院校，以此继续推进"国家示范性高等职业院校建设计划"。

骨干高职院校建设计划着力推动地方政府完善政策、加大投入，创新办学体制机制，推进合作办学、合作育人、合作就业、合作发展，增强办学活力；以提高质量为核心，深化教育教学改革，优化专业结构，加强师资队伍建设，完善质量保障体系，提高人才培养质量和办学水平；深化内部管理运行机制改革，增强高职院校服务区域经济社会发展的能力，实现行业企业与高职院校相互促进，区域经济社会与高等职业教育和谐发展。

五、高职院校的内涵发展与创新发展（2010～2016年）

（一）高职院校的规模趋于稳定

2010 年 7 月，国务院发布《国家中长期教育改革和发展规划纲要（2010-2020 年）》，国家明确提出教育发展的战略目标：到 2020 年，基本实现教育现代化，基本形成学习化社会，进入人力资源强国行列。高等教育的主要发展任务是全面提高高等教育质量、提高人才培养质量、提升科学研究水平、增强社会服务能力、优化结构办出特色，高等教育进入内涵发展阶段，高等教育的规模发展速度趋于平稳。在这种背景下，高职院校的规模逐步趋于稳定。2010年，全国高职（专科）院校1246所，毕业生316万人，招生310万人，在校生966万人。以此为基数，2011～2015年，高职院校的规模只出现了小幅度的增长，高职（专科）院校数从1280所增长到1341所，仅增加61所；毕业生数从329万减少到322万，基本维持平稳；招生数从325万增长到348万，小幅度增加7%；在校生数从959万增加到1049万，增长9%。①

（二）建设现代高等职业教育体系

2014年6月，教育部发布《现代职业教育体系建设规划（2014-2020年）》，文件提出："加快发展现代职业教育是党中央、国务院作出的重大战略决策"，"建立现代职业教育体系，是促进现代职业教育服务转方式、调结构、促改革、保就业、惠民生和工业化、信息化、城镇化、农业现代化同步发展的制度性安排"。总体建设目标：到2020年，形成适应发展需求、产教深度融合、中职高职衔接、职业教育与普通教育相互沟通，体现终身教育理念，具有中国特色、世界水平的现代职业教育体系。高等职业教育的主要任务是"在办好现有专科层次高等职业（专科）学校的基础上，发展应用技术类型高校，培养本科层次职业人才"。"高等职业教育规模占高等教育的一半以上，本科层次职业教育达到一定规模。建立以提升职业能力为导向的专业学位研究生培养模式。根据高等学校设置制度规定，将符合条件的技师学院纳入高等学校序列。"

现代高等职业教育体系建设的重点是优化高等职业教育结构，规划提出了4个方面的改革重点：一是推进高等学校分类管理。建立高等学校分类体系，探索对研究类型高校、应用技术类型高校、高等职业学校等不同类型的高等学校实行分类设置、评价、指导、评估、拨款制度。二是引导一批本科高等学校转型发展。支持定位于服务行业和地方经济社会发展的本科高等学校实行综合改革，向应用技术类型高校转型发展，鼓励独立学院转设为独立设置的学校时定位为应用技术类型高校。三是加快高等职业学校改革步伐。深化高等职业学校治理结构、专业体系、培养模式、招生入学制度等关键领域改革，提升办学活力和人才培养质量。四是探索举办特色学院。鼓励大型企业、科研机构和行业协会举办或参与举办产教、科教融合发展，专业特色明显的特色学院，新增一批优质高等职业教育资源。

---

① 资料来源：教育部网站教育统计数据。

（三）高等职业教育创新发展行动计划

2014年5月，《国务院关于加快发展现代职业教育的决定》明确提出创新发展高等职业教育的任务。2014年6月，教育部发布《现代职业教育体系建设规划（2014-2020年）》，在推进职业教育管办评分离改革、推动职业教育集团化发展、优化高等职业教育结构、完善职业院校治理结构等方面提出了一系列的改革任务。2015年5月，国务院印发《中国制造2025》，提出力争用10年时间，迈入制造强国行列；到2025年，制造业整体素质大幅提升，创新能力显著增强，全员劳动生产率明显提高，两化（工业化和信息化）融合迈上新台阶。为了贯彻落实上述文件，2015年11月，教育部印发《高等职业教育创新发展行动计划（2015-2018年）》，明确了五大创新发展任务，分别是扩大优质教育资源、增强院校办学活力、加强技术技能积累、完善质量保障机制、提升思想政治教育质量。

在这些创新发展任务中，高等职业教育办学模式的改革与创新发展是重中之重，主要包括：①推动职业教育集团化发展。鼓励中央企业和行业龙头企业、行业部门、高职院校等，围绕区域经济发展对人才的需求，牵头组建职业教育集团，并按照属地化管理原则在省级教育行政部门备案。开展多元投入主体依法共建职业教育集团的改革试点，通过人员互聘、平台共享，探索建立基于产权制度和利益共享机制的集团治理结构与运行机制。②引进境外优质资源，加强与信誉良好的国际组织、跨国企业及职业教育发达国家开展交流与合作，探索中外合作办学的新途径、新模式。支持高等职业院校学习和引进国际先进成熟适用的职业标准、专业课程、教材体系和数字化教育资源。③探索混合所有制办学，深化办学体制改革，鼓励社会力量以资本、知识、技术、管理等要素参与公办高职院校改革。试点社会力量通过政府购买服务、委托管理等方式参与办学活力不足的公办高职院校改革。④落实高职院校办学自主权。按照中央关于分类推进事业单位改革的精神，构建政府、高校、社会新型关系，加快转变政府职能，督促地（市、州）政府进一步明确管理高等职业教育的职责与权限，进一步明确高职院校的办学权利和义务，更好地落实学校办学主体地位。放管结合，健全以章程为统领规范行使办学自主权的制度体系。⑤完善院校治理结构。落实《高等学校章程制定暂行办法》，建立健全依法自主管理、民主监督、社会参与的高等职业院校治理结构。设立校级学术委员会，作为校内最高学术机构，统筹行使学术事务的决策、审议、评定和咨询等职权，发挥在专业建设、学术评价、学术发展和学风建设等事项上的重要作用。

第二节　高等职业教育办学体制与管理模式

一、公办主导、多元并存的办学体制

经过近 40 年的改革探索，我国高等职业教育基本形成了公办主导、多元所有制共同发展的办学体制。目前几种典型的高职教育办学体制包括公办体制、民办体制、联合或合作办学体制。

（一）公办高职院校办学体制

公办高职院校是指由中央、省级政府和地市政府举办的高职院校，办学主体除了政府相关部门外，还包括其他国家机关、国有企事业单位等。公办高职院校的土地、教学设备等资产归国家所有，学校享有使用权，学校的办学经费以政府下拨的财政性教育经费为主。我国公办高职院校占据主导地位，教育部网站的统计数据显示，2015 年全国共有高职院校 1341 所，其中公办高职院校 1026 所，民办高职院校 310 所。[①]从全国范围来看，公办高职院校的构成包括两个部分，一是通过"三改一补"转型而成的高职院校，包括高等专科学校、职业大学、成人高校和部分重点中专升格转型而成的院校；二是 1999 年高校扩招之后，按照"新模式、新机制"建设的高职院校，这类高职院校主要由地方中心城市举办。

公办高职院校在发展中具有一些明显的优势。第一，有较好的办学条件和充足的办学经费。进入 21 世纪以来，地方政府高度重视公立高职院校的发展，合理扩大办学用地，建设了一批新校区，配备了现代化的实验实训设备，办学条件得到明显改善。公办高职院校办学经费主要来自国家财政性教育经费，近年来各级政府的办学资金投入不断增加。2014 年，财政部与教育部联合发布《关于建立完善以改革和绩效为导向的生均拨款制度加快发展现代高等职业教育的意见》，意见提出，2017 年各地高职院校年生均财政拨款水平应当不低于 12 000 元。中央财政根据各地生均拨款制度建立和完善情况、体现绩效的事业改革发展情况、经费投入努力程度和经费管理情况等因素给予综合奖补。充足的财政拨款为公立高职院校的可持续发展提供了充足的后劲。第二，有较长的办学历史和丰富的办学经验。由"三改一补"转型而成的高职院校，在改制、升格前大都有较长的办学

---

① 资料来源：高等教育学校（机构）数。http://www.moe.edu.cn/s78/A03/moe_560/jytjsj_2015/2015_qg/201610/t20161011_284372.html.

历史，为社会培养了大批应用型人才，积累了丰富的职业教育经验。第三，来源多样和素质较强的师资队伍。公办高职院校的师资来源具有多样化的特点，除了原有的学校师资外，新增教师主要来自各类高等院校的毕业生、行业企业的工程技术人员和本校培养的优秀毕业生。公办高职院校以其雄厚的实力、良好的平台、稳定的收入为优势，较易吸引优秀人才。随着办学条件的改善和办学经费的增加，公办高职院校的师资队伍质量不断提升，学历结构、职称结构、年龄结构不断优化。但是，公办高职院校体制也存在一些不足，比如，学校内部管理体制较为僵化，行政化特色明显，管理效率较低；公办高职院校专业设置的重复性大，市场意识不强，专业调整和课程体系改革不及时，容易陷入灵活性不足的困境。

（二）民办高职院校办学体制

民办高职院校办学体制是指学校由公民个人、私营企业、社会团体或其他社会组织举办，学校办学过程中承担资金筹集和投入的责任，政府除在政策上扶持外，一般不给予财政上的资助的办学体制。目前，我国民办高职院校的办学模式主要有以下三种。第一，大型民营企业或社会团体办学模式。大型民营企业或社会团体出资举办的高职院校，由于企业实力雄厚，往往建设速度较快、投资力度较大，学校占地面积、建筑面积、各项设施设备等都能达到国家的办学标准。第二，股份制办学模式。股份制办学是以股份形式，按照"入股自愿、股权平等、利益共享、风险共担"的原则，把分散的资金吸收到职业院校的办学中，股东按持股份额分配股息，承担有限风险，学校通常实行董事会领导下的校长负责制。按出资渠道的不同，股份制高职院校可由多个投资人以股份制形式联合出资设立，也可由自然人和法人以股份形式联合出资设立。第三，私人独立办学模式。这类学校由个人投资，出资者可以是一人，也可以是多人，学校聘请校长、教师及管理人员参与教育教学活动，采取自主办学、自主管理的方式。这类学校办学灵活、起点低，以学养学促进学校滚动发展（邱丽春，2011）。

民办高职院校的优势是办学灵活，市场意识敏锐。民办高职院校的办学主体主要是个人、民营企业、社会团体等，这些办学主体绝大多数从事生产经营活动，因此对市场的嗅觉较灵敏，在办学过程中可以及时调整办学方向，做到学校与市场的"无缝连接"。但是，有些民办高职院校缺乏科学的管理制度且功利性较强。许多民办高职院校的主办者是企业领导兼任校长，他们对教育管理知之甚少，管理制度不健全，管理方式不科学，"家长式""家族式"管理较为普遍。专业教师与行政管理人员的权责利方面，有的学校未作明确界定，教师职业压力大，待遇偏低，教师流动性大。部分民办高职院校在经营上强调赢利能力，压缩成本和投入，如高收费、为了赢利盲目上新专业、不切实际地扩大招生，舍不得在教学设备上投资。这些短视和功利的做法，影响了民办高职院校的健康发展。

（三）联合或合作办学体制

联合或合作办学体制是高职院校为促进学校与行业企业的联系，适应市场环境变化，提升办学质量和竞争实力而形成的新型办学体制。高职院校联合或合作的对象包括行业、企业、学校、政府部门、社会机构，联合或合作的形式主要有以下三点。第一，对口支援型联合办学。高职院校的对口支援存在多种形式，有行业性高职院校之间的对口支援，区域性高职院校之间的对口支援。对口支援的内容也各有不同，有些是联合招生、共同培养；有些是教师挂职交流，取长补短；有些是设立基地，委托培训。第二，集团化联合办学。集团化联合办学是指借用企业集团化的组织形式和管理方式，整合现有的职业教育资源，充分利用社会力量办学，组建校校之间、校企之间、区域之间的办学联合体即高职教育集团。高职教育集团是以各方利益一致为基础，以行业（专业）、地域或原有的建制为纽带，联合学校、企业和其他社会团体共同参与举办职业教育的一种特殊的教育集团。第三，中外合作办学。中外合作办学指高职院校与外国教育机构合作举办，以中国学生为主要招生对象的办学活动，主要包括与外国教育机构合作举办的教育机构和合作开办专业两种类型，合作的方式、内容和合作的紧密程度也各不相同，有些外方机构仅提供师资和课程，有些则颁发相应的学历文凭。

高职院校的对口支援有助于我国东西部职业教育资源的优势互补，有助于西部地区和落后地区的高职院校转变办学理念，提升办学质量，从而实现高职院校的优质化发展。高职教育集团充分依托参与方原有的教育条件和特色，通过资源整合和相互合作可以促进专业调整、师资流动、资源共享，有助于高职院校更好地适应市场环境变化，推动人才培养模式改革，更好地满足行业企业的人才需求。中外合作办学有助于引进国外优质的教育资源，学习先进的办学和管理经验，提升我国高职院校的教育管理水平和师资水平。这些都是联合或合作办学体制的优势。需要指出的是，联合或合作办学在质量和规模上仍处于较低水平。如对口支援的主体过于单一，对口支援大都在公办高职学校之间展开，东部优秀的民办高职院校与西部公办高职院校、东部优秀的公办高职院校与西部民办高职院校的对口支援与合作未能展开，而且支援方一般迫于行政命令不得不完成此项任务，较少有高职院校主动寻求与西部高职院校进行对口支援活动。高职教育集团或通过校际间的联合建成，或通过企业办学校、学校办企业等方式建成，在建设和发展中，参与方在人事、财务、教学、管理等方面存在较多冲突和矛盾，管理体制与运行机制还有待完善。中外合作办学也存在地域分布上东重西轻、专业设置趋同现象严重、参与合作办学的外方总体水平不高、生源总体质量水平不高等问题。

二、两级管理、以省级人民政府管理为主的管理体制

（一）两级管理、以省级人民政府管理为主的管理体制的形成

改革开放以来，我国高等教育管理体制进行了相应的改革，高等职业教育的管理权限逐步从中央下放到省级政府。1985 年 5 月，中共中央颁布了《中共中央关于教育体制改革的决定》。文件提出"改变政府对高等学校统得过多的管理体制"，"在加强宏观管理的同时，坚决实行简政放权，扩大学校的办学自主权"。1986 年 3 月，国务院发布了《高等教育管理职责暂行规定》，对国家教委、国务院有关部门和省（自治区、直辖市）人民政府对高等教育的管理职责做出了明确规定。统一领导、分级管理的高等教育管理体制基本确立。

1993 年 2 月，中共中央、国务院印发了《中国教育改革和发展纲要》，要求深化高等教育体制改革，"主要是解决政府与高等学校、中央与地方、国家教委与中央各业务部门之间的关系，逐步建立政府宏观管理、学校面向社会自主办学的体制"。1998 年，《高等教育法》颁布，第 13 条规定："国务院统一领导和管理全国高等教育事业。省、自治区、直辖市人民政府统筹协调本行政区域内的高等教育事业，管理主要为地方培养人才和国务院授权管理的高等学校。"以法律的形式巩固了前一阶段高等教育体制改革的成果。

1999 年 6 月，《中共中央国务院关于深化教育改革，全面推进素质教育的决定》要求"进一步简政放权，加大省级人民政府发展和管理本地区教育的权力以及统筹力度，促进教育与当地经济社会发展紧密结合。今后 3 年，继续按照'共建、调整、合作、合并'的方式，基本完成高等教育管理体制和布局结构的调整，形成中央和省级人民政府两级管理、以省级人民政府管理为主的新体制，合理配置教育资源，提高教育质量和办学效益。经国务院授权，把发展高等职业教育和大部分高等专科教育的权力以及责任交给省级人民政府，省级人民政府依法管理职业技术学院（或职业学院）和高等专科学校"。由此，两级管理、以省级人民政府管理为主的

高等职业教育管理体制基本形成。

（二）省级人民政府统筹高等职业教育的职能

省级人民政府统筹高等教育的职能是依照法律和行政法规的规定，遵循高等教育的规律，根据高等教育改革发展的实际情况确立的。对高等职业教育管理而言，宏观上的职能包括以下几个方面。

1. 立法、执法职能

贯彻落实党和国家关于高等职业教育的路线、方针和政策及法律、法规，根据实际情况研究制定相应的措施和办法。起草有关高等职业教育的法规草案。执行本级人民代表大会及其常务委员会有关高等职业教育的决议。

2. 统筹、规划职能

研究提出本地区高等职业教育改革与发展战略，组织、制定并实施本地区高等职业教育事业中长期发展规划。组织、制定并实施本地区高等职业教育管理体制改革和学校布局结构调整方案。

3. 审核、批准职能

经国务院授权，直接审批实施专科教育的高等学校的设立、分立、合并、终止、变更名称、类别和其他重要事项。

4. 管理、监督职能

监督、检查各高职院校贯彻执行党和国家有关高等教育的法律法规，以及路线、方针和政策的情况。指导、检查各高职院校研究制定改革与发展战略及中长期发展规划。指导、检查各高职院校的基础设施建设、学科专业建设和师资队伍建设，确保各高职院校的办学条件达到国家规定标准。指导、检查各高职院校教学工作、科研和社会服务工作、学生工作，确保本地区高等职业教育的教学质量、办学水平和办学效益。组织对直接管理的高职院校进行办学水平和教学质量的监督、检查与评估。

5. 投入、保障职能

认真落实《中华人民共和国教育法》（简称《教育法》）和《高等教育法》的有关规定，为本地区高等职业教育发展提供资金投入和条件保障。建立以财政拨款为主、其他多种渠道筹措高等教育经费为辅的投入体制，制定本地区内高职院校年经费开支标准和筹措办法，作为举办者和高职院校筹措办学经费的基本依据。组织制定并协调落实土地、建设、

税收等方面的优惠政策，为高职院校提供条件保障。积极引导和鼓励企业事业组织、社会团体及其他社会组织和公民个人向高等职业教育投入。

（三）高等职业教育管理体制改革的方向

经过改革开放近 40 年的发展，我国高等职业教育管理体制取得了很大的成绩，但是，高等职业教育管理体制仍然存在一些问题，主要表现为以下 4 点：①管理部门的条块分割问题。很多高职院校由中职升格或行业部门转制而来，其主管部门不仅有省、市地方政府，还有行业和企业，或是合办合管，主管部门之间存在协调管理问题。②教育行政部门内部各类教育协调问题。普通教育、职业教育、高等教育、成人教育分属不同的管理系统，高等职业教育交织于几个相对独立的管理系统之间，存在如何有机协调的问题。③政府各部门之间协调管理问题。高等职业教育涉及教育、经济、劳动等多个政府部门，这些部门管理权限如何确定，大小如何分配，缺乏一个明确的标准。④企业和社会参与管理问题。高等职业教育的发展需要多方面管理主体的参与，企业、用人单位和社会各方面如何参与管理，缺乏成熟稳定的参与机制。

两级管理、以省级人民政府管理为主的管理体制解决的是由谁管的问题，即高等职业教育由哪一级政府来管的问题，而管什么、如何管这一管理体制的核心问题依然没有得到很好的解决。因此，如何切实转变政府职能、理顺政府与高校的关系是高等职业教育管理体制改革的方向。一方面，由于管理体制上的历史原因和自身的特殊性，高等职业教育涉及教育、经济、劳动、行业等不同主管部门，这些主管部门管理和参与高等职业教育管理的职责不明确，无法形成推动高等职业教育发展的合力。另一方面，教育行政主管部门内部，也存在多头管理、管理职能分散、管理效率低下的问题。如何进行组织架构的优化，明确和限定主管部门的管理职责和权限，是一项复杂艰巨的任务。政府管理职能的转变，是以教育主管部门和相关政府部门为改革对象的管理体制改革，不能由教育主管部门和相关政府部门自己来实施。因此，改革政策的设计，应该明确一个具有更高权力的机构来充当改革的主体，承担推动和实施改革的责任。这个更高的权力部门，可以是全国人民代表大会或省级政府，也可以是由上述权力部门及社会各界组成的特别委员会。

三、工学结合、校企合作的人才培养模式

工学结合、校企合作是高等职业教育人才培养模式改革中常用的两个

概念，二者既有联系，又有区别。工学结合强调教学过程中理论学习和实践实习相结合，表现形式更多地体现在课程模式和教学方式方法上。校企合作强调工学结合人才培养模式形成过程中学校与企业之间的相互合作关系和具体运行模式。工学结合、校企合作的人才培养模式在职业教育中早已有之，但作为高等职业教育人才培养模式改革的任务和政策目标，则是在高等职业教育进入"质量提升"和"内涵发展"之后。2005年8月，教育部在天津召开的职业教育工学结合专题座谈会指出："坚持工学结合、半工半读，是我国职业教育改革与发展的一个关键问题，是我国职业教育改革的重要方向，是我国职业教育发展的根本举措。"（周济，2005）2005年11月《国务院关于大力发展职业教育的决定》则明确了"大力推行工学结合、校企合作的培养模式"。2010年国务院发布《国家中长期教育改革与发展规划纲要（2010-2020年）》，明确提出职业教育"以服务为宗旨，以就业为导向，推进教育教学改革。实行工学结合、校企合作、顶岗实习的人才培养模式"。在国家政策的指导下，高职院校积极进行工学结合、校企合作的探索，形成了多种类型、各具特色的模式。

（一）工学结合的主要模式

高职院校对工学结合人才培养模式的实践探索是全国范围的，每个学校都在结合自身的条件和特点进行改革，并归纳提升为某种模式，由此形成了上百种工学结合人才培养模式。这些模式的划分标准各不相同，有的按结合方式和实践操作特点分类，如"订单式"模式、工学交替模式、"2+1"工学结合模式、共建式等；有的按学生的学时分布和实践参与深度分类，如工学交替式、顶岗实习模式、"三明治式"等；有的按学校与企业互动程度分类，如政府引导式、学校主导式、市场调节式、项目驱动式等。众多的模式划分，一方面表明了工学结合人才培养模式的多样化，实践探索非常活跃；另一方面表明工学结合人才培养模式还处在较初级的阶段，典型性、代表性的模式不多，能固化推广并形成政策制度的不多，仍需要进一步研究和实践。这里将工学结合的主要模式归纳如下。

1. "订单式"模式

"订单式"模式是指职业院校根据企业对人才规格的要求，校企双方共同制定人才培养方案，签订用人合同，并在师资、设备、教学、专业建设等方面开展合作，共同完成人才培养，企业保障学生就业岗位的人才培养模式。"订单式"人才培养建立在校企双方相互信任、紧密合作的基础上，以就业为导向，可以提高人才培养的针对性和实用性及企业的深度参与，有助于实现学校、用人单位与学生的三方共赢（刘书瀚，白玲，2014）。这种模式的优点是：第一，学校和企业双方签订用人及培养协议，双方职责明确，学生就业有保障。第二，教学计划、教学组织工作针对性强，有助于学校集中精力教学，提高教学质量和管理质量。第三，企业参与制定人才培养方案，针对岗位要求，实践技能培养更有针对性。第四，企业参与人才培养质量评估，保证学生所学的专业技术符合企业需要。"订单式"模式存在的问题是"订单"数量、"订单"的专业类别变化大，难以实现规模效应，对学校的专业课程设置安排和教学管理都提出了新的挑战。

2. 工学交替模式

工学交替模式指学生整个学习过程划分为在校学习和在企业工作交替进行的人才培养模式。工学交替模式在不突破现有学制的前提下，进行学习与工作实践的交替循环，不影响正常的教学计划和课堂学习，同时生产实践和实习环节统一安排，分散进行，双向选择，灵活多样（徐卫东，2013）。工学交替模式的优点在于将实践教学分散在不同学年，使整个教学过程都能与实践紧密结合，较好地解决了理论教学与生产实习脱节的矛盾；有利于学生了解企事业单位对相关岗位的知识和能力需求，及时调整自己的学习目标和学习方向；能够锻炼学生适应社会的能力，培养学生的动手能力及创新能力；扩大学校与企业、社会的接触面，为学校利用社会资源办学提供了条件；有利于调动企业参与工学结合教学的积极性。这种模式要求学校拥有较多的合作企业资源，要求学校与企业之间建立较为紧密的合作关系，企业必须具有较强吸纳能力，能提供较多的生产实习岗位，对于地处经济发达地区、企业较为密集的高职院校较为适用。

3. "2+1"工学结合模式

"2+1"工学结合模式是高职高专院校在进行人才培养模式改革中，采用较为普遍的一种培养模式。采用这种模式的高职院校，三年教学中学生两年在学校学习，一年在企业实践。学生的校内学习以理论课为主，辅之以实验、实训等实践性教育教学环节；在企业的一年以顶岗实习为主，同时学习部分专业课，结合生产实际选择毕业设计课题，并在学校和企业指导教师的共同指导下完成毕业设计。其突出的特点是校企紧密结合，充分发挥学校和企业两个育人主体作用，提高学生综合素质、动手能力和解决实际问题的能力，增强学生适应社会和工作岗位的能力（郭晓川，2001）。"2+1"工学结合模式的优势在于理论学习和实践学习的时间分段比较明确，可以保证教学计划的顺利实施。另外，理论学习、基础技能训练、专业技能训练、综合专业技能训练层层递进，有利于系统专业知识的传授和系统专业技能的训练。这种模式适用范围广，可以适应各类型、各地区的专业，困难在于最后一年的实习实训工作能否落到实处，如果与企业合作关系不紧密，或由学生自主寻找实习实训单位，就有可能流于形式，难以保障实习实训的质量。

4. 顶岗实习模式

顶岗实习是指学生到企业具体岗位上工作，一边学习理论，一边进行生产工作实践。它与传统意义上的实习不同，参加顶岗实习的学生在工作期间有正式的工作岗位，要像正式员工一样承担一线的岗位职责，这是顶岗实习的重要特点（周建松，2015）。顶岗实习过程中，学生不仅接受学校教师的指导，而且还要接受企业文化的熏陶和企业委派的具有实践技能和经验的企业兼职教师指导，与此同时，企业与学校保持密切联系，反馈学生顶岗实习情况。学校则根据企业实际和要求改进教育教学工作（徐卫东，2013）。顶岗实习模式的优点在于通过工作实践锻炼，有助于学生增强实际独立工作能力；有助于学生树立起竞争意识和吃苦耐劳精神；有助于学生认识岗位、职业，促进学生就业。这种模式以企业为主导，学校如何与企业沟通协调，如何适度参与顶岗实习过程，从而使学生的专业技术、专业知识和职业素养都得到提升，是一个有待解决的问题。

5. 项目驱动模式

项目驱动模式是指学校与企业双方通过具体的项目进行合作，调整相关专业的定位和培养目标，完成和实现人才培养的一种模式（刘太刚，李金桥，2009）。项目驱动模式的优点在于以项目为载体和纽带，把企业和学校紧密地联系在一起，校企共赢，风险共担；教学过程以项目为中心，具有较强的针对性和操作性。校企双方根据项目需要，互派人员到对方任教和培训，企业为学生提供实习场所及项目所需的物质条件，学校为企业培训员工，提高企业管理水平，形成一种互惠互利的机制（刘新平，2011）。与"订单式"模式一样，项目驱动模式的不足是寻找适合的校企合作项目有一定难度，而且项目结束就必须调整人才培养模式，项目驱动模式适用范围受到限制。

（二）校企合作的主要模式

校企合作是实现工学结合人才培养模式改革的主要手段和基础条件，校企合作的深度和广度直接决定了工学结合人才培养模式及其效果，因此，校企合作成为近年来高职院校办学模式改革重点探索的领域。从企业

合作的深度和广度来看，高职院校的校企合作覆盖了办学、管理、专业建设和人才培养的整个过程，合作模式的形式和类型丰富多样。按照合作的形式和深度可以分为以下几种类型。

1. 联合办学模式

联合办学模式是指企业深度参与高职院校的办学过程，甚至成为办学主体的一种校企合作模式。主要有两种形式，一是职业教育园区模式，二是职业教育集团模式。职业教育园区模式是随着国家在经济比较发达的地区兴建高新技术开发区而逐步出现的。职业教育园区与知名行业企业共建产业园，为学生工学结合、校企深度融合搭建开放的管理平台，形成集生产性实训、企业产品开发、技术开发、教师企业锻炼、教师科研等产学研一体的教育–产业园区。以广东省为例，全省职业教育园区规划建设的土地面积超过 100 平方公里，政府资金投入超过 300 亿元，其中既有功能综合的大型职业教育园区，又有资源整合的区域型职业教育园区和片区整合的专业组合型职业教育园区（刘志文，2015）。职业教育集团由职业院校、行业企业及其他社会力量等自主独立又相互联系的要素构成，形成院校之间、校企之间互补型的横向联结和人才培养链上的纵向链接。在联合办学模式中，企业作为校企合作的重要主体，较为深入地参与高职院校的办学过程，通过政府资助、行业牵线、学校主导、企业主角的多元化合作机制来吸引企业参与。联合办学模式是一种多元结合的校企合作模式，它所面临的问题是政府、企业和学校如何各司其职，共同提高办学质量和办学水平。无论是职业教育园区还是职业教育集团，由于政府、企业、学校的关系不明晰，还无法做到完全制度化和规范化，同时，校企合作所必需的权益分配和风险控制机制尚未建成，影响了企业参与校企合作办学的积极性。但不可否认的是，这一模式将不同的利益方进行整合，是校企合作持续发展的重要路径和模式之一。

2. 管理咨询模式

高职院校的人才培养与行业企业关系密切，在办学过程中加强与企业的合作，吸纳企业参与学校的管理和决策咨询，是校企合作的重要方式。主要有两种形式，一是建立企业参与的理事会或董事会，二是成立专业建设委员会。在高职院校的办学过程中，为更好与企业加强合作，学校成立教育发展理事会，聘请企业及社会各界人士以理事会的形式参与学校的人才培养。理事会主要职责是研究学校新专业开办、人才培养规格等重大方向性问题，提出决策咨询意见，筹措经费，建立学校发展基金。专业建设委员会是指高职院校为了提高人才培养的针对性和有效性，由来自企业的技术专家、高校学术专家共同组成专业建设委员会。企业专家为高职院校的专业建设提供咨询，参与研究和制定培养目标、教学计划、教学内容和培养方式，而且参与实施和企业部门结合的部分培养任务。专业建设委员会的职责包括：有计划地开展行业重点人才需求的滚动调查；对相应专业的人才培养目标和规格进行研究，参与制定和修订高职专业教学计划；推动学校与企业合作编写教材和聘任兼职教师；推动校企合作进行技术应用项目的开发；协助学校落实企业实习基地，保证高职院校的实践性教学环节顺利进行等。

3. 校企共建基地模式

校企共建基地模式一般是指通过学校与企业的合作，结合双方的具体需求，由企业提供项目、设备、资金，在校内或企业建立实训基地，并在满足基本教学目标的前提下展开各个方面的合作。目前，校企共建的基地也可以分为两类，一类是主要为企业服务的培训中心。一些新兴行业，如物流行业、动漫行业、酒店管理、轨道交通行业等在急速扩张的过程中，急需大量的专业人员。一些企业希望抓住机遇，与高职院校联合成立培训中心，培养本行业所急需的专业人才。一方面满足企业扩张的需要，另一方面也将培训本身作为一项产业来做。另一类是主要为职业院校学生实习实训服务的实践基地。在企业中建立各专业的社会实践、实习基地，则是比较普遍的做法。在这种模式中，企业成为学校的实习基地，仅参与实习实训阶段的培养工作。企业根据学校提出的计划和要求，提供相应的条件或协助完成部分实践教学任务，主要是提供实训基地，提供兼职教师，设立奖学金、奖教金，等等。学校则向企业提供人员培训、技术服务，以及企业人员来校查阅图书资料、利用各种实验室等服务。校企共建基地模式在具体运作过程中，受各种因素的影响，有一些学校重建设、轻测评，容易导致校企共建实训基地的建设绩效不尽人意。因此，如何结合学校或专业的定位与发展，加强实训基地的管理和绩效测评，是校企合作共建基地模式需要关注的问题。

四、"双师"结构、知能并重的教师聘用制度

高等职业教育人才培养模式强调实践性教学，而要提高实践教学质量，需要一支专业实践经验丰富、专业实践技能强的教师队伍。20世纪90年代以来，职业院校教师队伍的建设问题逐渐成为各界关心的焦点。在讨论中，"双师型"教师概念被提出，慢慢出现在政策文件中，使高等职业教育强调"双师"结构、知能并重的教师聘用制度得以建立和发展。

（一）"双师型"教师概念的提出与发展

1990 年 12 月 5 日的《中国教育报》刊载了《建设"双师型"专科教师队伍》文章，使用了"双师型"教师的概念（王义澄，1990）。文章介绍上海冶金专科学校的师资队伍建设的 4 点经验，即参与学生实习过程，选派教师到工厂实习，参与重大教学科研工作，承担技术项目等兼职工作，从而在"能力"和"素质"上达到"双师型"教师的要求。20 世纪 90 年代，天津职业技术师范学院进行改革创新，培养"双证书、一体化"的"双师型"职教师资。"一体化"职业教育师资培养的构想是通过"双证书"制的教育方案实现的，即要求毕业生不仅取得大学本科或专科学历证书，同时取得劳动部门颁发的相应工种的技术等级证书。这些改革探索，开启了职业教育领域"双师型"教师队伍培养建设的探索。

1995 年，在《国家教委关于开展建设示范性职业大学工作的通知》（教职[1995]15 号）文件中，出现了"双师型"教师概念。第一条"申请试点建设示范性职业大学的基本条件"中的第 4 点提出："有一支专兼结合、结构合理、素质较高的师资队伍。专业课教师和实习指导教师具有一定的专业实践能力，其中有 1/3 以上的'双师型'教师。"1997 年，《国家教委关于高等职业学校设置问题的几点意见》（教计[1997]95 号）也使用了"双师型"教师概念。文件对新设高等职业学校的师资提出了明确的要求："副高级专业技术职务以上的专任教师人数应当不低于本校专任教师总数的 15%;每个专业至少配备副高级专业技术职务以上的专任教师 2 人，中级专业技术职务以上的本专业非教师职称系列的或'双师型'专任教师 2 人;各门主要专业技能课程至少配备相关专业中级技术职务以上的专任教师 2 人。"此后，国家教委《面向 21 世纪深化职业教育教学改革的原则意见》（教职[1998]1 号）、1999 年《中共中央国务院关于深化教育改革，全面推进素质教育的决定》（中发[1999]9 号）、2000 年 1 月《教育部关于加强高职高专教育人才培养工作的意见》（教高[2000]2 号）都使用了"双师型"教师概念。"双师型"教师队伍建设开始成为职业院校师资队伍建设的重要内容。

2000 年之后，"双师型"教师队伍建设的内容进一步具体化，"双师型"教师的数量和比例成为衡量职业院校教育教学工作质量的重要指标之一。2002 年，《教育部办公厅关于加强高等职业（高专）院校师资队伍建设的意见》（教高厅[2002]5 号）认为："改革开放以来，我国高职（高专）院校的师资队伍建设取得了很大成效，但总体上结构不尽合理、实践能力偏弱、培养渠道相对贫乏等情况尚未从根本上改观。"因此，要"建设一支理论基础扎实，又有较强技术应用能力的'双师型'教师队伍"。2003 年，教育部高教司《高职高专院校人才培养工作水平评估方案（试行）》规定，师资队伍建设要达到合格标准，专业基础课和专业课专任教师中"双师素质"教师比例要达到 50%；要达到优秀标准，"双师素质"教师比例则要达到 70%。2006 年，《教育部关于全面提高高等职业教育教学质量的若干意见》（教高[2006]16 号），则提出要注重教师队伍的"双师"结构。"要增加专业教师中具有企业工作经历的教师比例，安排专业教师到企业顶岗实践，积累实际工作经历，提高实践教学能力。同时要大量聘请行业企业的专业人才和能工巧匠到学校担任兼职教师，逐步加大兼职教师的比例，逐步形成实践技能课程主要由具有相应高技能水平的兼职教师讲授的机制。"

（二）"双师型"教师队伍建设的主要途径

2005 年《国务院关于大力发展职业教育的决定》指出要"加强师资队伍建设"，并提出了"双师型"教师队伍建设的三个主要途径。

1）依托相关高等学校和大中型企业，共建"双师型"教师培养培训基地。"十一五"期间，政府投入 140 亿专项资金，着力实施职业教育能力建设的"五大项目"。其中一个项目就是职业教育的教师素质提高计划。国家财政和地方财政在职业教育师资培养培训基地建设和师资培训工作方面提供了很大的支持。"双师型"教师培养培训基地建设取得很大进展。到 2010 年底，教育部依托普通高校、有条件的职业院校和企业，建立了 56 个全国重点建设职业教育师资培养培训基地和 8 个全国职业教育师资专业技能培训示范单位，各地建立了近 300 个省级职教师资培养培训基地（李丹，2010）。以国家级基地为龙头、省级基地为主体，灵活开放的职业教育师资培养培训体系初步形成，并成为职业教育师资培养培训的主阵地。除了国家级和省级职业教育师资培养培训基地外，各高职院校自身也非常注意与企业及相关单位合作建立"双师型"教师培养培训基地。一方面，高职院校积极与全国或当地比较知名的企事业单位建立合作关系，将企事业单位发展成为学校定点实践基地，安排教师分批分专业实训，实现长期合作；另一方面，有条件的高职院校附设相应企业，统一由校方管理，这样不仅可以有计划地安排本校专业教师前往企业实习锻炼，也可以从企业聘请优秀技术人员担任兼职教师，有效保证专业教师实践锻炼机会的同时，还促进了兼职教师队伍的稳定、持续发展。

2）依托校企合作，完善教师定期到企业实践制度。2005 年《国务院关于大力发展职业教育的决定》提出要"建立职业教育教师到企业实践制度，专业教师每两年必须有两个月到企业或生产服务一线实践"。2006 年《教育部关于全面提高高等职业教育教学质量的若干意见》指出："要增加专业教师中具有企业工作经历的教师比例，安排专业教师到企业顶岗实践，积累实际工作经历，提高实践教学能力。"这两份文件发布之后，高职院校纷纷制定相应的制度，要求专业教师尤其是缺乏职业实践经验的青年教师直接进入职业现场，与实际生产"零距离"接触。部分高职院校改革教师岗位聘用制度，要求专业教师每两年有一定时间的企业或生产服务一线实践经验，否则影响技术职称的评定和职务聘用。高职院校主动与企业达成长期协议，由企业空余一些工作岗位给高职院校专业教师，由高职院校计划性地安排本校相关专业教师轮流顶岗，接受培训。这些制度和措施有助于高职院校专业教师将理论付诸实践，在全真的实践环境中切实锻炼，提升技术实践能力，提高"双师素质"。

3）完善相关人事制度，聘用具有实践经验的专业技术人员和高技能人才担任专、兼职教师，提高持有专业技术资格证书和职业资格证书教师比例。自 2005 年《国务院关于大力发展职业教育的决定》颁布以来，各地出台了职业院校兼职教师聘用政策，鼓励职业院校加大人才引进工作的力度，根据办学特点和专业教师队伍建设的需要，通过向社会公开招聘、引进等方式，从生产一线引进或聘用了一批学历层次高、实践经验丰富的专业技术人才。同时也在制定和完善职业教育兼职教师聘用政策，支持职业院校面向社会聘用工程技术人员、高技能人才担任专业课教师或实习指导教师。

五、职业资格证书、学历文凭并重的证书制度

高等职业教育是培养面向基层生产、服务和管理第一线的高级实用型人才。职业资格证书和学历文凭是实用型人才的知识、技能、能力和素质的体现和证明，特别是技术等级证书和职业资格证书是高职院校毕业生能够直接从事某种职业的凭证。因此，实行双证书制度是高等职业教育自身的特性和实现培养目标的要求之一。

（一）职业资格证书制度的提出与发展

我国职业资格证书制度建立于 20 世纪 90 年代，1994 年《中华人民共和国劳动法》（简称《劳动法》）颁布，确立了职业资格制度的法律地位。

《劳动法》第 8 章第 69 条规定："国家确定职业分类，对规定的职业制定职业技能标准，实行职业资格证书制度，由经过政府批准的考核鉴定机构负责对劳动者实施职业技能考核鉴定。"1994 年 6 月，国家劳动部职业技能鉴定中心成立，负责国家职业资格证书制度的实施。国家职业资格证书分为 5 个等级，即初级（国家职业资格五级）、中级（国家职业资格四级）、高级（国家职业资格三级）、技师（国家职业资格两级）、高级技师（国家职业资格一级）。职业资格证书由劳动部统一印制，劳动保障部门或国务院有关部门按规定办理和核发。1996 年《职业教育法》颁布，确立了职业教育学历证书、培训证书与职业资格证书相结合的双证书制度。《职业教育法》第一章第 8 条规定："实施职业教育应当根据实际需要，同国家制定的职业分类和职业等级标准相适应，实行学历证书、培训证书和职业资格证书制度。"

我国职业资格证书制度实施时间不长，还在不断完善和提升当中。1999 年，我国颁布了第一部《职业分类大典》，根据职业分类，确定了国家职业标准的框架，制定了一系列职业和工种的国家职业标准，进而按照国家职业标准，组织推动了全国职业技能的培训工作。2004 年，国家开发完成了主要职业和工种的国家职业技能鉴定题库，并通过在全国各地建立的 8000 个职业技能鉴定所、站，对 2000 个以上的职业和工种的劳动者进行了职业技能鉴定，全国累计参加各级各类职业技能鉴定的人数超过了 6000 万人，其中，4500 万人获得了不同等级、不同职业的职业资格证书（刘术人，郭晶昉，2005）。

随着职业资格证书制度的进一步实施，职业领域的就业准入制度也逐步得到了发展。2000 年 7 月，我国开始在 90 多个职业领域试行就业准入制度。国家劳动和社会保障部出台的《招用技术工种从业人员规定》要求，自 2000 年 7 月 1 日起，用人单位招用从事技术复杂及涉及国家财产、人民生命安全和消费者利益的工种（职业）的劳动者，必须从取得相应职业资格证书的人员中录用。实行就业准入制度，对劳动者就业时所具备的职业资格进行规范，是从我国劳动力资源的素质和就业形势的实际出发采取的一项积极措施，对推行职业资格证书制度、提高劳动者素质起到了很大的促进作用。2004 年《教育部等七部门关于进一步加强职业教育工作的若干意见》明确提出："完善就业准入制度和职业资格证书制度，积极推进职业院校学生职业资格认证工作。"《国务院关于大力发展职业教育的决定》第 7 条专门对就业准入制度和职业资格证书制度作了规定，要求用人单位招录职工必须严格执行"先培训、后就业""先培训、后上岗"的规定，从取得职业学校学历证书、职业资格证书和职业培训合格证书的人员中优先录用。劳动和社会保障部、人事部和工商部等要加大对就业准入制度执行情况的监察力度，对违反规定、随意招录未经职业教育或培训人员的用人单位给予处罚，并责令其限期对相关人员进行培训，有关部门要抓紧制定、完善就业准入的法规和政策。

总之，我国的职业资格证书制度是在一定的历史背景下生成的，并随着经济与社会的发展不断完善。经过近 20 年的发展，我国职业资格证书制度实现了由企业内部的组织与管理向国家法律法规指导下的社会化管理转型。职业资格证书的社会认可程度得到了进一步的提升与强化，职业资格证书与学历文凭并重的局面正在形成。

（二）学历文凭与职业资格证书制度结合的主要途径

1）教育资源与职业资格培训和鉴定资源共建共享。近年来，职业院校积极与劳动部门和行业部门合作共建职业技能鉴定中心，职业院校开发或参与制定职业资格标准。职业院校的教育活动与职业资格证书的实施环节，在资源上互通有无，做到资源共享、优势互补。通过资源共建共享提高鉴定规模和效率；通过资源共建共享促进两个机构和两个领域更深入的互动。

2）学校专业与职业岗位对接。职业院校的专业设置不像本科专业那样强调知识体系的完整性，而是经过精心设计比较接近于现实职业岗位的一种分类。职业院校要面向市场办学，要求学校开设的专业与生产、服务、管理第一线的职业岗位相对应，不仅对应，还要连接，只有互动才能对应和连接，直至形成动态的同步更新的对接运行机制。

3）学历课程与职业技能鉴定培训课程融通。《职业教育法》明确规定："实施职业教育应当根据实际需要，同国家制定的职业分类和职业等级标准相适应。"职业教育与国家制定的职业分类和职业等级标准相适应的过程就是职业教育的课程（课程计划、课程标准、课程内容）与就业准入制度所确定的职业标准和职业技能鉴定规范的要求相互融通的过程。课程融通是当前职业院校在课程教学领域推进职业资格证书制度实施的普遍做法。

4）学业考试与技能鉴定考试互认互换。职业教育教学内容能够覆盖国家职业资格标准要求的专业，学生职业技能鉴定可与学校教学考核结合起来，避免重复考核。职业院校中与相关职业资格相对应的主体专业，经相关部门认定，其毕业生中参加理论和技能操作考核合格并取得职业院校学历证书者，可视同职业技能鉴定合格，取得相应的职业资格证书。

5）学历文凭与职业资格证书双证并重。学历文凭与职业资格证书并重既是职业院校面向市场调整育人导向的现实需要，也是职业教育与职业资格证书制度互动发展的结果。学历文凭是已有学历的鉴定和证明，是升入高一级学校的关键资格。职业资格证书是表达职业技能、进入劳动力市场就业的主要资格证明。双证书是就业市场最有效率和成本最低的能力检验标准。作为毕业生求职的"敲门砖"，双证书有力地推进了职业院校学生的就业。调查表明，实行职业资格认证的学校，其就业率明显高于没有实行职业资格认证的学校。双证并举受到企业、学生、家长的欢迎。

第三节 由"层次"走向"类型"的发展模式

中国高等职业教育的发展经历了一个曲折的过程，出现过波折起落。在进入高等教育大众化发展阶段之前，高等职业教育作为精英高等教育体系的组织部分，属于补充和辅助部分，更多地被看成高等教育的一个层次，即专科层次。进入 21 世纪以来，随着中国高等教育大众化发展政策的实施，高等教育规模快速发展，高等教育类型出现多样化分化。高等职业教育开始从理论、政策和模式上由"层次"走向"类型"，逐步形成独具特色的发展模式。

一、理论上由"层次"走向"类型"

（一）高等职业教育是大众高等教育体系的重要组成部分——高等教育大众化的理论探讨

20 世纪 90 年代初，高等教育大众化理论就开始在高等教育界引起广泛的讨论与关注，很多文章都引用美国高等教育社会学家马丁·特罗教授的观点。1999 年，马丁·特罗的《从精英向大众高等教育转变中的问题》被翻译发表在《外国高等教育资料》上，引起很大的反响。1999 年，大学扩招带来高等教育从精英向大众的深刻转变。理论界对高等教育大众化理论进行了广泛而深入的探讨，逐步认识到高等职业教育在大众高等教育体系中的地位及中国高等教育大众化发展的价值。

马丁·特罗的高等教育大众化理论指出，高等教育从精英向大众转变的过程不仅是量的变化，也是质的变化。质的变化，包括教育观念的改变，教育功能的扩大，培养目标和教育模式的多样化，课程设置、教学方式与方法、入学条件、管理方式及高等教育与社会的关系等一系列的变化。在

大众化过程中，很多国家高等教育的结构与功能都发生了相应的变化，应用型、职业型的高等学校得到快速发展并成为高等教育体系的重要组成部分（潘懋元，2000）。由此，也带来高等教育办学模式与理念的一系列变化。

20世纪90年代以来，高等教育大众化的理论探讨一直是个热点，各类文章不计其数。讨论的主题涉及高等教育大众化的内涵、发展道路、发展模式、发展政策等方面，其中都不可避免地涉及高等职业教育的地位和作用。我国著名高等教育学家潘懋元教授，长期关注中国高等教育大众化的理论和政策。他指出："高等教育大众化的前提是办学模式的多样化，而其核心则是教育质量的多样化。"（潘懋元，2001）在大众化阶段，人才的需求是多样化的，既需要学术型的高级专门人才，也需要应用型、技术型、职业型的各级各类专门人才。而后者的需要量是数以千万计的。因此，大众化的办学类型必须是多样化的。不同类型的高等教育，应当具有不同的培养目标与规格，设置不同的课程，采用不同的培养方式与方法，由不同的教育机构来实施。他进一步指出："既然高等教育大众化的前提是多样化，包括办学的层次与类型、培养目标与规格、课程与教学内容的多样化，那么，大众化高等教育的质量也必然是多样化的。"（潘懋元，2001）这一观点得到众多学者的认同。

在此基础上，人们认识到，职业型的高等教育与学术型的高等教育之间并不是层次上的差异，而是类型上的差异。二者属于不同类型，具有不同培养目标与规格，有各自的质量标准，都能实现一流的质量目标。

（二）高等职业教育属于相对独立的高等教育类型——高等学校分类定位的理论探讨

随着中国高等教育规模的迅速扩大，高校数量的急剧增加，到2010年，全国高等教育总规模突破2800万人，高校数量突破2000所。"由于思想准备不足、理论研究滞后、政策引导不到位，全国高等学校出现了分类不清、定位不明、发展方向趋同的现象。"（潘懋元，董立平，2009）"在高等教育结构与体系研究中，如何划分高等学校类型，是一个世界性的难题，又是一个高等学校定位与发展不能不解决的问题。"（潘懋元，吴玫，2003）如何引导全国高校分类发展，解决多样化的社会需求与单一化的发展目标的矛盾，是当前中国高等教育事业发展中亟待解决的难题，也是一项复杂且困难的工作，高等学校的分类定位问题引起研究者的广泛关注。

在关于高等学校的分类定位方案的研究中，《国际教育标准分类法》受到广泛关注。它将第三级教育（高中后教育）分为两个阶段。第一阶段（序数5）相当于专科、本科和硕士研究生教育；第二阶段（序数6）相当于博士研究生阶段教育。第一阶段分为5A、5B两类，5A类是理论型的，5B类是实用技术型的。5A类学习年限较长，一般为4年以上，并可获得第二学位（硕士学位）证书，目的是使学生进入高级研究项目或从事高技术要求的专业。5B类学习年限较短，一般为2～3年，也可以延长至4年或更长。学习内容是面向实际、适应具体职业内容的，主要目的让学生获得从事某类职业或行业所需的实际技能和知识，也就是劳务市场所需要的能力与资格。在这一分类法中，学术型教育与应用型/技术型/职业型的教育分为A、B两种类型，在类型的基础上进而分为不同的层次。

先分类型再分层次的指导思想，被其他各种高等学校分类定位方法认同和接受，并在世界范围内得到实践和应用。精英化阶段的中国高等教育以学术型为基础，高校分类主要强调层次，将高等教育分为专科教育、本科教育、硕士研究生教育、博士研究生教育。中国高等教育进入大众化发展之后，以学术型为基础的分类方法受到挑战。一方面，高等教育规模迅速扩大，大学生数量急剧增加，社会容纳不了这么多学术型人才，无法满足劳动力市场的人才需求；另一方面，高校同质化无法办出个性和特色，高等教育的质量无法得到保障和提升。因此，高等职业教育的发展顺应了历史的潮流和时代的需要，得以快速发展。1999年扩招以来，高等职业院校已发展到1300多所，成为大众化高等教育体系的主要组成部分。高等职业教育作为一种应用型/技术型/职业型的高等教育类型得到广泛认同，其办学思想、办学模式、人才培养模式、课程和教学形式等都在不断地形成自己的特色。

二、政策上由"层次"走向"类型"

（一）法规政策体系上明确高等职业教育的类型特征

自1996年以来，国家颁布了《职业教育法》《高等教育法》《国务院关于大力发展职业教育的决定》《国家教育中长期改革和发展规划纲要（2010-2020年）》等一系列法律法规文件，高等职业教育的类型特征和政策导向越来越清晰明确。1996年《职业教育法》颁布，其中第13条规定："职业学校教育分为初等、中等、高等职业学校教育。""高等职业学校教育根据需要和条件由高等职业学校实施，或者由普通高等学校实施。"1998年，《高等教育法》颁布，其中第68条规定："本法所称高等学校是指大学、独立设置的学院和高等专科学校，其中包括高等职业学校和成人高等学校。"通过这两部法律，确立了高等职业教育的法律地位。2002年，《国务院关于大力推进职业教育改革与发展的决定》在管理体制和办学体制改革方面取得较大的进展。在管理体制方面，明确了"分级管理、地方为主、政府统筹、社会参与的职业教育管理体制"，"强化市（地）级人民政府在统筹职业教育发展方面的责任"。在办学体制方面，改革的任务是"形成政府主导、依靠企业、充分发挥行业作用、社会力量积极参与的多元办学格局"，并将高等专科学校、成人高等学校等各类高等职业教育院校的名称逐步统一规范为"××职业技术学院"。2005年，《国务院关于大力发展职业教育的决定》明确了高等职业教育的发展目标，到2010年，"高等职业教育招生规模占高等教育招生规模的一半以上"。提出要"坚持以就业为导向，深化职业教育教学改革"，从办学思想、教学改革、实践能力和职业技能培养、工学结合校企合作培养模式等方面，突出职业教育教学的特色。2010年，《国家教育中长期改革和发展规划纲要（2010-2020年）》颁布，其中第22条提出："促进高校办出特色。建立高校分类体系，实行分类管理。发挥政策指导和资源配置的作用，引导高校合理定位，克服同质化倾向，形成各自的办学理念和风格，在不同层次、不同领域办出特色，争创一流。"

上述法规政策，明确了高等职业教育的法律地位，明确了高等职业教育的性质和特征，明确了新时期的发展任务，确立大力发展高等职业教育的方针，并且制定了一系列的支持政策，使高等职业教育的发展呈现出良好的态势。

（二）发展政策和管理措施上促进高等职业教育的改革与发展

2000年以来，《教育部关于加强高职高专教育人才培养工作的意见》（2000）、《教育部办公厅关于加强高等职业（高专）院校师资队伍建设的意见》（2002）、《教育部关于以就业为导向，深化高等职业教育改革的若干意见》（2004）、《教育部关于全面提高高等职业教育教学质量的若干意见》（2006）等一系列针对高等职业教育发展的专项政策措施相继出台。在这些政策中，"国家示范性高等职业院校建设计划"和"高职高专学校人才培养工作水平评估"对促进高等职业教育发展和提高高等职业教育质量发挥了重要作用。

实施"国家示范性高等职业院校建设计划"，是加快高等职业教育改革与发展的重要战略举措。2006年11月，教育部和财政部正式启动了"国家示范性高等职业院校建设计划"，2006～2010年，国家遴选了100所高职院校进行重点建设。这项计划被誉为我国高水平高等职业院校建设的"211 工程"，示范建设院校在探索校企合作办学体制机制、工学结合人才培养模式、单独招生试点、增强社会服务能力、跨区域共享优质教育资源等方面取得了显著成效，引领了全国高职院校的改革与发展方向。2010 年，教育部和财政部联合下发了《教育部、财政部关于进一步推进"国家示范性高等职业院校建设计划"实施工作的通知》，再遴选 100 所国家骨干高职院校进行重点建设，继续推进"国家示范性高等职业院校建设计划"。

2003 年，教育部开始进行高职高专院校人才培养工作水平评估试点，2004 年正式启动水平评估工作。2008 年，教育部修订了《高职高专院校人才培养工作水平评估方案（试行）》，并下发通知要求各地开始独立设置的高职院校评估工作。2008 年以来，全国各地的高职院校已完成人才培养工作水平评估工作。从评估方案和评估指标体系来看，高职高专院校人才培养工作水平评估与本科院校教学工作水平评估有很大的不同，除了办学目标与定位、办学指导思想、人才培养目标之外，"双师型"教师队伍建设、兼职教师、实训实践教学、顶岗实习、工学结合、校企合作、双证书等方面都根据高等职业教育的性质和特点提出了明确的评估指标，有利于引导高等职业教育人才培养模式的改革方向。高职高专人才培养工作水平评估，对于促进高等职业院校加强内涵建设，深化校企合作、工学结合的人才培养模式，推动教育行政部门完善对高等职业院校的宏观管理，逐步形成以学校为核心、教育行政部门为引导、社会参与的教学质量保障体系，促进我国高等职业教育持续、稳定、健康发展发挥了重要作用。

三、模式上由"层次"走向"类型"

20 世纪 80 年代以来，为了促进职业教育的发展，中国政府积极推动职业教育领域的国际合作，特别是学习、借鉴西方国家在职业院校办学方面的成功经验。近 10 年来，中国高职院校与德国、英国、美国、澳大利亚等在高职教育领域的合作交流持续深入，对中国高职院校的发展和改革起到了积极的推动作用。与此同时，中国高职院校也立足地方，在专业设置、课程开发、教学改革方面进行了大量卓有成效的探索和改革，已经初步形成了独具特色的人才培养模式，具体体现在以下几个方面。

（一）以学生为主体的教育理念

西方国家的高职院校非常重视以学生为主体的教育理念。例如，澳大利亚职业技术教育（Technical and Further Education，TAFE）学院明确提

出办学宗旨：一切为了学生，教学以学生为中心，学生是顾客、是用户。美国社区学院则重视个别化学习，以学生为中心，注重学而非注重教，学生可根据自己的基础和接受能力安排学习进度，选择适合自己的学习方式（田静等，2007）。在西方国家的高职院校中，学生为主体的理念贯穿了整个培养过程，体现在从培养目标、专业选择、课程设置、教学模式到教学管理和学生服务的各个方面。相比而言，中国高职院校以学生为主体的理念还处在形成和发展之中，但已经在核心的课程与教学领域中出现重要转变。近年来，很多高职院校正在进行"高职课程的能力本位项目化改造""教师职教能力测评"的课程教学改革。其目的是"探索构建以能力为本位、以职业实践为主线、以项目课程为主体的模块化的专业课程体系"（孟香香，胡静，2011）。改革的核心理念之一是以学生为主体。

（二）以职业能力为本位的培养目标

从世界范围来看，高职院校的培养目标是应用型的技术人才，职业能力的培养是关键。例如，德国科技大学的培养目标以务实性人才为主，强调职业能力的培养，毕业生大多从事企业中层管理工作及设计、生产、市场营销和技术咨询等实务工作。澳大利亚的 TAFE 学院为使学员能较快适应社会职业岗位的要求，专门研究并制定了国家能力标准。由国家行业培训咨询机构（Industry Training Advisory Body，ITAB）开发"培训包"，内容包括国家能力标准、评估指南和国家资格培训框架。英国的职业院校的课程教学目标非常明确，就是发展专业能力和通用能力，并且重视通用能力的培养。美国的社区学院则强调综合职业能力的培养。由此可见，能力本位的思想已经成为国际高等职业教育界的共识。各国对职业能力本位的理解不是停留在概念上，而是通过将能力类型细分为专业能力、通用能力、关键能力，更准确地区分课程类型和教学目标，同时通过能力标准的制定和评定，规范课程标准，保证课程质量。中国的高职院校在培养目标上也强调"以能力为本位"，但在以"就业为导向"的发展观指导下，能力本位更多地窄化为专业技能本位。中国在职业能力的理论研究和职业能力标准的开发上还比较落后，缺乏相应的研究和组织机构。不同的高职院校对职业能力的理解不同，课程开发时应用的能力标准也各不相同，表现出非常强的个体性和随意性。中国也在尝试学习西方国家建立全国统一的能力标准体系，但由于教育界与产业界之间、职业院校与企业之间尚未形成紧密联系的机制，相关的政策和管理制度也不健全，要在短期内形成统一的能力标准，并得到行业企业的认可，还有相当长的一段路要走。

（三）功能综合的实践教学体系

近年来，我国高职院校与国外高职院校合作交流日益频繁，其中，国外的实践教学体系是学习、借鉴的重要内容。国外实践教学的不同模式在我国都有所借鉴和发展，如"理实一体化教学模式""实训工厂模式""企业与学校交替模式"等。"理实一体化教学模式"最早出现在技工学校，目的是打破理论课、实验课和实训课的界限，将理论教学、实践教学、生产融于一体，近年来在高职院校进行了广泛的改革实践，覆盖了各种不同的专业类型。"实训工厂模式"则主要体现为高职院校加大实训中心的建设力度。高职院校人才培养工作水平评估和"国家示范性高等职业院校建设计划"对实践教学体系的建设也发挥了积极的推动作用。实践教学体系的建设是评估的重点指标，包括校内实训条件、校外实训基地、职业技能鉴定等方面。通过评估和示范性建设，高职院校的实践教学条件得到了改善，实践教学体系也不断完善。中国高职院校的实践教学体系，共性特征大于个性和差异。这种共性特点就是强调"从学校到工作"的过渡，特别是最后一个学期的实习，基本上在企业进行，并试图做到从学校到工作的无缝对接。

（四）灵活多样的校企合作方式

美国重视政府、企业与职业院校的紧密合作。美国的职业教育法规定，联邦政府有责任向各州提供职业教育专项补助经费，州政府是职业教育经费的主要提供者，直接进行职业教育管理工作（任钢建，2008）。同时，社区学院与工商企业各界建立了良好的协作关系，由工商企业各界反馈现代职业领域的最新需求，参与学院培训目标、课程设置等办学制度的制定，雇主通过确定职业培训合作项目及其经费、担任学院咨询委员会成员等方式参与社区学院的建设。澳大利亚的 TAFE 学院强调对企业、行业和社会的开放。许多 TAFE 学院接受大公司企业的赞助，并吸收其法人代表参加董事会，直接参与学校的管理。行业通过构建标准、参与管理、提供兼职教师、支持实训基地建设、参与质量评估、投资岗位技能训练等方式参与学院建设（朱建峰，2008）。学校的各个专业也都聘请企业代表参与指导教育教学，参与实习基地建设等。西方国家高职院校的校企合作既强调政府的政策和制度保障，又强调学校与企业之间的自由选择。相对而言，我国高职院校的校企合作更多地表现为市场行为，缺乏强有力的政策支持和制度保障，企业显得较为被动。虽然如此，中国高职院校在校企合作、工学结合的人才培养模式改革上还是取得了非常重要的进展。特别是在珠江三角洲、长江三角洲、环渤海经济区等沿海地区，校企合作起步早、模式多、程度深，创造出就业主导式、战略伙伴式、交叉培训式、"冠名式"等一系列形式多样的校企合作模式。高职院校与企业之间的合作有效地促进了产业与学校之间的良性互动，推进了技能型人才培养方式的根本转变，得到社会、企业和学校的充分肯定和认可。

第二章 高职院校办学体制多元化改革

办学体制主要是指谁来办学和如何办学的问题，包括由谁举办、由谁投资，以及学校产权关系、经营管理权等一系列问题。具体而言，高职院校办学体制是指高职院校举办和管理活动的组织机构形态、领导隶属关系、办学管理权限等方面的体系、制度、方法和形式的总称。高职院校的办学体制改革是随着我国教育体制改革的推进而逐步深入的。1985年，《中共中央关于教育体制改革的决定》发布，为高等学校办学体制改革指明了方向，也为高职院校办学体制的改革拉开了序幕。1993年2月，《中国教育改革与发展纲要》发布，办学体制改革成为教育体制改革的核心内容。1993年开始，"多元化办学体制""办学体制多元化"成为教育体制改革研究的热点关键词。

高职院校多元化办学体制，是指以政府办学为主，社会各界参与办学为辅，中央、省、中心城市三级办学相结合，公办与民办高职院校并存的办学体制。办学体制多元化改革，就是指突破政府单一办学体制，在政策和制度上允许和鼓励除政府部门之外的企业、部门、民间组织、个人等投资办学、捐资助学的办学体制改革过程。

第一节 办学体制多元化改革的政策分析

一、办学体制多元化改革的历史背景

（一）经济体制的市场化转型

十一届三中全会以后，国家的工作重点转移到经济建设上来，开始实施改革开放政策。改革首先从农村"家庭联产承包责任制"开始，农民生产积极性空前提高，农业生产力得到的释放和提升。农村经济体制改革有力地推动了城市经济体制改革。

1984年10月，《中共中央关于经济体制改革的决定》指出，"改革是为了建立充满生机的社会主义经济体制"，并把"发展社会主义商品经

济""积极发展多种经济形式"作为改革的重点。这是全面进行经济体制改革的纲领性文件，冲破了高度集中的计划经济体制，对搞活经济、促进国民经济持续稳定发展起了积极作用。1992 年初，邓小平南方谈话对计划和市场的关系进行了深刻论述，指出"计划经济不等于社会主义，资本主义也有计划；市场经济不等于资本主义，社会主义也有市场。计划和市场都是经济手段"（邓小平，1993）。1992 年 10 月召开的中国共产党第十四次全国人民代表大会上，首次明确地把建立社会主义市场经济体制作为我国经济体制改革的目标，对社会主义市场经济的内涵、特点、运行原则作出了理论概括。1993 年 11 月，中共十四届三中全会通过了《中共中央关于建立社会主义市场经济体制若干问题的决定》，这个决定勾画了社会主义市场经济体制的基本框架，标志着我国的经济体制改革已经进入了建立社会主义市场经济的全局性整体推进新阶段。

经济体制改革的推进、社会经济的强劲发展，迫切要求高等教育大发展，而计划经济下形成的高度集中统一的教育体制与经济体制改革严重不适应，阻碍了教育的发展和经济的发展。经济体制市场化的转型成为高职院校多元化办学体制改革的外部动因。

（二）高等学校办学体制的一元化弊端

中华人民共和国成立以后，我国的政治、经济体制发生了根本性的变化。经济上，形成了公有制经济一统天下的局面；教育上，民国时期不同办学主体举办的高等学校分别被接管、接办和接收，形成了政府一元化办学的格局。

高等学校一元化办学体制具有以下几个特点：一是办学主体单一，高等学校全部由国家举办，全是国立或公立高校。二是严格统一的计划安排，高等教育高度集权管理。高校从招生计划的制定、学科专业的设置、教学计划的拟定、教材的编写到学生的毕业分配，整个过程全部纳入国家统一的计划中，由国家统一安排。三是学校对政府的高度依赖，学校、教师、学生全都由国家一包到底。学校所有经费、设备、基建，都由国家解决；教师的生、老、病、死、退全部由国家负责；学生的吃、住、医疗、分配统统由国家包办。政府对学校的"统、包、管"，导致学校对国家产生"等、靠、要"的依赖思想。四是部门、行业封闭办学，高校培养出来的学生基本上只在本地区、本行业部门就业，导致部门与部门之间、学校与学校之间相互隔离、自我封闭，缺乏必要的联系和沟通。

政府一元化办学的体制虽然在一定程度上适应了计划经济体制的要

求，也为我国社会主义现代化建设作出了巨大的贡献，但随着改革开放政策的实施和市场经济体制的形成，高等教育一元化办学体制的弊端日益显现出来。一是教育投入严重不足，影响教育事业的发展。国家包办一切教育，长期实行公费办学，给国家财政背上了沉重的负担。随着人们生活水平的提高，高等教育的需求越来越大，经费投入不足就成为困扰我国教育事业发展的一个重要原因。二是教育资源无法达到优化配置，资源浪费、闲置现象比较严重，不利于教育质量和水平的提高。三是教育供给不足，不利于满足人民群众的多样化需求。现阶段我国教育的主要矛盾是人民群众日益增长的受教育需求与教育供给不足之间的矛盾，政府的计划控制加剧了这一矛盾。四是整个高等教育系统创新乏力，不能很好地适应经济社会发展的需要。政府对高校的高度集中控制和高等学校对政府的高度服从和依赖，严重制约了高等学校作为创新主体的动力和活力。这种情况下，高等教育办学体制的改革势在必行。

（三）社会力量和地方政府的创造性探索

十一届三中全会后，培养应用型专门人才的高等专科学校相继恢复，但是类型单一、规模有限、发展迟缓，远远不能满足商品经济、市场经济对应用型、职业型人才的需求。在这种情况下，社会力量办学、民办高校的出现，职业大学、职工大学的发展，经济发展较快的沿海地区的中心城市新办院校的发展，各种突破高等教育一元化办学体制的探索悄然进行，继而引起广泛关注，形成蓬勃发展之势。

1. 民办高等教育的探索

1980年，由邓小平同志题写校名的"北京自修大学"创建，揭开了新时期中国民间办学的序幕。1982年，第五届全国人民代表大会通过的宪法修正案把"国家鼓励社会力量依法举办教育事业"写进了宪法，极大地促进了民办高等教育事业的发展，并在1984～1986年迎来了民办高等教育发展的第一个高潮，在这三年中，一共建立了民办高等教育机构250所。1992年，邓小平同志南方谈话是改革开放以来的又一次思想大解放。同年召开的中国共产党第十四次全国代表大会也强调："要改变国家包办教育的局面，支持和鼓励民间办学。"受此鼓舞，民办高等教育迎来了第二个发展的高潮，1992～1994年，新成立的民办高等教育机构有600多所。到2000年，全国共有民办高等教育机构1200多所，绝大部分属于非学历高等教育机构，民办的学历高等教育机构仅为43所，基本上都是专科层次的高等职业教育机构。民办高等教育机构的发展为高职院校多元化办学体

制的形成起到积极的推动作用。

2. 职业大学的兴起

1980 年，南京市政府率先创办金陵职业大学，这是我国第一所自费走读、不包分配、择优录用、短期学制的职业大学。随后，国家教委批准建立了全国首批 13 所职业大学，迅速掀起一波职业大学的发展高潮。据统计，到 1989 年全国有 126 所职业大学，占全国高校总数的 11.7%，在校生 13 多万人，占全国高校在校生的 6.2%。职业大学以专科层次为主，有的直接以职业大学为校名，如天津职业大学、金陵职业大学、潍坊职业大学等；有称为学院的，如常州工程技术学院、沙州职业工学院、武汉商业服务学院等；有称为高等专科学校的，如杭州高等专科学校、宁波高等专科学校、绍兴高等专科学校等；也有以地名相称的，如江汉大学、鹭江大学、成都大学等（张薇之，1991）。20 世纪 80 年代是职业大学发展的黄金时期，在办学体制上进行了一系列的突破和改革。职业大学的发展突破了中央和省市两级办学体制，极大地激发了地方政府的办学积极性，提高了地方政府和社会力量举办高等教育的积极性。

3. 中心城市新办院校的发展

20 世纪 70 年代末 80 年代初，在沿海经济比较发达的中心城市出现了一股兴办地方院校的热潮。以广东为例，80 年代广东兴办了十几所地方院校，这些学校在开办之初均以大学为名，如深圳大学、汕头大学、五邑大学、惠州大学、韶关大学、嘉应大学、西江大学、佛山大学等，但不少院校开办之初属于专科层次的高校。1983～1986 年，广东先后复办、合办、新办了 17 所普通高校。其中，本科院校 5 所，专科学校 12 所（张耀荣，1987）。广东新办院校办学主体以珠江三角洲地区中心城市为主，专业设置以应用性为主。与职业大学相比，有相似之处，如都是出现在经济较为发达的地区、都是为了适应地方经济社会发展和人民群众接受高等教育的需要，专业设置都是以应用性为主；也有不同的差别，如以中心城市命名、以本科院校为办学目标等。

二、办学体制多元化改革的政策演变

1979 年，教育部发布《关于举办职工、农民高等院校审批程序的暂行规定》，对国务院各部、委所属厂矿企业、事业等单位举办的职工、农民高等院校的条件和审批程序进行了原则性规定。文件指出："举办职工、农民高等院校必须具备以下条件：学生入学时要具有高中毕业的文化水平，学校要按照大专水平的教学计划和教学大纲进行教学，要有一定数量能胜任教学的专职教师和兼职教师，要有专职的领导人员，有必需的办学设备。"审批程序则规定举办职工、农民高等院校要得到国务院主管部门、省（自治区、直辖市）主管业务部门的审批，并报教育部备案。1981年，教育部发布《教育部关于职工大学和职工业余大学建校审批工作及毕业生学历等若干问题的意见》，文件对职工大学和职工业余大学的审批范围、办学条件（招生、教学计划、师资队伍、学校领导管理机构、校舍和办学设备）、毕业生学历、审批程序等内容进行了细化和规范。文件规定职工、农民高等院校"招收具有实践经验的正式职工（不含学徒、练习生、试用人员以及临时工、合同工，下同），以培养大学专科毕业水平的人才为目标"。这两份文件的出台，为国家部委、行业企业、地方政府举办职工大学，为高职院校办学体制的多元化探索提供了政策依据。

1985年，《中共中央关于教育体制改革的决定》针对高等学校办学体制改革，明确提出："为了调动各级政府办学的积极性，实行中央、省（自治区、直辖市）、中心城市三级办学的体制。中央部门和地方办的高等学校，要优先满足主办部门和地方培养人才的需要，同时要发挥潜力，接受委托，为其他部门和单位培养学生，积极倡导部门、地方之间的联合办学。"文件肯定了地方政府和中心城市新办地方院校和职业大学的做法，同时鼓励政府、学校与行业之间的合作和联合办学。

1990年，国家教委印发《关于加强普通高等专科教育工作的意见》，对普通高等专科学校的办学定位、培养目标、师资队伍、理论知识与实践能力的关系、学校与行业企业的合作等方面提出了政策性意见。在办学定位上，明确了普通高等专科学校是"我国普通高等教育体系中不可缺少的重要组成部分"，是"在普通高中教育基础上进行的专业教育，培养能够坚持社会主义道路、适应基层部门和企事业单位生产工作第一线需要的、德智体诸方面都得到发展的高等应用性专门人才"；在培养目标上，明确了普通高等专科学校为工业和工程第一线、基层医疗卫生机构、基层财经管理部门、政法部门和企事业单位培养各类应用型专门人才；在师资队伍上，提出"从事专科教育工作的教师应具有较高的学术水平和较丰富的专业实践经验。当前，专科教师队伍建设的重点是要提高教师的专业实践能力"；在理论知识和与实践能力的关系上，明确提出"基础理论的教学要以应用为目的，以必需、够用为度，以掌握概念、强化应用为教学的重点"，"实践教学（尤其是专业实践教学）环节要在教学计划中占有较大的比重，使学生受到较好的专业训练和实践动手能力的培养"；在高职院校与行业企业合作上，强调"努力争取社会用人部门参与、承担专科人才的培养工作，包括：参与制订专业教学计划，选派有丰富实践经验和一定学术水平的人员到学校兼课，优惠提供教学仪器设备，提供社会实践和生产实习场所，参与评估学校的办学水平，协助开展专科教育教学改革的研究试点工作等等"。文件明确了普通高等专科学校在高等职业教育中的主体地位，对高等职业教育的人才培养规格、质量要求和办学特色都有了比较明确和深入的认识和把握。

1993 年，国务院发布《中国教育改革与发展纲要》，明确提出要改革办学体制："改变政府包揽办学的格局，逐步建立以政府办学为主体、社会各界共同办学的体制。""高等教育要逐步形成以中央、省（自治区、直辖市）两级政府办学为主、社会各界参与办学的新格局。职业技术教育和成人教育主要依靠行业、企业、事业单位办学和社会各方面联合办学。"为高职院校办学体制多元化发展指明了方向。文件还提出："国家对社会团体和公民个人依法办学，采取积极鼓励、大力支持、正确引导、加强管理的方针。国家欢迎港、澳、台同胞、海外侨胞和外国友好人士捐资助学。在国家有关法律和法规的范围内进行国际合作办学。举办具有颁发国家承认的学历文凭资格的各类学校，应按国家有关规定办理审批手续。"明确了社会团体和个人办学、国际合作办学、海内外人士捐资助学的合法性。1993 年 2 月，《关于中央部门所属普通高等学校深化领导管理体制改革的若干意见》颁布，1995 年出台《关于深化高等教育体制改革若干意见的通知》，改革的重点是"中央部门办学体制"，通过中央部门所属院校转由地方省级部门主管、中央主管部门与省级政府共建共管、开展多种形式的合作办学、院校合并等方式改变管理体制和办学体制。这些文件，对推动和深化高等学校的办学体制改革发挥了重要的政策指导作用。

与此同时，民办高等教育和中外合作办学也出台了相关的政策文件，有力地推动了民办高校和中外合作办学的发展。1993 年 8 月，《民办高等学校设置暂行规定》颁布，对民办高校的设置标准、设置申请、评议审批、管理、变更与调整等事项进行了规定。文件指出，"国家鼓励设置专科层次的民办高等学校"，在设置标准方面，部分条件低于《普通高等学校设置暂行条例》中高等专科学校的要求，并允许民办高校在筹办期间招生，达到建校条件后再正式申请建校。这些规定降低了民办高校的设置门槛，极大地激发了社会力量办学的热情。本科层次的民办高等学校，文件则要求参照《普通高等学校设置暂行条例》的规定执行，门槛和标准较高导致申请的民办高校较少。1995 年 1 月，《中外合作办学暂行规定》颁布，文件提出，"国家鼓励在职业教育领域开展中外合作办学。"由于中外合作办学是新生事物，暂行规定的内容还属于原则性的，比较简单，但是，政策认可了中外合作办学的合法性，对推动中外合作办学体制的发展起到积极的引导作用。

1994年，高等职业教育作为一种高等教育类型在政策中体现，从此以后，专门针对高等职业教育发展的政策逐渐增多。1994年，第二次全国教育工作会议确定高等教育发展重点是发展高等职业教育。明确提出"通过现有的职业大学、部分高等专科学校或独立设置的成人高校改革办学模式，调整培养目标来发展高等职业教育。仍不满足时，经批准利用少数具备条件的重点中等专业学校改制或举办高职班作为补充来发展高等职业教育"。这项政策被称为"三改一补"。1995年，发布《关于推动职业大学改革与建设的几点意见》，明确提出职业大学是高等职业教育的重要组成部分，同时提出要改善职业大学的办学条件，加强对职业大学的指导。"三改一补"政策初步明确了公办高等职业教育机构的类型，推动了这些学校的办学体制改革和教学模式改革，有利于整合和优化高等职业教育资源配置，并试图把过去的旧专科改造为新高职。1996年5月，全国人大通过《职业教育法》，其第13条规定"高等职业学校教育根据需要和条件由高等职业学校实施，或者由普通高等学校实施"，确立了高等职业教育的法律地位。

1999年1月，教育部、国家计委印发《试行按新的管理模式和运行机制举办高等职业技术教育的实施意见》，明确提出高等职业教育由短期职业大学和职业技术学院、具有高等学历教育资格的民办高校、普通高等专科学校、本科院校内设置的高等职业教育机构（二级学院）、经教育部批准的极少数国家级重点中等专业学校、办学条件达到国家规定合格标准的成人高校这6类高校共同举办。2000年1月，《国务院办公厅关于国务院授权省、自治区、直辖市人民政府审批设立高等职业学校有关问题的通知》发布，文件规定独立设置的高等职业学校，省属本科高等学校以二级学院形式举办的高等职业学校，社会力量举办的高等职业学校，由国务院授权省级政府审批设立。文件提出省级政府"审批设立高等职业学校，要首先着眼于对本地区现有教育资源的充分利用、合理调配和优化，坚持走多样化办学的路子。在今后的一个时期内，重点是通过对现有专科层次普通高等学校的调整改制，通过对现有成人高等学校资源的合并、调整和充实，通过鼓励支持有条件的省属本科高等学校举办二级学院等方式，努力发展高等职业学校；同时，大力支持社会力量举办高等职业学校；如确有需要，可以少数符合条件的中等专业学校为基础，组建高等职业学校"。文件还对新设立的高等职业学校的校名提出了规范要求，名称一般为"××职业技术学院"或"××职业学院"。2000 年 3 月，教育部发布《高等职业学校设置标准（暂行）》，进一步明确了高职院校的办学条件和设置要求。高职院校审批权的下放和设置标准的明确，极大地提高了地方举办高职院校的积极性，高职院校得到前所未有的发展。1999～2004 年，高职院校的数量从 161 所增加到 921 所，在校生数量从 136 万发展到 596 万。高职院校的办学体制多元化格局已基本形成。

三、办学体制多元化改革的政策评析

改革开放以来，高职院校办学体制多元化改革政策表现出几个鲜明的特点。

1）办学体制改革政策的联动性。高职院校办学体制多元化改革是我国高等教育体制改革的重要组成部分，是与管理体制改革、投资体制改革、招生就业体制改革联动推进的过程。办学体制改革政策的联动性体现在三个方面：一是教育体制改革与经济体制改革联动。1985 年的《中共中央关于教育体制改革的决定》与 1984 年的《中共中央关于经济体制改革的决定》联动；1993 年的《中国教育改革与发展纲要》与《中共中央关于建立社会主义市场经济体制若干问题的决定》联动。二是办学体制改革与其他体制改革联动。不管是整体性的教育改革政策，还是专门针对高等专科学校、高等职业院校的政策，相关政策内容都是综合性的，既涉及办学体制，也涉及管理体制、投资体制、招生就业体制等多方面的内容。三是高等职业教育改革与普通高等教育改革联动。20 世纪 80～90 年代，高等教育办学体制多元化的探索性、突破性改革是从职工大学、职业大学、地方高校、民办高校的创办发展开始的，这些学校大部分是专科层次的学校，但当时并没有对高等职业教育与普通高等教育进行明确的类别划分，直到 1996 年《职业教育法》颁布，高等职业教育才正式作为一种高等教育的类型制定相关的改革与发展政策。

2）办学体制改革政策的阶段性。高职院校的发展是一个阶段化过程，不同阶段有不同特点，同样，高职院校办学体制改革的相关政策也体现出阶段性。从高职院校办学体制多元化改革的发展历史看，经历了探索性改革、规范化调整、整体性推进几个阶段，相关政策的内容也体现出不同的政策重点。《关于举办职工、农民高等院校审批程序的暂行规定》《关于职工大学和职工业余大学建校审批工作及毕业生学历等若干问题的意见》

《民办高等学校设置暂行规定》《中外合作办学暂行规定》，这些政策主要都是针对办学体制多元化的探索性改革，起着引导、鼓励和支持作用，但由于改革实践不深入，问题未能充分暴露，相关规定大多是原则性的。《关于加强普通高等专科教育工作的意见》《关于推动职业大学改革与建设的几点意见》等政策则带有明显的规范、调整和加强管理的性质。《国务院办公厅关于国务院授权省、自治区、直辖市人民政府审批设立高等职业学校有关问题的通知》则确立了高职院校办学体制多元化改革的目标、方向、形式、路径，对高职院校办学体制多元化改革起到了整体推进作用。

3）办学体制改革政策的针对性。改革开放以来，高等职业教育的发展过程是曲折的，人们对高等职业教育的性质、特性、价值的认识有一个逐步深入的过程。认识不同、定位不同，政策的针对性也就不同。《职业教育法》颁布之前，高等职业教育更多是作为普通高等教育的一个层次，处于补充和辅助性地位，对这类院校的名称也不统一，职业大学、职工大学、高等专科学校、民办高校、成人高校多种类型并存。在这种情况下，除了整体性的教育体制改革政策外，还有很多针对职业院校的专项政策，这些政策具有很强的针对性。

第二节　办学体制多元化改革的模式分析

一、办学主体的多元化

高职院校办学主体多元化，实质是投资主体多元化和管理主体多元化。许多市场经济国家高职院校的投资主体，往往也是高职院校的管理主体。高职院校的经费由地方税收、地方政府拨款、中央政府资助、学生学费，以及企业、私人赞助和学校产业收入等多元化构成，只是在额度和比例上有所不同。这种投资结构决定了高职院校的管理由中央政府、地方政府分级负责，重心在地方。管理机构属地方政府职能部门，负责制定职业教育发展规划及政策法规，分配管理经费，评估审议课程设置，确定学费额度，推动学校与行业企业的合作等。为了吸引社会各界人士参与管理，地方政府职能部门往往会成立职业教育管理委员会，成员由社会各界代表组成，这种管理形式使社会各方面都能参与职业教育管理，确保经费的使用反映纳税人的要求和利益。学校面向市场自主办学，由市场决定人才培养的结构、培养的规格、专业的设置、课程的选择等，这种多元化办学推动学校关注市场需求变化，不断提高教育质量，也推动了学校功能多样化。

经过近 40 年的改革探索，高职院校的办学主体已基本形成公办、民办、合作办学三足鼎立的局面，其中，公办高职院校是主体，民办高职院校和合作办学是重要的组成部分。根据投资体制和管理模式的不同，公办、民办、合作办学又可以分为不同的模式类型。

1. 公办高职院校的主要类型

据全国教育事业发展统计公报，2016 年全国共有 1359 所高职院校，其中 371 所为民办高职院校，998 所为公办高职院校，占 72.9%。[①]公办高职院校在我国高等职院校体系中占主体地位。根据现有的高等教育办学体制和行政管理体制，公办高职院校可以分为以下几类：①省级地方政府主办主管的高职院校，简称为省属高职院校。省属高职院校的办学主体为省级人民政府，由省级人民政府提供教育经费，任免学校领导，包括校长、副校长、学校党委书记和副书记；省属高职院校的行政主管部门为省级教育行政机构，即省教育厅。②地市政府主办主管的高职院校，简称为市属高职院校。市属高职院校的办学主体为地市级人民政府，由市级人民政府为主提供教育经费，任免学校领导。市属高职院校的行政管理原则是"以省为主，省市共管"。省级教育行政机构按国家教育法规和相关政策统筹规划、协调发展全省高职院校，参照省属高职院校的业务管理范围和办法对市属高职院校进行宏观管理和业务指导；市教育行政机构主要落实执行财政权和人事权，协助省级教育行政机构进行业务管理。③省级政府主办主管、行业企业资助的高职院校。这类院校大部分有行业背景，由原来的中等专业学校合并、升格而来，行业主管部门不再直接参与高职院校的宏观管理，但在专业建设、人才培养、实践基地建设、校企合作等方面依然给这些高职院校提供大力的支持和协助。④省级政府与地市政府共建高职院校，简称为省市共建高职院校。这类高职院校一般地处欠发达地区，地市政府财力有限，难以支持当地高职院校的发展。广东省的阳江职业技术学院、罗定职业技术学院、茂名职业技术学院、汕尾职业技术学院等地处经济欠发达的粤东西北地区，这些院校的毕业生大部分在珠三角地区就业，但地区财政困难，难以支持当地职业院校的发展。以阳江职业技术学院为例，2012 年省财政拨款 1048 万元，占总办学经费的 11%；市教育事业拨款 2505 万元，占总办学经费的 27%；学校学费住宿费培训费收入 4440 万元，占总办学经费的 47%，学院负债经营，办学困难。为提高办学质量，省政协委员岑国健建议"省教育厅参照省市共建本科院校标准把欠发达

---

① 资料来源：教育部批准的高等学校名单、新批准的学校名单。

地区公办高职院校列入省市共建，省财政按省市共建标准拨给欠发达地区公办高职院校教育事业经费"（陈军，杨诺尔，2013）。

按照现行财政体制和职业教育"分级管理、地方为主、政府统筹、社会参与"的管理体制，地方政府是公办高职院校办学经费的投资责任主体，地方政府的财政拨款决定公办高职院校的办学经费多少，并进一步影响办学条件和整体办学水平。由于目前尚未建立全国统一的高职院校生均拨款标准和稳定的拨款机制，公办高职院校总体投入水平偏低，并表现出非常大的地区差异。总体而言，东部地区和经济较发达地区的公办高职院校财政经费投入较多，西部地区和经济欠发达地区的公办高职院校财政经费投入较少。地方为主的财政投入体制，虽然有助于明确地方政府的办学主体责任，推动公办高职院校面向市场深化改革，但也必须正确处理区域经济发展不均衡的现实，采取有力措施不断提高经济欠发达地区高职院校的经费投入。2014 年 10 月，财政部和教育部联合发布《关于建立完善以改革和绩效为导向的生均拨款制度加快发展现代高等职业教育的意见》，提出从 2014 年起，中央财政建立"以奖代补"机制，激励和引导各地建立完善高职院校生均拨款制度，提高生均拨款水平，促进高职教育改革发展。"2017 年各地高职院校年生均财政拨款水平应当不低于 12 000 元。"这一政策将对整体提升公办高职院校的经费投入水平发挥重要作用。

2. 民办高职院校的主要类型

20 世纪 80 年代，民办高校的创办和发展，对于推动高等教育办学体制改革，特别是办学主体多元化，发挥了重要作用，作出了历史性贡献。但是，民办高职院校的发展十分艰难，一直处于弱势地位。民办高职院校的发展历史大体可以分为三个阶段：一是萌芽复兴期（1978～1991 年）。1978 年 10 月，湖南长沙中山业余大学创办；1982 年 3 月，第一所以自考助学为主的集体所有制大学"中华社会大学"成立；1984 年 3 月，中国第一所国家承认学历的民办高校"北京海淀走读大学"成立。同年，浙江树人大学、西安培华女子大学、福建华南女子学院等民办高校先后创办。之后民办高校发展迅速，数量激增，发展势头良好。二是快速增长期（1992～1999 年）。1992 年春天，邓小平的南方谈话将社会各界投资高等教育的热情调动了起来，一度掀起了企事业单位和个人出资举办高等教育的热潮，民办高等教育机构大量增加，其中大部分是高职教育。1993 年，《民办高等学校设置暂行规定》颁布，明确了民办普通高校的设置条件和程序，为规范民办高校的发展提供了依据。1994 年 2 月，民办黄河科技学院经国家教委批准建立，实施高等专科学历教育，成为我国自颁布《民办高等学校设

置暂行规定》以后，全国第一所独立设置的民办普通高校。1997 年，国务院颁发《社会力量办学条例》，明确规定"国家对社会力量办学实行积极鼓励、大力支持、正确引导、加强管理的方针"，激发了社会力量举办民办高等院校的热情，使我国民办高职教育得到快速发展。三是稳定规范期（2000 年至今）。1999 年，国家和政府为加快我国高等教育大众化进程，实施扩招，民办高等教育作为我国高等教育的有力补充，取得了进一步发展。这一时期一批早期创立、实力较强的民办高职院校升格为本科院校。2000 年，黄河科技学院经教育部批准实施本科学历教育，成为第一批民办本科高校。到 2003 年，全国共有仰恩大学、黄河科技学院、杉达学院、三江学院、北京城市学院、吉林华桥外国语学院、黑龙江东方学院、浙江树人学院、西安培华学院 9 所民办高职升格为本科高校。2005 年、2008 年、2011 年全国民办本科高校分别增加到 27 所、44 所、79 所。到 2013 年底，全国共有独立设置的民办高校 426 所，民办本科高校 99 所，民办高职院校 327 所。

民办高职院校的发展处于高等教育市场不完善、政策环境存在不公平的条件之下，是一种非均衡发展。由于市场、政策等因素的影响而形成民办高职院校发展的地区差异，这些差异体现在规模、质量、效益和结构等方面。民办高职院校往往通过规模、市场、体制、机制的创新来获得自身的发展和竞争优势，有学者将其归纳为"西安现象""江西现象""浙江现象"和"广东现象"（柯佑祥，2002），其中，分别蕴涵民办高职院校发展的 4 类典型模式。①"西安现象"——规模优势策略。2002 年，西安拥有西安翻译学院、西安外事学院、西安欧亚学院、西安西京学院、西安思源学院 5 所在校生超过 1 万人甚至 2 万人的民办高职院校，占当年全国十大万人以上民办高校的 50%。以西安为中心的陕西属于经济不发达但教育发达的省份，当地无法提供足够的生源，毕业生也无法实现当地就业，民办高职院校的非常规发展成为一种奇特的现象。西安民办高职院校的迅速崛起得益于两个条件：一是西安有发达的公立高校资源，可以为民办高职院校提供充足的教师；二是民办高职院校面向全国招生，面向全国推荐就业。②"江西现象"——市场优势策略。江西是民办高等教育的大省，到 2011 年，全省独立设置的民办高校共有 15 所，本专科在校生达 10.52 万人，全省民办高校数和万人以上民办高校总数指标，均在全国位居前列（郑荣林，王雅坤，2012）。江西民办高校快速的发展，得益于瞄准就业和生源两个市场。一方面，江西毗邻经济大省广东，广东对电子产品制造、服装设计生产和加工制造等方面技术人才的巨大需求为江西民办高校提供了良好的发展机遇。另一方面，江西公立高校数量和校均规模较小，且主要为本省培养专门人才，满足不了江西本地考生的升学需求。江西民办高校根据这一现实，大量开设电子技术应用、服装设计、装潢设计等专业，向广东等沿海省份输送大量应用技术人才。③"浙江现象"——体制创新策略。浙江是我国经济和文化教育水平比较发达的地区，公立高等教育基础和实力雄厚，民办高校生存空间狭小，如果按部就班地通过办学的原始积累发展民办高校，就难以持续长久。为此，浙江省改制院校和民办二级学院、高起点民办院校应运而生，并不断发展壮大。浙江万里学院、宁波大学民办科技学院等民办高校在培养规格、经费投入和校园硬件建设方面名列全国同类高校的前茅。④"广东现象"——机制创新策略。在广东，民办高校办学十分重视市场化运行机制，包括股份制、独立学院制、校产合作制、以产养学制、集团连锁办学等多种形式，体现了广东民办高校多渠道筹集办学经费的办学思路。广东民办高校在办学机制上借鉴经济运作的原理和规则，以市场为导向配置资源，灵活多样，追求办学的效率和效益（刘尧，2004）。民办高校发展中的 4 种典型现象基本上反映了中国民办高校的发展生态，虽然一批实力较强的民办高职院校升格成为本科院校，但这些院校的发展模式可以为其他民办高职院校的发展提供有益的借鉴。

3. 高职院校合作办学的主要类型

高职院校办学主体多元化的一个重要特征是合作办学，包括高职院校之间的合作办学、高职院校与中等职业学校的合作办学、高职院校与本科院校的合作办学；高职院校与政府、企业之间的合作办学；高职院校与国外教育机构的合作办学等形式。从办学主体之间的关系来看，公立院校与民办院校联合办学，行业、企业与高职院校合作办学，高职院校与国外教育机构合作办学对于办学主体多元化改革具有典型意义。

（1）公立院校和民办院校联合办学。公立、民办学校联合办学在一定程度上弱化了传统的单一隶属关系及其封闭办学的体制，促进了教育资源在不同学校之间的流动，优化了教育结构，有助于提高办学的综合效益。公立、民办学校联合办学有两个非常典型的成功案例（帅相志，2005）。一是公立院校转制的浙江万里学院。1998 年 11 月 13 日，在征得教育部同意后，浙江省政府决定将浙江农技师专转制，由万里教育集团承办，实行所有权与举办权分离，学院财产全部归国有，学校更名为万里学院，参照万里集团其他民办学校的运作方式（张兴，2007）。二是公私合营的浙江树人大学。2000 年，浙江省政府决定，以资产为纽带，按股份制形式将公立学校浙江省电子工业学校、浙江省轻工业学校、浙江省对外经济贸易学校与民办学校浙江树人大学联合组建新的浙江树人大学（学院）。政府对

三所中专学校原有投入所形成的全部资产，各自以股本金形式注入新的树人大学，作为国家财政性投入全部用于学校建设。公立院校和民办院校联合办学虽然有助于突破政府封闭的办学体制，但因涉及国有资产的产权归属和合理利用，利益关系复杂，成功的案例不多，随着国家教育投资力度的加大，公办高职院校的办学条件日益改善，公立、民办学校联合办学的形式越来越少。

（2）行业、企业与高职院校的合作办学。在计划经济时代，行业、企业办学的情况比较普遍，各个行业主管部门基本上都有直接主办、主管的中等职业学校和高等职业学校，大型国有企业也举办了上百所职业院校，经过 20 世纪 90 年代的管理体制改革，行业主管部门和大型国有企业不再直接参与高职院校的行政管理和业务管理，而是通过联合办学、合作办学的方式积极支持其发展，通过提供建设资金、共建实训基地、参与专业建设、提供专业人才、外包服务项目等方式提供资金、设备、技术、人才和市场，成为行业类高职院校改革发展的重要力量。例如，长春汽车工业高等专科学校起源于 1952 年一汽集团建立的长春汽车技术学校，2009 年才划归长春市政府主办；黄河水利职业技术学院起源于 1929 年河南省建设厅水利工程学校，1952～1954 年经过院系调整改名为黄河水利学校，隶属于水利部。1998 年划归河南省教育厅主办，并更名为黄河水利职业技术学院；广州民航职业技术学院原为中国民航总局主办的广州民航中等专业学校，1999 年经教育部批准升格为广州民航职业技术学院。这些院校都是依托行业，与行业、企业合作办学的典型院校。

（3）高职院校与国外教育机构的合作办学。20 世纪 80 年代末，中国职业院校与德国合作进行"双元制"试点合作，拉开了高职院校与国外教育机构合作办学的序幕。经过近 30 年的实践探索，高职院校与国外教育机构的合作项目越来越多，据统计，2000 年以前全国有 374 个职业教育重大国际合作与交流项目，德国 102 个，澳大利亚 81 个，美国 18 个，其中有 12%是签订合作协议，26%属于合作办学，16%开展合作项目，46%属于一般性交流与访问。2000～2011 年，中国职业教育国际合作与交流活动有 861 个。其中，国家层面的占 15%，省市层面的占 8%，院校层面的占77%；与欧洲开展的职业教育与合作活动最多，占活动总数的 50%；其次是大洋洲，占活动总数的 23%（李剑平，2013）。从具体的合作办学方式来看，主要包括三种类型：一是国外教育机构与国内高职院校合作开设专业学院，学生获得国家承认的大专学历文凭。例如，新加坡莱佛士教育集团分别与常州职业技术学院（2004 年）、合肥万博科技职业学院（2013 年）

联合创建设计学院，实行大专层次的高等学历教育。二是高职院校与国外教育机构签订专业人才培养合作协议。这类合作项目成为近年来非常热的中外合作办学项目，高职院校可以与不同国家的高等院校的不同专业签订合作协议，为学生提供多样化的选择，合作方式也非常灵活，有的采取"3+1""3+2"模式，在国内完成大专层次教育后到国外的合作院校继续学习一、二年，获得国外的本科文凭；有的采取"2+1""2+2"模式获得国内学历文凭和国外的课程证书或职业资格证书等。三是高职院校与国外教育机构的人员交流与访问，合作院校之间互派教师参观访问或者展开短期培训。

二、投资渠道的多元化

我国高等职业教育投资体制改革经过近 40 年的不断实践和探索，慢慢形成了以国家投资为主、多种渠道共同筹集的新体制，主要表现在以下几个方面。第一，多元投资体制的探索阶段。我国高职院校经费多渠道筹措体制的探索始于 20 世纪 80 年代初，经过多年的实践和改革，形成了"财、税、费、产、社、基"多种渠道筹措经费的新方法。征收教育税费；政府财政拨款；学生受教育缴纳的学费、杂费；校办产业获得的经营收益所用于教育的经费；社会团体和公民个人捐款集资办学经费；教育基金；科研项目或与企事业单位进行科研合作所获收入；学校贷款或者从资本市场上获得的利息收入等都是经费的主要来源。第二，成本分担机制形成阶段。1997 年全国高等学校学生收费实现"并轨"，高等学校收费制度全面施行。高职院校逐步形成了教育成本分担和成本补偿机制。为了保证贫困家庭子女能够接受高等教育，我国在收取学费、实行成本补偿时，建立了"奖、助、贷、勤、减、补"相结合的学生资助体系，形成了以奖学金、助学金为主，结合减免学费、贫困补助、勤工俭学等多种形式为辅的资助制度，向贫困家庭提供教育资助。第三，"三驾马车"投资体制确立阶段。高等教育投资体制的改革与发展丰富了高职院校的内部造血功能，高职院校通过建立教育基金会、提升校办产业层次和经营效益等方式、深化校企合作，积极拓展教育资金来源，不断拓宽筹资渠道，提高筹资能力。高职院校的投资体制逐步形成政府的财政拨款、学生成本分担和社会性筹资"三驾马车"并驾齐驱的良好局面。

1. 高职院校的政府财政拨款

高职院校的政府财政拨款主要来源于省级政府和地市政府的教育财政拨款。教育财政拨款主要由三部分构成：第一，教育经常性经费，是财政部门拨给教育部门所属各级学校用于维持正常教学活动所支出的费用。第二，教育基建支出，是指财政部门拨付的用于新建、改建高职院校基础设施的建设经费。第三，中央和地方财政的各种教育专项资金，主要用于改善办学能力、基础能力建设、师资培训、不发达地区高职院校扶持等方面的专项经费。高等院校财政拨款模式经过多次变革：1985年以前，主要采用"基数+发展"拨款模式，即当年各校的经费分配额，以其前一年所得份额为基础，依据当年事业发展与变化的情况而确定。1986年，国家教委、财政部联合颁发了《高等学校财务管理改革实施办法》，提出对高等学校教育事业费的拨款办法进行改革，实行"综合定额加专项补助"模式。"综合定额"是基于"定员定额"的原理，根据政府主管部门制定的不同层次、不同类型、不同地区学生的生均经费定额和高校在校生数来核定下达。"专项补助"作为对"综合定额"的补充，是由财政部门和教育主管部门根据国家的政策导向和学校的特殊需要单独核定下达的，主要包括新建专业和重点专业、实验室建设经费，教师队伍培训建设费，离退休人员经费，特殊项目补助，等等。从2002年起，财政部对中央部门的预算核定方式改为"基本支出预算和项目支出预算"，教育主管部门对高等学校的拨款也按此方向进行改革。基本支出预算是行政事业单位为保障其机构正常运转、完成日常工作任务而编制的年度基本支出预算；项目支出预算根据项目的立项情况进行安排。

1999年以来，高职院校得到快速发展，国家财政对高职院校的支持力度也在不断加大，并逐步接近普通本科院校的财政经费投入。下面以2012年《中国教育经费统计年鉴》数据为基础，分析高职院校教育事业经费和基本建设经费支出情况，并结合中央和地方财政专项投入政策分析高职院校的经费投入情况。

（1）教育经常性经费和基本建设经费投入

按照教育经费统计要目，高职院校的国家财政性教育经费包括公共财政预算教育经费、各级政府征收用于教育的税费、企业办学中的企业拨款、校办产业和社会服务收入用于教育的经费、其他属于国家财政性教育经费5项。其中，公共财政预算教育经费又可细分为教育事业费拨款、基本建设拨款、科研拨款和其他拨款；各级政府征收用于教育的税费细分为教育费附加、地方教育附加和地方基金。2012年全国高职院校的国家财政性教育经费总额为661.41亿元，其中公共财政预算教育经费总额为604.06亿元，占91.3%，各级政府征收用于教育的税费总额为46.15亿元，占6.98%（吴国生，2013：144）。公共财政预算教育经费中，教育事业费拨款为

526.97 亿，占 87.24%，基本建设拨款 26.19 亿，仅占 4.34%。从国家财政性教育经费拨款数据来看，教育事业费拨款为高职院校财政经费的主要来源，基本建设拨款占比较少，主要用于日常的校舍维护。需要说明的是，2000 年后全国各地新建了大量高职院校，政府投入了大量专项资金用于校园建设，无法在基本建设拨款中体现。从国家财政性教育经费占高职院校教育经费总收入来看，2012 年全国高职院校教育经费收入总额为 1223.84 亿元，国家财政性教育经费总额为 661.41 亿元，占 54.04%，超过总收入的一半。从生均公共财政预算教育经费支出来看，2012 年全国地方普通高职院校生均教育经费支出为 15 072.90 元，生均教育事业性经费支出为 14 473.43 元（吴国生，2013：578），2012 年全国地方普通本科高校生均教育经费支出为 14 296.36 元，生均教育事业费经费支出为 13 833.10 元（吴国生，2013：577），地方普通高职院校生均经费支出已高于地方普通本科高校生均经费支出。从生均教育经费收入来看，高职与本科院校财政性经费不仅在总量上差别很大，在生均教育经费也存在巨大差距。根据田贞训的研究，2005 年本科院校生均财政教育经费是 10 322 元，高职院校生均财政教育经费是 1664 元，本科院校生均财政经费是高职院校的 6.2 倍；2010 年，本科院校生均财政教育经费是 17 050 元，高职院校是 5088 元，本科院校生均财政经费是高职院校的 3.4 倍（田贞训，2013：76）。

（2）中央和地方财政的教育专项投入

2005 年《国务院关于大力发展职业教育的决定》颁布以来，中央和地方财政进行了一系列针对职业教育专项投入，对高职院校的发展建设起到了重要的推动作用。一是"国家示范性高等职业院校建设计划"。2006 年 11 月，教育部和财政部正式启动了"国家示范性高等职业院校建设计划"，国家在"十一五"期间安排了 20 亿元重点支持 100 所高水平示范院校建设。2010 年，《教育部、财政部关于实施国家示范性高等职业院校建设计划加快高等职业教育改革与发展的意见》指出，继续投入专项资金支持 100 所"国家骨干高等职业院校"建设，并要求各地"实施和积极推进省级示范性高等职业院校建设计划"。到 2013 年底，中央财政支持的国家示范性高等职业院校和国家骨干高等职业院校各 100 所，地方政府财政支持的省级示范性高等职业院校达到 282 所。二是"中央财政支持职业教育实训基地建设项目"。2004～2010 年，中央财政支持的实训基地项目预算金额共计 73.5 亿元，平均每个项目投资 312 万元，其中，中央财政资金 38.6 亿元，地方财政、职业院校、行业企业等方面投资 34.9 亿元。项目大大激发了各地方政府和职业院校的积极性，为推进全国职业院校的基础

能力建设、教育教学改革、办学模式创新起到了十分重要的推动作用（张家寰等，2011）。三是"支持高等职业学校提升专业服务能力"项目。2011年，教育部、财政部发布《关于支持高等职业学校提升专业服务产业发展能力的通知》，2011～2012年，教育部、财政部在全国独立设置公办高职院校中，支持1000个左右的高等职业教育专业进行重点建设。项目全面提升了高职院校专业建设水平、装备条件水准和产业服务能力，整体提高了人才培养质量和办学水平。四是"以奖代补"专项资金。2013年，教育部、财政部安排64亿职业教育"以奖代补"专项资金，采用因素法分省确定资金额度，各省根据本地职业教育实际确定支持项目，其中高职院校占比超过60%。五是"职业院校教师素质提高计划"。2011年，教育部、财政部《关于实施职业院校教师素质提高计划的意见》颁布，中央财政投入专项资金用于建立国家、省级和学校三级教师培训体系。2011～2013年，中央财政共投入16.6亿元用于职业院校教师培训，计划到2015年组织45万职业院校骨干教师培训。

2. 高职院校的学生成本分担

人力资本理论认为人力投资回报率高，大学生应该合理承担教育成本。其主要理由是，学位是商品，学费是其价格。根据人力资本理论，接受高等教育既有"社会成本"也有"社会收益"。前者包括学杂费、政府津贴及在读书期间适龄学生失去工作机会所引起的损失（这是读书的"机会成本"；后者主要是指高等教育有外界收益，这即是说大学毕业生收入较高，对社会的贡献较大，他们的消费品位价值较高，有助于提高社会的精神面貌。上面这些"成本"和"收益"对有关各方——学生、家长和纳税人的影响和应负的责任不同。对于学生和家长来说，由于学生毕业后可获有形（收入较非大学生高）及无形（社会地位上升及品位改善）的益处，因此，应视高等教育为一项投资。对于其他纳税人来说，一方面纳税人纳税投资社会建设是应当的，因为国民教育程度越高，总体经济（较多的创新发明）和社会得益愈多；另一方面，如果学生不承担学费，对没有子女上大学的纳税人来说又不公平，因为他们对高等教育有同样的投资，但收益较有子女是大学生的纳税人少。

在国家政策和人力资本理论的影响下，1996年，国家教委、计委联合颁布的《高等学校收费暂行管理办法》，明确"高等学校学费占年生均教育培养成本的比例最高不得超过25%。具体比例必须根据经济发展状况和群众承受能力分步调整到位"；1997年我国高等学校开始全面实施并轨收费。1999年，教育部决定按照新的管理模式和运行机制举办高职教育，推行"教育事业费以学生缴费为主,财政补贴为辅"政策。由此,扩大招生、提高学费标准、增加学费在学校办学经费中的份额成了高职院校追求发展、解燃眉之急的权宜之计,从而造成高职院校办学经费中学费所占份额过大,院校发展过分依赖学费收入的状况。从 2012 年全国地方普通高职院校的教育经费收入情况来看,教育事业费拨款为 526.97 亿元,占 43.06%,学费收入总额为 436.46 亿元,占 35.67%。由于该项统计数据包含了基本无国家财政拨款的民办高职院校,因此,学费收入的实际占比要高于35.67%。例如,2009 年度 100 所国家骨干高职院校的相关数据显示,政府财政投入和学费收入是骨干高职院校办学经费的主要收入,其中,政府财政投入所占比例为 47.6%,学费收入所占比例则达到 41%(赵定勇,2012:22)。办学经费过分依赖学费收入,促使高职院校追求学生数量的迅速扩张,忽视培养质量的有效提升,导致高职院校发展出现重数量轻质量现象。在 2004~2006 年接受广东省高职高专人才培养工作水平评估的 12 所院校中,评估专家组就认为办学经费投入与教学基础设施建设是各院校普遍存在的薄弱环节,相比内涵建设方面的问题显得更为普遍、严重、迫切(卿中全,杨群祥,2007)。

3. 高职院校的社会服务和社会捐赠收入

社会服务收入和社会捐赠资金是高等学校办学经费的重要来源,从国际经验来看,西方国家高等学校的社会服务和捐赠收入占学校办学经费的20%~30%。以美国为例,高等学校的社会服务收入主要包括留学生教育、附属医院和与教育活动相关的销售与服务。据统计,过去 20 年里美国高等学校中的外国学生人数增加了三倍,为美国高等学校带来了可观的经济收入,已经逐渐成为美国高校扩大收入的重要来源。另外,附属医院也是美国高校的辅助产业,其创收也在美国高校经费来源中的越来越突出。企业和民间组织对美国高等教育经费投入的重要举措就是捐赠。据统计,美国现在有 4500 个基金会从事推动教育发展的捐赠活动,其中最著名的有卡内基基金委员会、乔治匹巴教育基金会等。为鼓励社会各方对大学进行捐赠,美国政府提出免税的优惠政策。20 世纪 90 年代以后,社会各方对大学的捐赠数额及涉及的学校范围进一步扩大。据统计,2003~2004 年度,美国公立高校的社会服务收入占全部经费的 22.6%,社会捐赠收入则占3.7%(孙羽迪,2007:37)。英国的情况与美国类似,1998~2005 年英国高等学校社会服务收入占比稳定在 20%左右,社会捐赠收入则在 3%以下。

与西方国家相比,我国高等学校的社会服务和社会捐赠收入占高校教育经费的总体比例较低。高职院校的社会服务收入主要来源于校办产业、

校企合作和各种短期技能培训，由于高职院校科研能力有限，可用于转化的科技成果不多，能够提供的社会服务经济收益率较低，社会服务收入与本科院校存在很大差距。近年来我国许多高校开始重视来自社会及个人的捐资，建立了接受、管理和监督的社会捐赠和私人捐赠的机构，捐资收入开始有所增加。但是捐资占高等教育经费的比例却一直处于较低水平。据统计，1997 年我国高等学校捐赠收入占 2.29%，但 2005 年比重下滑到了 0.8%，不足 1%。从高等学校类型上看，知名大学和本科高校更容易成为社会捐赠的对象，高职院校接受的捐赠金额远低于普通本科院校。2012 年，全国普通高校社会服务收入总额为 18.12 亿元，其中，本科院校为 16.47 亿元，占 90.89%，高职院校为 1.65 亿元，仅占 9.11%。2012 年，全国普通高校捐赠经费为 43.19 亿元，本科院校为 40.51 亿元，占 93.82%，高职院校为 2.67 亿元，仅占 6.18%（吴国生，2013：7）。需要特别指出的是中国普通高校学生全部在校内住宿和消费，住宿费占学费的比例约为五分之一，这是一项非常重要的社会服务收入，这项费用统计在事业收入的其他收入项目中。2012 年，全国普通高校事业收入中的其他收入总额为 379.54 亿元，其中本科高校 327.64 亿元，高职院校 51.89 亿元。综合上述社会服务、捐赠和其他收入三项数据，2012 年，全国普通高校社会服务和捐赠收入为 440.85 亿元，占普通高校教育经费的 6.41%，其中高职院校的三项收入仅为 56.21 亿元，占高职院校教育经费 4.49%。与西方国家的高职院校相比，存在较大差距。

三、办学形式的多样化

从理论层面看，高职院校办学形式的多样化表现在多个方面：一是突破政府为主体的单一学校教育办学形式，建立了一个充分融入产业、行业、企业、职业等多种要素共同参与的多种办学形式，如校企合作办学、股份制办学、国有民营办学、公办民助办学、民办公助办学、中外合作办学等。二是高职院校形式结构的多样化，包括全日制的学历教育、非全日制的短期职业培训、校企合作举办的专项培训等。全日制的职业院校教育是形式结构的主体，但单一的学历教育已经不能满足人们对高等职业教育多样化的需求，越来越多的岗位需要高技能的劳动者。大批在岗职工的继续教育、下岗工人的转岗培训，特别是数量巨大的农民工技能培训，成为巨大需求。高职院校积极参与，可以在这些培训和服务中得到发展。三是面向市场开放办学。中国加入世界贸易组织后，市场经济体制正在逐步完善，高职院校作为应用型高等学校在面向市场、实行多种形式的开放办学方面取得积极进展。从招生市场来看，高职院校的招生专业和招生计划更加针对职业的变化和人才市场需求的变化。从就业市场来看，高职院校根据经济和产业结构变化引起的劳动力市场和就业市场的结构和规模变化，调整专业方向和课程内容，努力提高毕业生的就业率，切实做好就业工作。四是高职院校人才培养模式的多样化。高职院校的人才培养模式正在从知识本位的培养模式向能力本位的培养模式转型，正在根据中国的经济结构和产业结构特点来确定高职院校的人才培养目标，根据不同产业人才培养的规律和差异性来确定不同的人才培养模式。

从实践层面看，高职院校办学形式多样化的改革实践和创新重点，集中体现在中高职衔接五年制办学模式、职业教育集团化办学模式和职业教育园区规模化集约化办学模式三个方面。

1. 中高职衔接的五年制办学模式

"五年一贯制"高职教育是中高职教育衔接的一种探索，相对于三年制高职教育，它有生源、学制、实效等优势。中华人民共和国成立后，专科层次的五年制教育曾在一定时间内存在，后一度中断。1983年，教育部在福建省集美航海专科学校等极少数工科学校尝试举办五年制专科教育，力求培养出工科类技术应用型人才。1985年7月4日，国家教委颁布了《关于同意试办三所五年制技术专科学校的通知》，该通知是我国五年制专科教育的探索工作的一个正式起点，它提出了"四五套办"这一新办学模式，即四年制中专和五年制大专套办。具体而言是指先按照中专的教学计划学习两年的基础理论课和部分专业理论课，然后根据学生的学习情况及表现，选择30%左右优秀的学生升入高职，按照高职的学习要求再学习三年，毕业后可获得专科的毕业证书；剩下的70%学生继续按照中专的教学计划再学习两年，毕业后获得中专的毕业证书。同年，职业教育与成人教育司决定在航空工业、机电工业、地震预测三个行业进行小规模的试点，以西安航空工业学校为基础，成立了西安航空工业高等专科学校；以原上海电机制造学校为基础，成立了上海电机技术高等专科学校；以国家地震局地震学校为基础，成立了北京防灾地震高等专科学校，三所学校都招收初中毕业生，以"四五套办"的办学模式进行高等职业教育。20世纪90年代，扩大了五年制职业教育的规模，试办了66个五年制高职专业。据统计，2002年我国有将近千所学校举办了五年制高等职业教育，其中355所是独立设置的职业技术学校，五年制高等职业教育的在校生有25万人（谈学梅，2014：14）。五年制高等职业教育在快速发展的同时，也存在盲目扩张的问题。2002年3月，教育部《关于进一步办好五年制高等职业技术

教育的几点意见》发布，文件明确规定了我国五年制高等职业教育的发展方针、办学主体、专业设置、经费投入、教学质量及管理体制，对规范五年制高等职业教育发展起到关键性的指导作用。2007 年，教育部下发通知，提出在保证普通高校招生计划的同时，将普通专升本、中职对口升高职、五年制高职比例各自限定为 5%。这些规定明确了"适度发展，规范管理，办出特色"的原则，避免了五年制高职专业的盲目发展，使五年制高职专业得到稳定的适度发展。

五年制高职专业的办学定位是：以专科学历层次高素质、高技能人才为培养目标，以初中毕业生为招生对象，学制为五年，连接中职与高职教育为一体的职业教育。五年制高职教育包括："五年一贯制"、"2+3"学年制、"3+2"学年制 3 种形式。"五年一贯制"是由高职院校独立举办，以专科学历层次高素质、高技能人才为培养目标，招收初中毕业生，实施"五年一贯制"培养模式，将中等职业教育和高等职业教育融于一体的职业教育。该类专业实行"2+2+1"分段教学，即 2 学年中等职业教育课程学习、2 学年高等职业教育课程学习及 1 年企业顶岗实习。学习成绩合格者，才能获得由高职院校颁发的专科学历文凭。"2+3"或"3+2"学年制由高职院校和中等职业学校合作举办，实现中等职业教育和高等职业教育的有效对接。"2+3"模式实施 2 年中职加 3 年高职的分段式培养，"3+2"模式实施 3 年中职和 2 年高职分段式培养。五年制高职教育实施中高职一体化人才的培养，有助于加强中高职衔接，提升职业教育的竞争力和吸引力，实现职业教育的多样化，满足人民群众对职业教育的多样化需求。

2. 职业教育集团化办学模式

职业教育集团是职业院校、行业企业等组织为实现资源共享、优势互补、合作发展而组织的教育团体，是近年来我国加快职业教育办学机制改革、促进优质资源开放共享的重要模式。职业教育集团萌芽于 20 世纪 90 年代，当时成立了一批县级职教中心；1998～2004 年，部分省市职业教育集团开始有组织地大规模组建，这一阶段的职业教育集团以中等职业学校为主；2005 年，《国务院关于大力发展职业技术教育的决定》第 17 条"推动公办职业学校办学体制改革与创新"中明确提出，"推动公办职业学校资源整合和重组，走规模化、集团化、连锁化办学的路子"，各地以高职院校为核心的职业教育集团开始大批组建；2009 年，教育部发布《关于加快推进职业教育集团化办学的若干意见》，对职业教育集团的办学模式、运行机制和管理方式、政策支持等内容提出了具体的指导意见。据统计，到 2013 年底，全国共有 865 家职业教育集团，覆盖了一半的中职学校和八成的高职院校。①职业教育集团的组成主体包括政府机构、行业组织、企（事）业单位、职业院校、研究机构和社会组织 6 类。通过组建职业教育集团，不同主体可以充分发挥支持和参与职业教育发展的重要作用。

按照组建形式的区别，职业教育集团可分为三大类：一是区域型职业教育集团。这类职业教育集团由区域政府或教育行政部门牵头，并依据区域规划和产业结构，整合区域内的职业教育资源，形成聚变效应，从而提高职业教育集团的整体服务能力。其突出特点是地方政府主导，地理位置上相近，办学活动空间和服务指向上的区域性。区域型职业教育集团结合区域产品、工艺、技术实现集团化办学，面向区域支柱产业和新兴的第三产业培养人才，这样能更好地为区域经济建设与社会发展服务。二是行业型职业教育集团。这类职业教育集团以行业主管部门牵头，以高职学院为龙头，以开设同类专业的中高职学校为主体，联合同类行业、企业及科研单位组建而成。其突出特点是行业主导，优势在于集中行业教育资源，培养行业所需人才，实现与产业发展的有效对接。三是复合型职业教育集团。这类职业教育集团以名校、行业或政府为主导，以特色专业为纽带，联结区域、行业、企业、中高院校等多元主体，探索多方共同发展、互利共赢的跨行业、跨区域、校企结合、校际联盟、中高职衔接的集团化办学模式。其突出特点是多元主体、多元协商。职业教育集团经过 20 多年的发展，在整合多方力量，推动现代职业教育体系建设，建立健全政府主导、行业指导、院校主体、企业参与的职业教育办学机制，深化职业教育校企合作，系统培养技能型、高端技能型、应用型人才等方面，积累了大量成功经验。

3. 职业教育园区规模化集约化办学模式

长期以来，职业教育在我国教育体系中处于弱势地位，虽然国家提倡大力发展职业教育，但从总体上看，职业教育仍然是我国教育事业的薄弱环节，发展不平衡，投入不足，办学条件比较差，特别是中等职业学校，大多数校园面积小，办学地点分散，达不到教育部《中等职业学校设置标准》和《中等职业学校设置标准》的要求。2005 年，《国务院关于大力发展职业教育的决定》强调：各级人民政府要加强对职业教育发展规划、资源配置、条件保障、政策措施的统筹管理，为职业教育提供强有力的公共服务和良好的发展环境。各地政府开始整合职业教育资源，集中建设职业教育园区和职业教育基地，规模化、集约化发展职业教育。职业教育园区迎来了规划建设的新时期。到 2010 年，全国除黑龙江、吉林、甘肃、青

---

① 资料来源：职业教育集团化办学之数据报告。http://www.zjchina.org/mms/shtml/247/index.shtml.

海、西藏、海南外，有 25 个省（自治区、直辖市）规划建设了 65 个职业教育园区（张扬，胡斌武，2011：45）。职业教育园区是对职业教育制度的一种创新，是职业教育以集约化的方式解决教育资源供给紧张矛盾的一种有效途径，有利于院校间的相互依存和资源共享，从而实现职业教育资源的聚合效应。与此同时，规划职业教育园区也有利于促进校企深度合作，带动区域经济的发展，实现职业教育与区域经济的互惠双赢。以广东省为例，2008 年以来规划建设的职业教育园区面积超过 100 平方公里，政府投入资金超过 300 亿元。广东职业教育园区可以分为三种类型：一是功能综合的大型职业教育园区，园区占地面积均在 20 平方公里以上，进驻学校数量超过 10 所，以清远市省级职教园和广州教育城为典型代表；二是资源整合的区域型职业教育园区，园区占地面积 1000～5000 亩①，进驻院校 3～5 所，分布在中山、东莞、惠州等区域中心城市；三是片区整合的专业组合式职业教育园区，这类职业教育园区充分利用原有职业院校资源进行整合和共享，强调区内职业院校与当地产业对接，深圳、珠海和佛山等地均有成功经验。

职业教育园区的规划与建设一般由地方政府主导推动，每一个职业教育园区的定位、规模、功能、布局都要进行精心的设计和论证，并制定较为明确的发展策略。从这些发展策略的分析中可以看出职业教育园区规划与建设的主要特征：一是政策引导和政府主导推动。职业教育园区的快速发展一方面得益于国家政策，如《国务院关于大力发展职业教育的决定》（2005）、《国家中长期教育改革与发展规划纲要（2010-2020 年）》（2010），另一方面得益于政府的高度重视和快速决策。政府往往通过顶层设计和高效决策、成立了高规格的园区规划建设指挥部等方式重点解决职业教育园区建设中的选址、规划、资金、征地、迁建等复杂的问题。正因为有地方政府的鼎力支持、强力推进，职业教育园区才能克服、解决在发展过程中遇到的无数阻碍和困难，才能在短时间内实现超常规、跨越式发展。二是超前规划和科学设计。《国务院关于大力发展职业教育的决定》（2005）明确了地方政府在职业教育发展的统筹规划、资源配置、条件保障责任，省级政府和地方政府纷纷制定职业教育发展专项规划。职业教育园区作为一种集约化发展方式，可以更有效地优化资源配置，更高效地利用土地资源，受到政府的重视，并强调以高标准、科学设计来实现功能和效益的最大化。三是资源整合和资源共享。资源整合和资源共享是避免学校分散办学的资源重复配置，提高资源利用效率和办学效益的重要手段，

---

① 亩，中国市制土地面积单位，一亩等于 666.67 平方米。

职业教育园区建设本身就是整合、优化职业教育资源的重要举措。职业教育园区的资源整合和资源共享包括物质和空间资源、专业资源、人才资源和文化资源等多个方面。四是产业对接和产业合作。以产业需求为导向，以产业需求为依托，是职业教育改革与发展的依据，建设职业教育园区是实现职业教育与产业企业主动对接、深入互动的重要手段。深入开展校企合作，促进职业院校课程、教学方式改革，主动适应产业和企业提出的新要求，是职业教育园区建设的重要目标。五是管理体制和办学模式创新。职业教育园区改变了过去职业院校只从自身利益考虑办学和发展的局限性，为园区内院校之间的合作发展、错位发展、特色发展提供了更大的潜力和空间。要将这种可能性转化为实际的效果，关键在于职业教育园区管理体制机制的改革和人才培养模式的创新。从上述特征不难看出，职业教育园区发展的特色是鲜明的，但也面临着一些深层次矛盾和问题需要妥善处理，否则会影响职业教育园区发展的成效，比如，如何解决"整体与个体"的矛盾，真正使园区内的所有职业院校形成一个整体？如何真正发挥利益相关者的积极性，形成与完善"政、校、企"合作机制？这些问题都有待于在职业教育园区建设与发展的过程中逐步解决。

第三节 办学体制多元化改革的发展趋势

一、办学体制多元化改革的主要成就

1. 办学体制多元化的政策保障日益完善

近年来，国家通过出台职业教育新政策、制定职业教育发展规划等，不断推动高职院校办学体制机制改革与创新。《国家中长期教育改革和发展规划纲要（2010-2020 年）》提出要充分调动行业协会及企业的积极性，鼓励其举办职业学校。同时，通过制定合作办学法规和制度，完善政府主导、行业指导、企业参与的新型办学体制。鼓励企业加大对职业教育的投入。《现代职业教育体系建设规划（2014-2020 年）》提出，要充分调动社会力量，促进政府办学、企业办学和社会办学共同发展。进一步发挥行业、企业、学校和社会各方面的积极作用，激发职业教育办学活力。《国务院关于加快发展现代职业教育的决定》（国发[2014]19 号）进一步明确了办学体制多元化改革的重点：①引导、支持社会力量兴办职业教育。创新民办职业教育办学模式，积极支持各类办学主体通过独资、合资、合作等多种形式举办民办职业教育；探索发展股份制、混合所有制职业院校，允许

以资本、知识、技术、管理等要素参与办学并享有相应权利。探索公办和社会力量举办的职业院校相互委托管理和购买服务的机制。②健全企业参与制度。研究制定促进校企合作办学有关法规和激励政策，深化产教融合，鼓励行业和企业举办或参与举办职业教育，发挥企业重要办学主体作用。多种形式支持企业建设兼具生产与教学功能的公共实训基地。支持企业通过校企合作共同培养培训人才，不断提升企业价值。③鼓励多元主体组建职业教育集团。研究制定院校、行业、企业、科研机构、社会组织等共同组建职业教育集团的支持政策，发挥职业教育集团在促进教育链和产业链有机融合中的重要作用。健全联席会、董事会、理事会等治理结构和决策机制。开展多元投资主体依法共建职业教育集团的改革试点。国家及地方相关政策的出台为进一步推进高职院校多元化办学体制机制改革与创新，深化产教融合、校企合作，构建现代职教体系提供了有力保障，也为职业教育更好地服务于经济发展新常态奠定了良好的基础。

2. 办学体制多元化的整体格局基本形成

经过近 40 年的探索，高职院校办学体制多元化的整体格局基本形成。通过积聚各种社会力量参与办学，高职院校形成了办学主体多元化，实现了政府、行业企业及社会各界多元投入、合作共建的办学新体制。政府不再是单一的举办者，而是与相关行业、企业及其他社会力量共同作为举办方，以股东的形式参与办学，实现了利益共享、责任共担（张有根，2011）。从办学主体来看，职业院校的举办者既有部委、省级政府、地市政府、大型国有企业等公有制办学主体，又有私人、私营企业、民间团体、社会组织等非公有制办学主体，在全国 1300 多所高职院校中，民办高职院校超过 370 所，形成了公办主导，民办占据重要地位的办学格局。从投资渠道来看，职业院校办学经费既有政府的财政投入，又有民间办学资金、企业资金、社会捐赠、学生学费、校办产业和学校服务收入等多方面的经费来源。2013 年，全国高职院校教育经费收入为 1452 亿元，其中财政经费 824 亿元，占 57%；学生学费 465 亿元，占 32%；民间资本 163 亿元，占 11%。①从办学形式多样化来看，公办高职院校有省级政府举办、地市政府举办、区县政府举办、行业举办、企业举办等，民办高职院校有企业法人、社团法人、个人举办等多种类型。除此之外，还有各种形式的联合办学和合作办学，如校企合作办学、职业教育集团化办学、中外合作办学、职业教育园区合作办学等。从职业院校的规模和专业构成来看，可以分为综合性职业

---

① 资料来源：根据《中国教育经费统计年鉴（2014）》统计得出。

院校、行业型职业院校、专业型职业院校等。职业院校的多元化办学体制为激发高职教育的办学活力，形成职业院校办学特色、管理特色、人才培养特色，促进职业院校之间的良性竞争奠定了重要的基础。

3. 政校企合作办学体制不断完善

在高职院校多元化办学体制机制的创新过程中，建立健全政府主导、行业指导、企业参与的办学体制，并形成长效机制，一直是改革的重点。经过 10 多年的改革探索，政校企多方合作的办学体制取得了积极的进展。从政府主导来看，地方政府高度重视高职教育对经济发展的助推作用，将高职教育发展看成是地方政府义不容辞的责任。地方政府的主导作用表现在以下几个方面：一是加大了经费投入。根据教育统计资料，2008 年我国地方高职院校生均财政教育经费支出为 5451 元，仅北京、上海、西藏的生均财政经费超过 10 000 元。2013 年我国地方高职院校生均财政教育经费支出达到 9977 元，翻了近一倍，其中，北京、西藏、上海分别为 40 426 元、28 412 元、21 987 元，生均财政经费支出超过 10 000 元的省份达到 20 个。[①]二是加强了利益主体之间的协调。在政府主导下，教育部门、工业部门、劳动保障部门、各种利益相关者都能积极参与到人才培养的过程中来。各方利益形成共同张力，集中推进，使高职院校的人才培养活动逐渐步入良性循环、协调发展的状态。三是提供了政策支持。地方政府统筹制定地方经济社会发展政策，有效地推动了行业、企业与职业院校的合作，在推进中高职衔接，职前职后贯通，行业、企业积极参与高职院校人才培养方面发挥积极作用。

在政校企多方办学的运行机制方面，很多高职院校成立了由政府、行业及规模企业负责人组成的学校理事会，负责学校发展规划审议等重大事项的决策。理事会的成员由热心于高职教育事业、关心高职院校发展的政界领导、企事业单位领导、企业第一线的技术专家和管理专家、社会团体负责人、实业家和知名人士组成。理事会管理体制对高职院校的校企合作发挥了重要作用：第一，确定校企合作发展目标，制定实施方案；第二，加强学校与社会的联系；第三，通过校外理事力量争取社会各界对高职院校办学的支持；第四，理事会发挥政府与学校之间的"缓冲器"作用，以保持各成员学校的相对独立性。政校企合作的理事会，有力地推进了校企之间在"订单"培养、引企入校、科研合作、培训合作、文化共建等方面广泛开展紧密的合作，形成人才共育、过程共管、成果共享、责任共担的紧密型合作办学体制机制。

---

① 资料来源：《中国教育经费统计年鉴（2009）》《中国教育经费统计年鉴（2014）》。

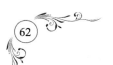
高职院校办学模式改革

二、办学体制多元化改革的主要问题

1. 公办高职院校转制改革有待推进

当前，高职院校办学主体多元化改革取得了积极进展，多种经济主体在高职院校投资多元化和管理多元化中均有所体现，但是，地方政府和大型国有企业在高职院校的办学和管理中依然占据绝对优势地位，政府直接影响甚至参与高职院校事务管理的现象时有发生，公办高职院校同质化发展、办学特色不明显、管理效率偏低的问题依然存在。为了激发公办高职院校的办学活力，需要推动公办高职院校转制，引入多种所有制形式，扩大混合式办学体制的比例。公办高职院校的转制可以采用股份制、承包制或合资制的方式进行。通过所有权、占有权、支配权、使用权的不同组合，形成不同的混合式办学体制。这些办学形式中产权性质的公有部分，其公有制性质不能改变，学校的资产仍然是国家或集体所有。承包制、股份制实行所有权与支配权相分离，公有办学主体拥有所有权，其余占有权、支配权、使用权都交给了实行承包制或股份制的学校。中外合作制的学校是指高职院校与其他国家（地区）的学校、企业、个人共同投资，具备中国同级同类教育机构设置标准，经申报批准联合经营，按出资比例分取收益和承担风险而组建的学校。中外合作制可以分为合资制和合营制两种，合资制设立的办学机构是独立的法人实体，合营制按双方协议的投资方式合作经营，双方的责任、权利、义务由合同加以规定。

2. 高职院校自主办学能力有待提升

高职院校作为独立法人，在民事活动中应依法享有民事权利，承担民事责任。依据《高等教育法》《职业教育法》的有关规定，高职院校应享有充分的办学自主权，可以根据举办单位和社会需求，制定招生方案，设置和调整专业；根据教学需要，制定教学计划、选编教材、组织实施教学活动；开展社会服务，开展国内、国际间教育交流与合作；按照国家有关规定，确定学校教学、行政组织机构的设置和人员配备，评聘教师，调整津贴及工资分配；负有对举办者提供的财产、国家财政性资助保值增值和依法管理使用的责任。作为地方政府主办的高校，高职院校的办学自主权容易受到行政权力的干涉，而高等学校章程是高职院校的对内最高行为规则，它规定高等学校正常发展和规范运行所必须具备的所有要素，被称为高等学校内部的"宪法"，更是高等学校对外昭示办学自主权的重要载体。因此，尽快制定高职院校的章程，提升高职院校面向社会自主办学能力，是高职院校办学体制改革的一项重要任务。2011 年 11 月，教育部更是以第 31 号令的形式颁布了《高等学校章程制定暂行办法》，决定 2012 年推动所有高校全面启动章程制定或修订工作，实现"政校分开"。教育部《全面推进依法治校实施纲要》明确要求："到 2015 年，全面形成一校一章程的格局。经过核准的章程，应当成为学校改革发展、实现依法治校的基本依据。"当前，大部分高职院校制定了学校章程，但如何真正照章办事，使大学章程成为保障高职院校自主办学权力的有力武器，还是一个有待解决的问题。

3. 政校企合作机制有待深化

当前，国家已经从宏观层面对校企合作和工学结合提出了政策性意见，对于政校企合作的运行机制也有指导性的政策文件。但是，由于缺乏具体的实施细则和配套措施，宏观政策很难落到实处，并由此带来管理体制上的弊端和运行机制的缺陷。从法律依据来看，虽然国家层面上出台了《职业教育法》，但地方政府并未从法律层面上建立起完善的校企合作保障机制，对校企合作中学校、企业双方的权利和义务缺乏必要的监督和约束，尤其缺乏保护企业的利益。从政府职能来看，各级政府具有对校企合作和工学结合进行宏观调控的职能，但是，各级政府尚未建立专门的协调机构负责设计、考核、监督和推进落实校企合作和工学结合，造成校企合作项目难以充分协调企业主管单位、劳动部门、教育部门之间的关系，校企合作主要靠"关系和信誉"建立和维系，缺乏合作办学保障制度与内在动力，难以形成长效的合作机制。从行业、企业层面来看，作为市场经济的主体，企业往往片面追求利益最大化，只对能立即带来经济利益的成熟技术感兴趣，没有把职业教育的育人功能融入企业价值链中，主动承担为社会培养高技能应用型人才的任务的动力较为缺乏。

三、办学体制多元化改革的对策建议

1. 加强政府对高职教育的宏观管理

在多元化办学体制下，政府的主要职能不是直接举办高职教育，而是对高职教育进行宏观管理，对本地区的高职教育发展进行统筹规划，支持企业、私人和民间团体办学，促进良性竞争环境的形成，从而提高职业院校的办学水平和办学效益，优化职教资源的配置。主要包括以下几点：第一，制定政策。合理规划职业院校的地域分布，保证高职教育的合理定位，引导高职院校合理设置专业，等等。第二，立法和监督。通过制定高职教

育的相关法规，规范职业院校的办学行为。第三，经费资助。政府除了承担公立院校的大部分经费开支外，还要对民办、私立院校进行资助，扶持并引导其规范发展。第四，信息服务。政府要充分发挥信息服务功能，为受教育者提供全面、准确的办学信息，增加高职院校办学的透明度。

2. 完善治理结构提升治理能力

职业院校多元化办学体制的形成，对职业院校的治理结构和治理能力提出了新的要求。完善职业院校治理结构，提升治理能力，就是要适应国家和教育治理体系和治理能力建设要求，以构建政府、学校、社会新型关系为核心，以转变政府职能为突破口，建立系统完备、科学规范、运行有效的制度体系，形成政府宏观管理、学校自主办学、社会广泛参与的格局，更好地调动中央和地方两个积极性，更好地激发每个学校的活力，更好地发挥全社会的作用。具体到职业院校来说包括以下几个方面：一是要发挥职业院校主体地位，激活学校自主办学动力；二是创新职业教育模式，扩大职业院校在专业设置和调整、人事管理、教师评聘、收入分配等方面的办学自主权；三是职业院校要依法制定体现职业教育特色的章程和制度，完善内部治理结构，形成自我约束、自我规范的内部管理体制和监督制约机制；四是创新内部精细化管理手段，提升职业院校治理能力，促进内部管理科学化、规范化、民主化、精细化（白维，2014）。

3. 深入推进高职院校与企业的合作

经济新常态下，职业教育改革与发展的重要抓手是深化产教融合、校企合作，走合作办学的道路。《现代职业教育体系建设规划（2014-2020年）》对职业教育产教融合提出了新要求：2015年，产教融合、校企合作的体制基本建立，现代职业院校制度基本形成。到2020年，形成适应发展需求、产教深度融合的现代职业教育体系。新形势下，高职院校要通过政府、行业和企业等多主体的要素整合，实现土地、资金、人力资源的最优化组合。目前，校企合作的形式体现在联合开展教学、共同开发教材和课程、共建实习实训基地、联合开展科学研究等方面。下一步，校企合作主体可以从共同治理的角度对合作项目进行管理体制的探索，增强合作主体的紧密度。此外，可以通过加强校企合作指导委员会等契约合作组织的建设，为高职院校深入推进产教深度融合、校企合作提供保障。

第三章　高职院校管理体制改革

第一节　高职院校宏观管理体制改革

一、宏观管理体制改革的历史背景

1. 国家对高等职业教育的重新定位和恢复发展

　　1980 年 1 月，针对普通高等院校的规模不足，国家出台了《高等教育自学考试试行办法》，为广大青年的求学之路开了绿灯。1980 年 5 月，中共中央书记处在听取教育部党组教育工作汇报后指出："现在的教育状况不适应四化的要求，力争在 80 年代使我们国家的教育事业有一个大的发展，要抓好重点，教育经费的投资和教师要集中，把先进地区先搞上去。""教育一定要适应经济建设的需要，教育结构必须改革，要和劳动制度、干部制度相结合。""要改革教育的管理体制，要在国家的统一领导下，调动各地方、各部门、厂矿企事业单位和社队办学的积极性。"（何东昌，2003：1812-1817）1980 年 9 月，国务院批转教育部《关于大力发展高等学校函授教育和夜大学的意见》。

　　1982 年 1 月，中共十二大会议把教育和科技列为现代化建设的战略重点，教育在现代化建设中的地位和作用得到重视。1983 年，教育部召开全国高校工作会议，在《关于加快发展高等教育的报告》中提到，高等学校作为培养人才的重要基地，要争取多层次、多规格和多种形式办学，加快高等教育的健康发展，在发展中逐步调整高等教育内部的比例关系，多办些专科院校，要求专科生占大学生总数的 40%～50%。同时，要求地方政府和企业积极参与，以适应改革开放后地方经济发展的需求。同年 11 月，教育部又召开全国工程教育层次规格和学制专题研讨会，指出高等工程专科教育属于高等教育范畴，是一个相对独立的教育层次，重点培养助理工程师和高级技术人员。由此，专科教育的定位问题得到解决，"专科是临时应急教育"的错误观点得以纠正。1985 年 5 月，《中共中央关于教育体制改革的决定》深刻地指出了当时我国教育管理体制中存在的严重问题，指明了我国教育体制改革的方向和路径。1986 年 12 月，国务院颁布的《普

通高等学校设置暂行条例》进一步肯定了专科学校的地位，使专科教育的发展日趋规范化、条理化。

从 1985 年到 1994 年，职业大学、成人高校、"五年一贯制"专科都得到迅速发展，但是，由于办学主体多样，培养目标和服务面向不同，专业设置和课程设置标准不一，管理上急需规范。1996 年，《职业教育法》颁布，第 13 条规定："职业学校教育分为初等、中等、高等职业学校教育……高等职业学校教育根据需要和条件由高等职业学校实施，或由普通高等学校实施。"1998 年，《高等教育法》颁布，第 68 条规定，"本法所称高等学校是指大学、独立设置学院和高等专科学校，其中包括高等职业学校和成人高等学校"，进一步确立了高等职业教育的法律地位。1999 年，中国启动了高等教育大众化发展进程，中国高等教育迅速从精英教育体系向大众化高等教育体系发展，高职院校也得到了前所未有的发展。

改革开放以来，高职教育在国家的高度重视和大力支持下，正在利用各种资源和政策积极发展。正是在这样的背景下，我国高等职业教育迎来了改革和发展的机遇。

2. 传统的高职院校宏观管理体制弊端凸显

改革开放之前，我国职业教育管理体制沿袭的是"条块分割、以块为主"的管理格局，与之相对应，所形成的模式是谁办学、谁管理、谁受益，办学与管理合二为一，各级各类职业学校平行发展，相互之间缺乏积极沟通。职业教育这种条块式的管理模式，学校与行业、企业结合紧密，课程内容设置实用，教育资源充足，曾在计划经济时代发挥了重要作用，职业学校为相关行业、大型企业培养了大量的专业技术人才。但随着我国从计划经济时代逐步向市场经济时代转变，它已显现出许多弊端，越来越不适应市场经济发展的需要，难以满足人民群众日益多样化的教育需求（牟晖，杨挺，2009）。

1985 年 5 月 27 日，《中共中央关于教育体制改革的决定》就指出："……面对着我国对外开放、对内搞活，经济体制改革全面展开的形势，面对着世界范围的新技术革命正在兴起的形势，我国教育事业的落后和教育体制的弊端就更加突出了。……在教育事业管理权限的划分上，政府有关部门对学校主要是对高等学校统得过死，使学校缺乏应有的活力；而政府应该加以管理的事情，又没有很好地管起来。"

同时，各行业和政府职能部门直接微观管理学校，学校缺少办学自主权，缺乏灵活性与适应性。各部门所属的职业院校的具体办学权、管理权主要集中于业务主管部门，学校的一切工作都得受各种行政的束缚，留给职业院校自身进行管理的空间太小。尤其是校长的选拔任用机制参照行政管理部门，职业院校管理职能的发挥依赖于行政层级的科层控制，而不是管理者根据社会需求和学校实际，职业院校管理者更多的是服务和完成上级部门下达的指标和任务，导致职业院校的管理缺乏个性和创造性（蔡高根，刘金林，2008）。

建立一个高效、精干，既能加强宏观管理、便于统筹协调、能调动各业务部门积极性，又便于微观管理，使办学单位有较大自主权的管理体制，是职业教育宏观管理体制改革的重要任务。

二、宏观管理体制改革的政策分析

1985 年 5 月 27 日，《中共中央关于教育体制改革的决定》指出："要从根本上改变这种状况，必须从教育体制入手，有系统地进行改革。改革管理体制，在加强宏观管理的同时，坚决实行简政放权，扩大学校的办学自主权。发展职业技术教育要以中等职业技术教育为重点，……同时积极发展高等职业技术院校，……逐步建立起一个从初级到高级、行业配套、结构合理又能与普通教育相互沟通的职业技术教育体系。"《中共中央关于教育体制改革的决定》明确了职业教育管理体制改革的方向和重点，拉开了高职院校宏观管理体制改革的序幕。

1. 改革条块分割的高等教育管理体制

1994 年、1995 年和 1996 年国务院办公厅分别召开了三次高等教育管理体制改革座谈会，在改革实践的基础上认真总结了以往的经验，明确了改革思路。1998 年，高等教育管理体制改革经验交流会召开，提出了"共建、调整、合作、合并"的"八字方针"（教育部改革开放 30 年中国教育改革与发展课题组，2008）。

高等教育管理体制改革经验交流会召开之后，以 1998 年国务院机构调整为契机，教育部、财政部、国家计委等有关部委在各地的配合下，对国务院部门（单位）所属院校集中进行了三次大的调整，在一定程度上解决了部门办学的体制问题。

一是国务院作出《关于调整撤并部门所属学校管理体制的决定》，对国务院 9 个部委所属的 93 所普通高校、72 所成人高校及许多中专和技校的管理体制进行了调整，其中 81 所普通高校实行中央与地方共建，以地方管理为主。二是对 5 个军工总公司所属的 25 所普通高校、34 所成人高校及几百所中专和技校的管理体制作了调整和改革。三是在总结经验的基础上，国务院又作出《关于进一步调整国务院部门（单位）所属学校管理

体制和布局结构的决定》，对国务院机构改革后的 50 个部委和单位所属高校的管理体制及布局结构进行了调整和改革。

2. 确立"两级管理、以省为主"的管理体制

1993 年，国务院先后颁发《中国教育改革和发展纲要》和《国务院关于〈中国教育改革和发展纲要〉的实施意见》，进一步阐发了有关高等教育管理体制改革的政策设想。《中国教育改革和发展纲要》指出："在中央与地方的关系上，进一步确立中央与省（自治区、直辖市）分级管理、分级负责的教育管理体制。中央直接管理一部分关系国家经济、社会发展全局并在高等教育中起示范作用的骨干学校和少数行业性强、地方不便管理的学校。在中央大政方针和宏观规划指导下，对地方举办的高等教育的领导和管理，责任和权力都交给省（自治区、直辖市）。按照这个精神，中央要进一步简政放权，扩大省（自治区、直辖市）的教育决策权和包括对中央部门所属学校的统筹权。"

1999 年，《教育部关于实施〈中华人民共和国高等教育法〉若干问题的意见》指出："要按照《高等教育法》第 44 条的规定，逐步建立高等学校的办学水平和教育质量评估制度和机制。通过评估试点，不断完善有关评估指标体系，引导高等学校根据我国经济建设和社会发展对人才的实际需要改革、建设和发展。高等学校的办学水平和教育质量，由国务院教育行政部门组织专家或委托有关组织机构进行评估。各省、自治区、直辖市教育行政部门应对本行政区域内的高等学校办学水平和教育质量进行监督、检查和必要的评估。国务院教育行政部门将依法制定有关评估的具体办法，加强对评估工作的管理。"

1999 年，为了贯彻落实"科教兴国"战略，加快高等教育的改革和发展，积极探索多种途径发展高职教育，国家决定改革现行管理办法，以新的管理模式和运行机制举办高职教育。经过积极探索，形成了"国务院领导下，分级管理、地方为主、政府统筹、社会参与"的管理体制。这种管理体制有利于促进我国高职教育更好地适应经济建设和社会发展需要，加快培养面向基层，面向生产、建设、服务和管理第一线职业岗位的高技能专门人才的速度；有利于扩大省级政府对发展高等教育的决策权和统筹权，使得地方政府更积极地探索以多种形式、多种途径和多种机制发展地方高职教育。

2000 年，高职院校管理体制改革迈出了决定性的一步，实行了两个重要的新政策：一是把高职院校的审批权下放给省级政府（以前所有高校都由教育部审批）。二是把相应专科层次的招生计划权下放到省级政府，中

央只管本科层次的招生计划。这两个权力的下放，是从实际出发和思想解放的结果，也是中国高校管理体制改革的重大突破，扩大了省级政府对高职教育的统筹决策权。

2004 年 6 月，经国务院批准，教育部、国家发展和改革委员会（简称发改委）等七部委建立了职业教育工作部际联席会议制度（教育部，2006）。全国多数地方也相应建立了省级职业教育工作部门联席会议制度。这一制度的建立，强化了政府对职业教育的统筹领导，促进了政府有关部门对职业教育工作的沟通与协调，对我国高职教育的改革和发展具有十分重要的意义。

三、宏观管理体制改革的主要特点

从教育管理体制改革的发展历程来看，高职院校宏观管理体制的改革体现了管理权限地方化、办学权限自主化和质量评估标准化等特点。

1. 管理权限趋于地方化

管理权限趋于地方化，也就是说高等职业教育管理逐步从高重心向低重心转移。即通过权限下放，改变过去整个国家教育活动的管理权都高度集中于中央政府和中央教育行政管理部门的状况，给予地方政府和学校自身更多的管理权和自主权。它反映了管理权限在原有体制内从上到下的变化，只是把管理的重心由中央下移到地方各级政府，并未超出原有体制范围。这一走向主要体现在两个方面。

其一，地方各级政府对本地方职业教育活动的管理权限有所扩大。过去，无论是高职院校的建设、专业的设置和调整，还是课程、教材、教学大纲与教学计划的审定，包括各种教育经费的拨付与使用，等等，基本上是由中央政府和中央教育行政管理部门集中统一管理，地方政府和教育行政管理部门的管理权限十分有限，更多的只是扮演一个执行者的角色。在市场经济条件下，传统的层级式、直线式管理模式会压制地方办学的积极性，难以适应随着社会发展和分化而出现的不同地区之间的差异；由于信息收集和掌握上的困难，也常常影响管理的效率。为此，在教育管理体制改革中，中央政府明确规定了高职院校管理权属于地方政府所有。除了大政方针和宏观规划由中央决定外，具体政策、计划的制定和实施，以及对学校的领导、管理和检查的权力和责任，都交给地方。

其二，高职院校办学更多地立足于服务地方。在全国 1300 多所高职院校中，绝大部分都是地方高职院校，立足和服务于所在区域是其重要的价值取向。高职院校与当地经济社会发展紧密相连，为地方经济发展培养

高素质技能型人才是其重要目标定位，服务于地方经济发展是高职院校的责任。首先，服务地方经济发展是高职院校的存在价值与发展动力，高职院校只有通过推动地区经济发展才能实现其建设、发展目标。其次，服务地方经济发展和社会进步是高职院校办学质量的标志。毫无疑问，人才培养质量是高校办学质量的重要体现。知识、能力、素质都是重要的评价标准，如何评价学生知识、能力、素质呢？应立足于服务地方经济发展和社会进步，培养适合地方经济社会发展需要的人才。最后，创新人才培养模式是高职院校服务地方的落脚点。高职院校的办学定位除了"高等性""职业性"之外，还有非常重要的一点就是"地方性"。因此，紧跟地方经济需求设置专业，紧跟岗位设置课程，紧跟用人单位需要培养人才，成为高职院校创新人才培养模式的重要抓手。

2. 办学权限趋于自主化

随着我国高等教育管理体制改革不断深化，高校办学自主权不断扩大。1998 年颁布的《高等教育法》规定，高校享有招生、学科专业设置、教育教学、科学研究与社会服务、国际交流合作、机构设置与人事管理、财产管理与使用 7 个方面的自主权。2010 年颁布的《国家中长期教育改革和发展规划纲要（2010-2020 年）》，对落实和扩大高校办学自主权作了进一步明确。落实高等学校的办学自主权，实质是转变高等教育管理方式，坚持放权与监管同步。在加大放权力度的同时，政府更多地运用法律法规、政策、标准、拨款、信息服务等手段，加强和改善宏观管理，确保放而不乱。以示范性高职院校建设为例，国家主要通过制定示范性高职院校的质量标准，通过政策和资金支持引导职业院校面向市场、自主办学，不断提升人才培养质量和办学水平。

早在 1995 年 12 月，国家教委为推动职业大学的改革与发展，就开展了示范性职业大学建设工作。2000 年 9 月和 2001 年 6 月，教育部先后启动了国家首批 15 所和第二批 16 所示范性职业技术学院建设项目，推动了高等职业教育的建设和发展。2005 年 10 月，国务院发布《国务院关于大力发展职业教育的决定》，第四条 15 项指出："加强示范性职业院校建设。实施职业教育示范性院校建设计划，在整合资源、深化改革、创新机制的基础上，重点建设高水平的培养高素质技能型人才的 1000 所示范性中等职业学校和 100 所示范性高等职业院校。大力提升这些学校培养高素质技能型人才的能力，促进他们在深化改革、创新体制和机制中起到示范作用，带动全国职业院校办出特色，提高水平。"

国家在"十一五"期间安排了 20 亿元重点支持 100 所高水平示范性

高职院校建设，这些院校除了领导能力领先、综合水平领先、教育教学改革领先、专业建设领先、社会服务领先，具有良好的建设环境外，还要求在人才培养模式、实验实训基地建设、师资队伍建设、课程体系与教学内容改革等方面取得实质性突破，力争做"发展的模范，改革的模范，管理的模范"（彭涛，2011），从而带动全国高等职业院校深化改革，提升我国高等职业教育的整体水平，引领我国健康持续发展。经过多年建设，示范性高职院校在探索校企合作办学体制机制、工学结合人才培养模式、单独招生试点、增强社会服务能力、跨区域共享优质教育资源等方面取得了显著成效，引领了全国高职院校的改革与发展方向。

"国家示范性高等职业院校建设计划"一方面改进了高职院校的管理方式和管理体制，另一方面也推动了高职院校面向社会、面向市场、面向地方自主办学，带动和影响了全国高等职业院校的改革与发展，为高等职业教育的发展提供了新的发展机遇。

3. 质量监管趋于常态化

2003 年，教育部开始进行高职高专院校人才培养工作水平评估试点，2004 年正式启动水平评估工作。2008 年，教育部修订了《高职高专院校人才培养工作评估方案》，并下发通知要求各地开始独立设置的高等职业院校的评估工作。2008 年以来，全国各地的高职院校已基本完成人才培养工作水平评估工作。从评估方案和评估指标体系来看，高职高专院校人才培养工作水平评估与本科院校教学工作水平评估有很大的不同，除了办学目标与定位、办学指导思想、人才培养目标之外，"双师型"教师队伍建设、兼职教师、实训实践教学、顶岗实习、工学结合、校企合作、双证书等方面都根据高等职业教育的性质和特点提出了明确的评估指标，有利于引导高等职业教育人才培养模式的改革方向。高职高专人才培养工作水平评估，对促进高等职业院校加强内涵建设，深化校企合作、工学结合的人才培养模式，推动教育行政部门完善对高等职业院校的宏观管理，逐步形成以学校为核心、教育行政部门为引导、社会参与的教学质量保障体系，促进我国高等职业教育持续、稳定、健康发展发挥了重要作用。

教育管理体制改革的经验表明，体制性障碍的存在，固然有社会文化背景和历史传统的束缚，但克服体制性障碍不能仅仅依靠文化历史的变革，还需要通过自上而下的法律和制度变革来推动，以法制为基础开展教育管理体制改革，是经验，也是发展趋势。目前，我国高等职业教育改革重心逐步下移到学校层面，现代高职院校制度建设的推进和深化面临挑战。

综上所述，从我国高职院校宏观管理体制演进过程来看，制度改革具有时代性，有其自身的逻辑。这种逻辑就在于教育管理制度改革必须服务于教育事业发展，必须依靠自上而下与自下而上两种力量，必须建立一套行之有效的制度系统。

第二节　高职院校内部管理体制改革

一、高职院校章程建设

（一）高职院校章程建设的背景

高等学校章程是规范高等学校依法履行教育职能而制定的具有公共职能的规范性文件，是现代大学制度的重要组成部分。高等学校章程的历史起源于中世纪的欧洲，最初由皇家特许状和教会诏令构成。经过几个世纪的发展，高等学校章程具备了法律上的自主地位。

中国近代高等教育是伴随着高等学校章程一同起始的，洋务运动时期创办的新式学堂普遍立有章程。1895 年，盛宣怀草拟《拟设天津中西学堂章程禀》，是天津大学的创校文献。1898 年，梁启超起草《奏拟京师大学堂章程》，提出京师大学堂"各省之表率，万国所瞻仰"的办学目标。1902 年，张百熙起草《钦定大学堂章程》，这个章程虽未实施，但提出几点重要办学思想：一是提出了德智体全面发展的教育思想；二是提出了"全学"和"通才"的概念；三是建立中国高等教育体制。1904 年，张之洞起草《奏定大学堂章程》，首次提出了在大学堂内设通儒院即研究生院的主张，并对各分科大学和通儒院的学习年限作了规定。1921 年，厦门大学在上海《民国日报》上发表的《厦门大学大纲》就是章程性质的纲领性文件，对办学目的、经费、董事会、评议会、委员会、组织系统等都作了规定。

20 世纪 50 年代，由于大规模院系调整和中央集权化教育管理体制的形成，高等学校章程已基本不复存在。直到 1992 年，教育部《内部管理体制改革的若干意见》规定教育部直接管理的教育实体具有法人地位。1995 年，《教育法》明确学校具有"法人资格"，有按照章程行使自主管理的权利。1998 年，《高等教育法》规定，申请设立大学应当向审批机关提交章程等内容。2010 年 7 月，《国家中长期教育改革与发展规划纲要（2010-2020 年）》第 40 条提出加强章程建设。2011 年 11 月，教育部第 31 号令发布《高等学校章程制定暂行办法》，为高校章程建设提供了具体指南。2013 年 9 月，《中央部委所属大学章程建设行动计划（2013-2015 年）》

出台。2015 年底，教育部及中央部门所属的 114 所高等学校，分批全部完成章程制定和核准工作。在这一背景下，高职院校的章程建设也在加快推进。

（二）高职院校章程建设的意义

现代大学制度的核心是在国家宏观调控政策指导下，高等学校面向社会，依法自主办学，实行科学管理。现代大学制度涉及规范和理顺高校与政府、社会的关系，涉及高等学校内部治理结构的完善和改革（杨红，2012）。

高职院校章程对高职院校的建设和发展有重要意义，常被称为高职院校的"宪法"。高职院校章程对明晰高职院校与社会及学校内部各种关系，明确高职院校的法律地位和办学自主权，规范学校行为，维护各方合法权益，提高办学水平具有重要的引导、规范和保障作用。高职院校章程是建设现代大学制度必不可少的一步。

首先，依法制定章程并严格依照章程治理，既是法律对每一所高职院校的基本要求，也是高职院校设立、运行、发展合法性的前提。章程作为学校精神的集中体现和学校行为的总规范，实际上是法的治理模式、法的精神和法律条规在一所高职院校的进一步延伸和具体化、个性化。

其次，章程是高职院校依法实施自主管理的基本依据，是落实高职院校办学自主权的重要保障。章程确定了高职院校基本运行和管理制度，能够确保高职院校按照学术逻辑和教育规律办事，防止其受到外界干扰，尤其减少行政权力的干预。

最后，高职院校章程有助于学校回归教育本位。高职院校作为培养高层次专门人才的教育机构，其运行和管理有不同于行政机构和企业的规律，只有建立自主办学、使命清晰、民主管理的学校章程才能让高职院校摆脱行政化痼疾，回归教育本位，从而逐步提升办学质量。

（三）高职院校章程建设的现状与问题

长期以来，我国高等学校基本由政府统一管理，办学主体、管理模式及功能定位差异不大，高等学校的章程制定普遍存在滞后问题，高职院校尤甚。2012 年教育部颁布《高等学校章程制定暂行办法》，规定了总则、章程内容、制定程序、核准和监督的明确要求，各地在抓紧推进高职院校章程的制定工作。由于高职院校的章程核准工作主要由省级教育行政部门组织进行，全国高职院校章程制定的情况并没有一个完整的统计数据。根

据鲁柏铎 2013 年在江苏、江西和重庆的调查，走访的 12 所高职院校中已有 8 所高校制定了章程（鲁柏铎，2014：22）。近几年来，高职院校的章程制定工作得到快速推进，2015 年 10 月，江西省高校章程核准委员会召开工作会议，对 35 所高职院校的章程进行了审核，并提出了进一步个性化完善的意见、建议。

高职院校章程的制定过程，不是一个简单的文本起草过程，而是一项复杂的工程，其中，明晰学校内外部各个利益相关者的关系，明确管理体制、规范议事规则和决策程序，设计内部治理结构和组织框架，制定内部管理的程序和规则是其重点，需要深入调研、反复研讨、科学设计。通过制定高职院校的章程，高职院校有利于正确处理发展和管理中的几对重要关系。

第一，有利于处理权利与责任的关系。我国大部分高职院校的运转几乎都是传统的行政科层制模式，习惯听从教育行政部门的管理和指挥，宏观管理与学校内部事务管理的界限不清。高职院校章程的制定有利于明确学校与举办者（含政府）、学校和管理者（教育行政部门）的权利和义务清单，落实《国家中长期教育改革与发展规划纲要（2010-2020 年）》提出的"政校分开、管办分离"的具体要求；有利于明确学校内部各个主体之间（管理者与教师、学生）、学校与学术组织、学校与合作组织（企业、社会组织）的责权边界；有利于通过内部治理结构的重构将"去行政化"办学要求落到实处。

第二，有利于处理自治与监督的关系。高职院校的自主办学就是自治，包括管理的自治和学术活动、教学活动的自治。高职院校的自治并非校长或班子领导某个人的自治，而是在一定规章制度框架下的自我治理。高职院校通过章程的制定和相关制度的完善，建立健全各种议事规则、办事流程及内部组织机构规则，有利于形成科学的决策机制、执行机制和监督机制，从而推动学校依法办学和自主管理。

第三，有利于处理学校内部与外部的关系。高职院校章程是连通国家法律和学校内部规则的中介，它一方面调整高职学校与举办者之间关系，另一方面也调整学校内部关系。高职院校由于其培养目标的应用性，多采用校企合作、工学结合的人才培养模式，高职院校与地方政府、行业企业、社会组织有着更为密切的联系。诸多合作企业和社会组织既是学校的办学主体，也是参与学校建设的主体，章程中同样也要明确他们的教育权利和责任。高职院校通过章程制定，有利于建立各利益相关方参与的董事会、理事会，依照章程，使社会各方参与学校事务有"法"可依，从而形成社会参与办学的长效机制。

高职院校章程的建设是一个漫长的过程，目前尚处于起步阶段，还存在不少的问题。

一是章程的法律地位不够明确。从我国高等学校中已经成文的章程看，大部分缺少明确的法律渊源。在现有的教育法律体系中，高职院校章程究竟处于什么样的地位，在高职院校管理中拥有怎样的效力，尚不能得到确切的答案。高职院校章程在院校制度体系中具备什么样的法律效力不明确，高职院校章程在学校管理中的权威性地位也还没有确立。此外，学校师生对高职院校章程的地位和作用不甚了解。

二是章程制定的程序不够规范。高职院校章程的制定是一件严肃的事情，应有明确的制定程序、审批程序、评估程序和修订程序。当前，高职院校章程在制定程序上还存在一些不足和问题。比如，多数高职院校的章程起草过程较为随意，没有专门的章程制定组织，起草过程缺乏严格程序规范；大部分高职院校章程并未规定修改程序，或规定得过于笼统，章程制定之后缺乏必要的评估、审批程序；章程制定的过程中，师生的参与程度远远不够，甚至有些高职院校章程明显是为了应对行政机关的要求而做的，起草人员东拼西凑出初稿就"大功告成"。由于程序上存在疏漏，缺乏程序性规定，章程的制定、修改和执行没有遵循法律优先原则、法律保留原则、正当程序性原则、合理合法性原则等，章程得不到公众的认可（李昕欣，张德祥，2006）。

三是章程内容缺乏个性。细看高职院校章程文本，几乎是《教育法》规定的内容和学校实际的机械结合，内容雷同，"千校一面"。尽管高职院校章程具备了法定要求的基本内容，但结合学校自身实际的创设性规定几乎没有。高职学校章程中的核心内容应该是"健全学校办学自主权的行使与监督机制，明确重要办学事项的基本规则、决策程序与监督机制"，"应当根据学校实际与发展需要，科学设计学校的内部治理结构和组织框架，明确学校与内设机构，以及各管理层级、系统之间的职责权限，管理的程序与规则"。"章程应当明确规定学校学术委员会、学位评定委员会以及其他学术组织的组成原则、负责人产生机制、运行规则与监督机制，保障学术组织在学校的学科建设、专业设置、学术评价、学术发展、教学科研计划方案制定、教师队伍建设等方面充分发挥咨询、审议、决策作用，维护学术活动的独立性。"目前，这些体现高职院校个性和特色的重点内容恰恰在高职院校章程中得不到应有的体现。

总而言之，在我国现行高等教育体制框架内高职院校章程建设面临着

教育行政管理体制和学校内部组织体制两大障碍，需要不断推进和完善。

二、校院两级管理体制改革

在我国高等教育大众化进程启动之前，高职院校的组织结构基本上只有校系两级。由于学校规模不大，高职院校的学生规模一般少于 5000 人，管理重心在学校层面，专业系主要是教学执行单位，一般没有人事、财务和其他的管理权限。随着高职院校的规模迅速发展，很多高职院校的在校生规模已突破万人。在新形势下，校系两级管理体制已经不适应高职院校内部管理的要求，高职院校纷纷进行管理体制改革，由校系两级管理转变为校院两级管理。校院两级管理体制是实施有效管理、充分调动资源、发挥办学优势的有效途径。高职院校体制改革实践证明，校院两级管理体制是在学校办学规模扩大的情况下，适应市场运行机制，提高管理水平和办学效益的有效办法。

（一）校院两级管理体制的内涵

从现代管理学和高等教育学理论的学科视角出发，依据高等学校组织机构改革的实际，高职院校的校院两级管理体制中，学校作为事业单位法人，独立承担责任，对政府教育行政部门负责。院（系）是学校的下属教学单位，接受学校党委和行政的领导，对学校负责，按照学校授予的职权履行职能。校党政部门、直属单位遵照学校的统一部署和计划，依职权对院（系）的相应工作履行管理、协调、指导和服务职能，学校属于校一级管理，学校与院（系）之间的关系构成高校管理中的两级（范晓鹤，2008）。

从高职院校下设的学院类型来看，专业学院是主体，它是充分利用高职院校内部多专业群的优势，以若干临近专业群为准则组建的，集行政、教学、应用型科研及生产于一身的组织机构。专业学院的设置在于促进相邻、相近专业群的交融、渗透，推动专业的改造和建设，树立专业（群）品牌，以便更好地适应市场经济发展和人才培养的客观需要（杨开亮，2010）。同时，专业学院的设置适应了高职院校规模不断扩大的现实需求，是校级管理重心下移的体现。

（二）校院两级管理体制的基本特征

当前，高职院校校系、校院两级管理体制并存，即使是实施校院两级管理体制的学校具体情况也存在较大差异，具体操作过程中缺乏统一性、规范性。相对校系两级管理体例，校院两级管理体制具有以下一些基本特征。

第一，管理重心下移，更有利于专业学院的自主发展。专业学院往往由相近专业系或相关专业系整合而成，专业院校设置的过程其实也是资源整合的过程，集中专业资源、整合专业资源、优化专业资源，可以减少重复建设，有利于提升专业平台的质量和水平，有利于专业品牌的建设。与专业系作为单一的教学组织不同，专业学院是一个实体性行政组织，可以更加自主地行使办学权力，除了正常承担教学、科研和师资培养任务之外，更加方便其自主开展社会服务、校企合作和学术交流活动。

第二，校院责权分配更加均衡，有利于激发专业学院的活力。责权相称是保证校院两级管理体制各层级发挥相应作用的关键。从校系两级管理体制向校院两级管理体制转变，最主要的变化在于行政权力分配的优化与平衡。在校院两级管理体制下，专业学院获得了更多的行政权力，具体体现在以下方面：一是获得部分决策权。赋予二级学院教学、科研、专业、建设、师资配置、学生管理等方面较大程度的决策权，同时使其承担相应的责任。二是具有人事建议权。专业学院领导班子的考核、选拔、任用统一纳入校中层领导干部管理体系，实行竞争上岗、任期聘用；院内专业系的系主任、专业带头人、教研室、实验室负责人及行政干部等则由专业学院为主选拔聘任。有利于专业学院根据专业（群）建设的需要制定师资队伍建设规划，积极培养、引进人才，优化师资结构。三是获得部分财务管理权限。校级统管的模式下，基层单位无法自主支配经费。实现校院两级管理后，专业学院可制定相应的财务制度，有权对资金进行合理安排，自行调控，增强资金使用的计划性、自主性和针对性，管好、用好各项经费。四是相对独立的资源配置权。推行校院两级管理，就是要使办学资源配置的主体从学校向学院转变，使办学资源配置的方式从计划性向市场性转变，最终使资源配置与教学科研、社会服务活动充分接近。学校在将相当一部分的管理权力下放给专业学院的同时，也应转变对专业学院的投入方式，以市场机制为主配置办学资源，提高资源利用的效益。

第三，优化了管理评价机制，有利于实行目标管理。校院两级管理体制中，学校层面可以从具体的教学、科研和社会服务事务中脱身出来，更宏观、更综合地考虑学校的发展战略规划和发展目标，用资源配置、激励政策、评价监督等管理方式促进各专业学院的整体发展。专业学院则在学校整体发展规划中明确自身的定位和目标，制定具体的发展策略和发展计划，锐意改革、自主创新，在完成各项发展任务的同时，办出专业学院自身的特色。在学校管理中，考核、评估是调控的一项重要手段。学校可以通过建立科学合理的考评机制，将相关的发展目标和建设目标转化为具体的评估指标体系，从办学思想、教学与人才培养、科研水平、师资队伍、社会服务、校企合作、管理效益等方面进行定期的评估考核。这样，学校通过计划、指导、协调、检查、评估等调控手段，推动专业学院的发展，形成富有特色的、灵活的、与社会行业紧密结合的校院两级管理体制。

（三）校院两级管理体制改革应注意的问题

职业院校的管理体制从校系两级向校院两级转变是管理模式的转型升级，管理方式、制度体系都要进行一系列的优化，在改革过程中需要注意处理好几个问题。

一是要处理好学校统筹管理与专业学院自主性建设的关系。学校统筹管理与专业学院自主性建设要达到相互促进、相互协调统一的状态。统筹管理过松，易造成无法控制的混乱局面；过紧，又难以达到促进自主办学的目的。随着校级规模的不断扩大，校领导要善于从繁杂的事务性管理中解脱出来，通过制定和健全发展规划，以及制度、机制、规程等规范专业学院的办学方向，通过教学管理、督促机制和评估、反馈机制来监控专业学院的办学质量和效益。专业学院应强化相对独立办学的意识，既要服从学校的整体目标，又要根据学院的具体情况，提出和实施符合客观实际的发展规划。要不断探索相对独立的办学思路，不断积累经验，扩大视野，加强与社会的联系，形成自我发展的良好机制。

二是要更新管理观念。实施校院两级管理有个转变思想观念的问题。专业学院领导应确立相对独立的管理意识。新的管理模式给了专业学院很大的发展空间，如何利用所赋予的权力进行妥善、全面的管理，还需要一个艰难的适应过程。专业学院的领导层应有一个不断学习、培训、提高的过程，这是实施校院两级管理的必要前提。

三是建立健全专业学院的管理制度和管理规范。校院两级管理体制和运行机制构建是一个渐进的过程，根据两级管理体制和运行机制的基本构成要素，主要包括以下几个步骤：确立校院两级管理的总体框架，明确校院两级管理的分工范围和专业学院的职能、机构、决策机制；制定和实行教学、科研、人事、学生、财务、设备等方面的《校院两级管理实施细则》，明确专业学院如何具体管理，确立校院两级管理的工作范围和日常工作关系；制定专业学院管理的相关制度，从人、财、物三个方面明确专业学院可以支配的办学资源；学校帮助专业学院加强领导班子建设、健全管理机构、充实管理人员；强化学校与专业学院的规划、计划管理，保持和加强

学校的统筹管理与调控能力；制定和实行专业学院综合考核评估办法，加强评估考核。

三、高职院校权力运行机制改革

　　高校中的权力是为了保证高校组织功能实现，对高校进行合法治理的一种力量。在现代大学制度完善过程中探讨高职院校的权力运行机制，既是一个理论问题，也是一个实践问题。人们通常从权力的性质出发，将高校的权力分为行政权力和学术权力。行政权力与学术权力之间的关系往往决定着高等学校权力的结构和治理模式。过去很长一段时间，学者们探讨行政权力与学术权力的关系主要立足于理论性和学术性较强的本科院校和综合性大学，对高职院校的权力结构及运行机制关注较少，分析不够深入。随着我国高职院校管理体制改革的不断深化，高职院校的权力配置及其优化，成为一项重要的改革议题。

（一）高职院校的权力类型

　　一般来说，权力是根据行使者的目的去影响他人行为的能力，其内容包括主体、客体、目的、作用和结果等方面。按照性质，权力可以划分为政治权力、经济权力、社会权力等。关于高等学校的内部权力分配，《高等教育法》作了明确界定：第30条规定，"校长为高等学校的法定代表人"；第41条规定，"校长全面负责本学校的教学、科学研究和其他行政管理工作"，代表学校行使各项行政权力，行政权力的行使方式是"校长主持校长办公会议或者校务会议"；第42条规定，"高等学校设立学术委员会，审议学科、专业的设置，教学、科学研究计划方案，评定教学、科学研究成果等有关学术事项"。从上述法律条文的规定来看，行政权力与学术权力的界限是比较明确的，但是，由于长期行政化管理体制的影响，高等学校的内部管理和权力运行机制的行政色彩过于浓厚，造成高等学校的学术权力处于一种严重的缺失状态，高职院校尤其明显。

　　高职院校的行政权力系统。行政权力是依据国家法律、政府规章、社会需求和学校规章形成的一种权力形式。作为管理学校行政事务方面的权力，是与职务相联系的制度化了的权力类型，它强调照章办事和等级服从，具有明显的科层制特征，其权力行使主体为高校行政管理人员及行政机构（谭志合，2002）。高职院校通常按照校、院、系三级或校、系两级划分行政层级，校长是学校的法人，管理经营学校，行使行政权力，院长由校长任命、系主任由院长任命，系主任对院长负责，院长对校长负责。此外，在学校层面，还设置有行政职能部门，如教务处、人事处、科研处、外事处、财务处、总务后勤等部门，行政职能部门的领导由校长任命，由此形成严格的行政等级。在专业学院，普通教师一般很少有机会介入各个层次的决策和管理过程，即使是学术事务也没有太多的发言权。这种权力高度集中的校院（系）管理体制，有利于学校执行国家政策，提高政策执行的绩效。严格的等级管理，在机构运行良好的条件下，有助于上下一致，提高管理效率。

高职院校的学术权力系统。学术权力是扎根于知识和专业，根据学术事务、学术活动及学术关系等特点和规律，管理学术事务的权力类型，其权力行使主体并不限定于职务身份，关键在于行使学术权力的基础必须是知识和专业。学术权力的具体内容包括高校的教学活动、科学研究、专业建设、课程设置、教材建设、师资培养、学位授予及招生就业等方面的管理权力。学术权力与行政权力的并存是高职院校内涵发展的必然要求，从目前的情况来说，虽然许多高职院校已经建立了一些代表学术权力的组织，但行政权力在其各项事务决策和管理中发挥着主导作用，普遍存在着行政权力越位、行政权力泛化的现象，学术权力尚未得到应有的重视，学术事务管理的专业化水平有待提高。

（二）高职院校权力结构现状分析

行政权力和学术权力是共存于高职院校的基本权力形式，二者目标一致，都是为了保障决策和运行符合教育规律，实现高职院校的任务和功能。由于二者在本质特征上各具差异，存在态势上既重叠交叉又冲突分离，加上高职院校办学时间短、办学理念先进程度不一及各种人为因素，使得高职院校行政权力和学术权力失衡严重（刘绍斌，2013a）。主要表现在以下三个方面。

第一，高职院校内部行政权力泛化，以行政权力干预或取代学术权力的现象仍然比较普遍。每个学校都按照《高等教育法》的规定，成立了学术委员会等机构，但是学术权利相对有限。比如，教师的职称评审工作是由学院人事部门负责执行，由于高职院校一般没有独立的职称评审权，学术委员会往往只能做形式审查或推荐工作，无法在职称评审中发挥关键作用。高职院校科研处既是一个行政部门，又常作为学术委员会的常设机构，在实际运作过程中，常把应通过学术委员会研究的学术问题作为一般行政工作加以处理。在高职院校里，学术事务往往由行政部门拍板决定，而教授、专业骨干及行业企业专家在高职院校治理中没有充分的话语权，未能发挥其应有的作用。

第二，高职院校内部的学术权力与行政权力的界限模糊，行政权力与学术权力相互越位。一方面，行政权力取代学术权力，学术权力微弱且掌握在行政管理者手中，使学术管理变为行政管理，导致学术权力行政化；另一方面，学术人员利用学术成就获得行政职务，再以行政身份衍生学术身份，以行政职务提升学术水平，以行政职务谋取学术职称，导致行政权力学术化（董仁忠，2011）。高职院校具有教授（或相当专业技术职务，职称的教师总量偏少，大部分的教授兼有院级或中层党政职务。多数学校的学术委员会的主要成员是院系两级行政领导和教学科研部门的负责人，因此，学术组织的成员构成存在明显的缺陷。行政权力和学术权力的高度重合，导致学术权力不能构成对行政权力的有效制约。

第三，学术活动偏少，学术组织的作用不突出。学术权力是筑基于专业特长和学术能力的权力类型，教学科研人员以专业知识背景所形成的专业优势和在此基础上形成的专业实力是其根基。目前，高职院校的教师群体中有相当部分来自转型而来的中等职业学校，其专业知识基础较为薄弱，专业发展意识还处于萌芽状态，对具有高职特色的教育专业知识和代表应用技术知识创新前沿的优势探索与研究尚少，对自身专业身份不可取代性认同不高，缺乏维护专业自主的认识。加之高职院校还缺乏有力的教师培养和专业发展机制，使得其教师群体的专业实力较之普通本科院校之间存在一定的差距，也缺乏在相应专业领域内受同行认可的高水平人才，遑论受普遍尊敬的大师级人物了。在更大范围内的学术组织缺乏话语权，这也间接影响了高职院校学术权力的发展（胡昌送，2010）。

（三）高职院校权力运行机制改革的措施

高职院校内部治理要改变实际运行中行政、学术权力失衡的局面，必须采取得力措施，构建科学的权力运行机制，保证行政、学术权力协调运行。

1. 完善学校章程，为规范权力运行提供保障

高职院校无论采取哪种权力运行模式，都离不开法律、法规、制度加以保障，学校章程作为学校"宪法"，其保障作用尤为突出。学校章程要对学术事务、行政事务作出明确界定，并根据事务性质的不同，采用不同的决策机制，行政事务由校长及校务委员会决策，学术事务由学术组织决策。

2. 完善治理结构，构建行业企业有效参与治理的机制

行业企业参与程度是衡量高职院校治理结构完善与否的关键指标（董仁忠，2011）。为此，国家要加快步伐，以立法形式明确行业企业有效参与高职院校治理的机制，鼓励企业参与高职教育，建设校企合作管理平台。要深化高职院校治理结构的改革，探索成立高职院校董事会，建立由校长、举办者、行业企业代表、专业骨干代表、教职工代表等组成的高职院校董事会决策制度（高职院校最高权力机构），明确董事会通过民主程序决定学校重大事项的职能及机制，使行业企业有效参与高职院校治理真正落到实处。

3. 再造管理流程，规范行政权力

通过再造管理流程，推动学校由行政型管理向学术型管理转型，建立"教授治校""专家治学"的管理模式和以学术带头人为中心的教学、科研组织，形成教师醉心于教学、科研、社会服务工作的良性机制（刘绍斌，2013b）。一是转变观念，树立"管理就是服务"的理念，促进行政管理人员树立"为师生服务和为教学科研服务"的意识。二是建立科学的行管人员选任及考评的制度体系，提高行管人员的管理水平。三是明确界定学术权力与行政权力的作用领域，建立扁平化管理组织结构模式，避免机构的重叠与膨胀。四是合理划分学校与院（系）的权力，逐步下放行政权力，加强学术权力，调适行政、学术权力运行。在再造管理流程、实施机构改革的前提下，要在一定程度上下放教学权、科研权、人事权及财权给院（系）。

4. 注重专业组织建设，强化学术氛围

高职院校内部体制改革应坚持贯彻专业精神、弘扬专业价值的原则，将学校的效率目标与教师的人本需求结合起来，培养教师的专业创造性和教学责任感，激发教师的专业潜质。一是营造良好的专业氛围，给予学术权力充分的话语权，提升教师的专业地位，加强学术民主制度建设，为科研创新和专业师资的成长营造宽松和谐的环境。二是建立促进教师专业发展的动力机制。首先要从基层（院、系）出发，构建以教师为主的学术事务管理制度。在专业建设中，发挥基层专业教师的学术影响力，保证教师参与专业的建设和管理。其次要建立以教育质量和专业水平为核心的教师管理制度，改变教师管理中的过度量化现象，将教师管理重点回归到教育教学质量之上。最后，要建立教师专业发展的奖励制度，按照一定比例投

入资金，用于教师专业发展，包括学术研究、实践技能培训及理论知识学习等。

5. 完善监督机制，加强民主监督

失去监督和制约的权力必然会产生腐败，高职院校行政权力如此，专业权力也是如此，所以高职院校有必要建立和完善行政、学术权力运行的良好监督机制，保护各利益相关者的合法权益，有效制约权力扩张（俞启定，王喜雪，2012）。在当前形势下，应重点构建以教职工代表大会制度为主要内容的内部监督体制，加强党内监督，强化行政监督，深化民主监督。此外，要逐步向开放型办学的现代职业院校治理结构过渡，鼓励利益相关者参与学校治理，成立由政府代表、董事会代表、教职工代表、学生代表和企业（行业）代表组成的监督机构，构建各利益相关者代表参与的监督机制，对学校运行进行有效监督。

第三节　高职院校管理体制改革的未来发展

一、管理体制改革的主要成就

高职院校管理体制改革是围绕着改变过去教育管理权限高度统一和过度集中的现象展开的。招生和考试制度的改革、教师职称职务制度的改革，以及教育经费结构及管理的改革等，则是从不同侧面进一步具体地落实高职院校管理体制改革。高职院校管理体制的改革主要有以下成就。

（一）扩大了高职院校的办学自主权

随着我国经济体制改革和行政体制的推进，教育行政管理部门进一步扩大了高职院校的办学自主权，政府在一定程度上减少了对学校微观事务的管理和干预，扩大了学校在办学定位、发展目标、人才培养模式、课程选择、专业设置、教师管理、自主招生、校企合作、经费使用等方面的权力（刘昌，2015）。这调动了地方各级政府和人们发展教育与办学的积极性，形成了教育发展的新的支持机制，扩大和增加了整个社会对教育的投入（谢维和，1995）。

同时，教育本身与现实的联系更为紧密，从而使教育获得了更大的社会效益。一方面由于缩短了各种信息流动、反馈和转换中的时间与空间，增加了管理的直接性和决策的针对性，因而在一定程度上降低了教育的管理成本和费用，另一方面，为高职院校的深化改革创造了一定的条件，在

一定程度上调动了广大教职工的积极性，增强了学校主动适应经济和社会发展的能力，促进了高校办学质量、科研水平和办学效益的提高。

（二）调动了更多的社会资源参与和支持办学

高职院校举办者的分化，以及管理者与举办者、办学者的相对分离，在一定程度上调动了更多的社会资源参与和支持办学。各种社会力量办学、民办高职院校的出现，以及非正规和非正式教育的兴起，已成为我国公办高职教育体系的极大补充，并在一定程度上缓解了政府办学的压力，适应了现代社会中不断扩大的教育需求。

与此同时，由于各种社会力量办学本身具有相对的独立性和自主性，它们在办学思想、课程设置、教学上的某些试验和创新，也为我国教育教学的改革和理论研究提供了十分可贵的经验。由此，一种多元的办学格局正在逐步形成。

（三）实行了党委领导下的院（校）长负责制

党的十三届四中全会以后，党中央确定高等学校全面实行党委领导下的校长负责制。目前，公办高职院校普遍实行的是党委领导下的院（校）长负责制（王小梅等，2007）。坚持和完善党委领导下的校长负责制，是我国高校内部管理体制特色的体现。校长为学校的法人代表，在校党委领导下积极主动、独立负责、依法行使职权，全面负责本校的教学、科研和其他行政管理工作。实践证明，这一制度符合我国国情和高等教育发展规律，应该长期坚持并不断完善。

2014年10月15日，中共中央办公厅印发《关于坚持和完善普通高等学校党委领导下的校长负责制的实施意见》。这是党中央推进中国特色现代大学制度建设的重要举措，为加强高校党的建设工作、完善高校领导体制和运行机制提供了重要依据。该意见的贯彻落实，对于新形势下加强和改进党对高校的领导，完善高校内部治理结构，促进高校科学发展，具有十分重要的意义。

（四）采用了校院两级管理体制

随着高职院校规模的扩大，越来越多的高职院校采用校院两级管理体制，实践证明校院两级管理体例是高职院校在市场经济体制中办学规模扩大的情况下，提高管理水平和办学效益的有效办法，在调动院系工作积极性和主动性、深化人才培养模式的探索、推进学科建设、提高教育质量等方面的意义是深远的。

高职院校的部门设置基本上都是按行政管理模式设立的，分为行政部门和教学部门两块，行政部门包括办公室、人事处、财务处、教务处、学生处等，教学部门由不同的院系或专业组成。传统行政管理体制下的高职院校的这种组织结构以教学为中心，生产和科研是独立于教学之外的活动。在这种组织结构中，院系的中心任务是完成教学计划；教师和实验人员各自分管理论和实践教学；教师参与科研也多半是为了晋升技术职务；生产、科研机构的工作也与教学直接联系。所以，教学、生产、科研三条线各自发展，相交而不相融，难以发挥对高职人才能力培养的综合保证作用（杨文士，张雁，1994）。

建立与实施校院两级管理体制之后，高职院校初步形成了学校、院（系）两级管理的组织结构和运行机制，初步改变了学校、院（系）两级组织的组织管理职能，建立起了可操作的校院两级管理组织运行机制，逐步形成了两级教学、科研和人事组织结构模式。学校层面侧重于宏观战略发展的决策，制定政策，配置教育资源，并通过监督、评估和提供服务等宏观调控手段对院系进行管理。院系主要负责实施教学科研计划、进行课程建设、开展科研活动等事项并享有相应的权力和利益（陈国锋，2008）。

二、管理体制改革的主要问题

随着我国高等职业教育改革的不断深入，高职院校管理体制取得了明显进步。但是也要看到，当前高职院校管理体制改革力度还不够，管理体制本身还存在一系列问题。

（一）高职教育法律法规不完善

我国已经制定了一系列关于高职教育的法律法规，但是在规避高职教育领域中复杂的发展问题时，依然不够（王学勤，2013）。我国关于高职教育的最为权威的两部法律是《高等教育法》和《职业教育法》，这两部法律明确规定了高职教育的重要性。同时对高职教育改革的目标和任务也做出了阐释。虽然有上述两部法律规定，但是这些法律只有抽象性的概括而没有细节性的规定，因而在执行过程中会有很大弹性。这样会使得高职教育管理体制在实行过程中难度增大。国务院及地方教育行政管理部门出台了一系列的教育法规，这些法规本身存在一些问题，其中最为典型的有两个：一是有些行政法规本身没有法律依据，带有很强的行政命令色彩，实行这些法规给我国高职教育带来的影响是强化行政管理，破坏高职院校

的办学自主权；二是地方政府部门对高职教育的管理手段过于单一，在管理过程中重视用行政手段进行管理，而没有重视经济、法律、评估等手段的综合利用。在市场经济条件下，应该以市场规则为基础进行管理，可是当前政府部门仍然一味地采用行政手段进行管理，存在进一步改善提升的空间。

（二）高职院校投资体制不健全

改革开放以来人们对高职教育的重视程度越来越高，国家对高职院校的财政投入也在逐年增加。可是我国有许多高职院校基础设施仍然较差，西部地区高职院校尤为突出。另一个突出的问题就是师资缺乏，从地域角度来说就是东西部地区教学资源严重不平衡。

造成高职院校基础设施差的一个重要原因就是投资体制的不完善。我国高职教育投资体制一个典型的问题就是投资主体的单一化。高职院校宏观管理体制改革的一个重要目标就是要实现投资主体的多元化，吸收社会资金进行办学，但是，高职院校的投资主体多元化改革的进展并不大，在投资办学过程中仍然是政府占据主导位置。因此，在高职院校投资体制改革中应该吸收多元化投资主体进行投资办学，鼓励投资主体参与决策，不断建立完善符合市场经济发展潮流的股份制资产管理模式。

（三）管理体制中各部门之间缺乏有效的协同性

我国高职教育管理体制的一个明显不足，就是各部门之间缺乏有效的协同性。对于这个问题，可以从三个方面进行考虑。

首先，从中高职管理主体来看。我国在较长一段时间内，中职教育是由教育部门的职业教育与成人教育司管理，高职教育却是由高等教育司管理。中高职教育管理部门的不同会导致二者之间出现协同困难，在管理过程中两个部门之间经常是独立运行，缺乏合作。这就导致高职院校难以与中职教育做到紧密有效链接。

其次，从管理模式的角度来考察，我国采取的管理模式是谁办学、谁管理的模式。这种管理模式的缺陷是缺乏有效的外部监督。这种管理模式效率较低，在未来的改革中必须要加以改变。

最后，从学生毕业文凭证书的角度来看。高职院校学生毕业证是由教育行政主管部门发放的，而各种职业证书是由劳动部门发放的，这种多部门管理会严重阻碍学生的成长。各个部门之间缺乏协同性，社会资源和各种内部资源得不到合理配置，最终导致优质资源被浪费。

（四）校院两级管理体制中责权不明晰

管理学认为，责权相应是重要的管理原则，也是高职院校实施校院两级管理的基本保障和要求。权力分配体系是校内管理运行机制构建的灵魂，也是校院两级管理体制运行科学、合理的关键（吴杨，施卫东，2000）。第一，职能划分不明确。学校职能部门与院系在职能上存在过多的交叉和重叠。哪些工作应该由学校各职能部门干、干到什么程度，哪些工作应该院系干、干到什么程度都未做出明确的规定，从而出现职能部门和院系之间工作不协调，相互推诿的现象。第二，责权不对等。责任下放过多，权力让渡不够。在责权关系中，责任是授权的依据，权力是履职的工具。目前，院系的职能范围就是协助学校职能部门做一些管理工作，任务重、责任大却没有权力。教学、科研、专业建设、师资配置、学生管理等方面的决策权，根据专业建设的需要制定师资队伍建设规划、人员考核、奖惩等相关权力对院系做出的让渡不够，院系仍处于被动地执行学校和职能部门下达的各项任务的角色。第三，事权与财权不统一。部分高职院校只对院系下放事务处理的权力而对独立的财务处理的权力不予下放。财务自主权的缺乏导致院系发展缺少经济基础，同时影响了院系自主办学的积极性和主动性。在处理二者关系时，要本着放活的原则，给予院系相对独立的财务自主权。

（五）教学管理与评价制度不完善

很多高职院校教育教学管理观念陈旧，在日常管理中"管制"的思想、做法仍然处处体现，"以人为本"的理念还没有真正树立起来，服务型的管理理念难以得到贯彻，不利于调动广大师生的积极性、主动性和创造性。教学管理缺乏高职特色。由于对高职教育理论及培养目标的认识不够，许多高职院校在论证专业设置时不够严谨、科学，甚至有时是临时拼凑而成，有的还直接将本科高校的培养方案嫁接过来。这种情况在课程设置上比较普遍，不少高职院校的专业课程几乎都是由普通高校所开设课程浓缩而成（王小梅等，2007）。

高职院校教学质量管理中，还存在一些片面的、错误的质量观念。首先，从外适质量来看，不少学校还是过分强调知识体系的完整性。在培养计划中，理论课时过多，没有做到"必须"和"够用"，对实践教学重视不够。作为衡量高职院校外适质量的一个关键指标，毕业生就业质量不是很理想。其次，从多元质量来看，多数学校的办学层次、形式、学制、课

程等弹性不足。第三，从特色质量来看，大多高职院校都具有创建特色的初步意识，但还没有开展卓有成效的行动，真正形成品牌的不多。这一方面受制于具体特色资源的匮乏，另一方面也与学校管理者的办学视野、经营理念和责任意识有关。

三、管理体制改革的对策建议

（一）完善职业教育法律体系和标准体系

高等职业教育宏观管理体制的改革关键在于立法。在对世界各国的高等职业教育宏观管理机制进行研究后发现，那些高等职业教育成功的国家大多具备完善的关于高等职业教育的法律。

应尽快修订《职业教育法》，明确行业、企业等主体的权利、义务，将职业教育体系建设的成果法制化，完善促进校企合作和职业教育集团化发展的法律法规。在修订《教育法》《中华人民共和国民办教育促进法》《高等教育法》《教师法》《学位条例》，以及劳动、社会保障、外国专家等方面的法律法规时，按照现代职业教育体系建设的要求修订完善相关条款。

在今后一段时期内，应建立健全职业教育标准体系，加快制定符合职业教育特点、适应经济发展和产业升级要求的各类职业院校办学标准。完善各项标准的实施和检验制度。除此之外中高等职业教育发展，必须要加强立法。加强高等职业教育立法可以从两个方面努力：一是对原有的《职业教育法》进行完善；二是要尽快出台高等职业教育法。后者的出台更有针对性。在该法中应对高等职业教育的办学宗旨、职责、办学主体、投资体系、管理机制等做出明确规范。加强教育立法的主要目的是为宏观管理体制改革提供法律保障。

（二）调整校院两级机构的职责与权限

实施校院两级管理，必须制定学校、院系两级管理规程，明确院系与教学、科研、人事、行政等职能部门之间的职责与管理权限。在学校内部权力结构的划分上，根据校院两级管理的要求，学校一级负责对学校进行科学定位，确立发展目标和发展途径，制定学院整体发展规划和规章制度，筹措办学经费，负责校园基本建设，扩大对外交往，加强协调、考核评估与监督管理等全局性工作。另外，学校应进行适度的分权。两级管理的关键是改革内部的管理层次和权力结构。做到简政放权和管理重心的下移。学校要从行政权力和学术权力两方面赋予院系自主权。行政权力包括在师资配置、学生管理等方面的决策权、人事权和财务权，学术权力则包括教学科研、专业建设、学术活动中的决策权等。通过分权使院系成为集教学、科研、人事、财务等职能于一身的实体性办学机构，实现学校管理重心与权力导向的下移。

高职院校的发展阶段性特点决定在进行管理重心下移、下放管理权限时，应充分考虑高职院校中院系一级的实际情况。由于学校类型不同、学校对重点专业与非重点专业的投入不同，各院系的发展是不均衡的。以某财经高职院校为例，学校的优势专业是财经专业，财经专业的学生占了全校学生的半壁江山，而管理、外语、计算机等专业的学生人数较少，专业发展较弱。对于发展规模较大、发展较成熟的院系，学校可以下放较大的办学自主权；而对于规模较小的系，不实行两级管理，学校仍掌握办学自主权，根据其规模的发展再适度放权。两级管理体制下，校级职能部门的职责应从单一的管理为主转变为以管理与指导、参谋与协调、服务与保障、检查与评议、监督与评价为主。因此，校级职能部门在两级管理中扮演的角色应该是指导者、服务者、协调者、研究者。

（三）健全和改进教学管理制度

专业是高职院校与社会联系的纽带，在校系两级管理体制中，系只是被动地接受学校的命令。以教研室为特征的管理层面缺乏权威性，也缺乏应有的活力和积极性。校院两级管理体制下，院系不仅是教学管理的执行单位还是管理单位，只有建立健全完善的两级教学管理机构和制度，才能促进教学管理更加良好和高效的运行。健全两级教学管理机构，明确学校、院系两级教学管理职能。随着生源数量的不断增加和生源素质的不断变化，高职院校根据市场需求设置的专业和学科门类也不断增加。针对不同的学科、不同的专业，人才培养的规格、特色也应该不一样。因此各个院系应该有自己的模式和特色，在学校大一统的管理模式下是难以实现这种要求的。在两级管理体制下，校一级的教学管理职能部门是教务处，它的主要职责是负责全校的专业建设规划、教学设施建设规划、教学工作规划和布置，协调各院系之间的教学管理工作，监督和抽查各院系的教学过程，确定人才培养方案、教学计划与教学大纲的制定与修订原则，对教学过程和教学质量进行评价，制定教学管理制度，及时汇编全校性的教学信息，实施对全日制教育、教学工作的宏观调控等。各院系作为教学管理的主体要充分发挥主动性和积极性，有效利用有限的教学资源，对本院系的教学工作进行计划、组织、协调、控制，通过一定的方式协调各种关系，制定及实施一定的措施，激发师生、员工的积极性，以实现教学管理的目标，提高教学质量，培养有专业特色的人才。

完善两级教学管理的制度和实施方案。做好两级管理下的教学工作的前提是必须建立和不断完善教学管理制度，使教学工作的正常运行有章可循。为此，学校要制定一系列教学管理制度，对教师工作规范、人才培养方案和教学计划的制定、理论教学、实践教学、毕业设计、考试考查、教师业务水平评估、学生管理、实验室管理、教学检查等方面均做出具体明确、可操作的规定，为教学管理工作做到"有章可循"奠定基础，也为院系实行规范化的教学管理创造条件。但由于各院系各个专业特点相差较远，学校不可能面对所有管理工作制定统一的管理制度。因此，各院系在具体贯彻学校的教学管理制度时，还应结合自身的实际情况，制定相应的实施细节并补充一部分管理制度，使教学管理制度逐步完善，包括教学秩序的管理制度、教师队伍的管理制度、考试管理制度、档案管理制度和教学监督制度等。

第四章　高职院校校企合作模式改革

校企合作是学校与企业共同进行人才培养的一种合作模式，这种合作模式在技术性、职业性等应用型人才培养过程中得到广泛实践。世界职业教育实践证明校企合作是发展职业教育的重要规律和根本道路。欧美国家非常重视校企合作在职业教育中的价值，认为校企合作有助于将课堂上的学习与工作中的学习结合起来，将理论知识应用于现实的实践中，并把实际中遇到的挑战和见识带回学校，促进学校的教与学。20 世纪 90 年代以来，我国出台了一系列推动校企合作的政策文件，高职院校在校企合作办学方面进行了大量的理论和实践探索，形成了具有中国特色的校企合作模式。

第一节　校企合作模式改革的政策分析

在不同的历史发展时期，高职院校校企合作的方式和类型发生了很大的变化，甚至在不同的政策文件中校企合作概念的提法也各不相同，但是，国家政策对高职院校校企合作的重视程度一直在加强。

一、宏观层面的校企合作政策

20 世纪 80～90 年代，校企合作政策主要侧重于宏观指导，强调加强学生的生产实习和社会实践。例如，《关于经济部门和教育部门加强合作，促进就业前职业技术教育发展的意见》（1986）、《国务院关于大力发展职业技术教育的决定》（1991）等文件指出：为了使各级职业技术学校毕业生能够熟悉生产过程，具有较强的实践动手能力，应大力推行校企合作、工学结合的培养模式。1996 年，我国制定了《职业教育法》，并在第 23 条明确提出职业学校、职业培训机构实施职业教育应当实行产教结合，与企业密切联系，培养实用人才和熟练劳动者。至于校企合作实施、专业设置、学生实习实训、实习管理等在这一阶段都没有明确的政策文件指导。

随着我国市场经济体制的确立，职业教育与经济发展的关系更加密切，以 2002 年 8 月《国务院关于大力推进职业教育改革与发展的决定》的出台为标志，拉开了校企合作体制机制构建的序幕。该决定要求企业要与职业学校加强合作，开展"订单"培训，并积极为职业学校提供兼职教师、实习场所和设备。2005 年 11 月，国务院发布了《国务院关于大力发展职业教育的决定》，该决定将"校企合作、工学结合"列入职业教育改革发展的目标，再一次明确"大力推行工学结合、校企合作的培养模式"。该决定标志着职业教育校企合作模式的正式确立。与此同时，从 2002 年 10 月到 2005 年 8 月三年多的时间里，教育部就职业教育"校企合作"专题连续召开四次全国性的、大规模的、高规格的会议。2002 年 10 月、2003 年 12 月、2004 年 2 月分别在永州市、武汉市、无锡市召开了全国高职高专教育产学研结合经验交流会，2005 年 8 月在天津市召开全国中等职业教育工学结合专题座谈会。

在 2005 年全国中等职业教育工学结合专题座谈会上，教育部部长周济全面详尽地解读了工学结合和半工半读：第一，肯定了职业教育工学结合、半工半读的重大现实意义，指出"坚持工学结合、半工半读，是我国职业教育发展的根本举措"；第二，明确了校企合作模式与工学结合、半工半读人才培养模式的关系，"工学结合、半工半读人才培养模式的转变是以校企合作办学模式为基础和前提的，校企合作办学模式是实行工学结合、半工半读人才培养模式的体制保障"；第三，提出了职业学校与企业合作以利益为基础，"推进'校企合作'，要找准双方利益共同点，建立企业与学校合作的动力机制，实现互惠互利、合作共赢"；第四，确立了校企合作多样化的形式，"要积极推进'校企合一'，鼓励'前厂（店）后校'或'前校后厂（店）'，形成产教结合、校企共进、互惠双赢的良性循环"；第五，强调改革、建立和完善相关制度，"共同建立和完善学校和企业加强合作相关制度"；第六，要求职业教育机构加强对工学结合的理论研究和探索，"探索工学结合、半工半读的基本规律，特别是要在重大理论问题上有所突破，在适合我国当前实际的实践模式上有所突破"（周济，2005）。2005 年全国中等职业教育工学结合专题座谈会议的召开，标志着职业教育校企合作、工学结合进入深层次的探索阶段，成为校企深度合作的标志性会议。2006 年颁布了《职业院校试行工学结合、半工半读的意见》，为校企合作的深入提供了具有可操作性的政策依据。

国家层面校企合作法规制度的逐渐出台，也推动了地方加强校企合作，提高技能人才培养的政策相继出台。2007 年 2 月，上海市发布了《关于本市推进校企合作培养高技能人才工作的实施意见》；2007 年 7 月常州市发布了《关于加强职业教育校企合作办学的指导意见》；2009 年 3 月潍坊市公布了《关于大力推进校企合作加快技能型人才培养的实施意见》；2009 年 12 月重庆市永川区制定下发了《关于加强职业教育校企合作办学的指导意见》；2010 年 10 月江苏省南通市公布了《关于进一步加强职业教育校企合作办学的意见》。2009 年 3 月，《宁波市职业教育校企合作促进条例》以地方立法的形式保护和促进职业院校的校企合作，这是我国首部地方性职业教育校企合作法规。该条例明确了职业院校、企业和政府部门职责，为预防学生在实习期间意外伤害事故，保护企业商业秘密，进一步开展校企联手培养高素质应用型人才，促进校企合作持续、健康发展提供了强有力的法律保障。

《国家中长期教育改革与发展规划纲要（2010-2020 年）》在职业教育的发展任务中将"调动行业企业的积极性"作为重点，提出"建立健全政府主导、行业指导、企业参与的办学机制，制定促进校企合作办学法规，推进校企合作制度化"。在教育体制改革方面，则强调要"以推进政府统筹、校企合作、集团化办学为重点，探索部门、行业、企业参与办学的机制"。《现代职业教育体系建设规划（2014-2020 年）》（2014）则把"完善校企合作的现代职业院校治理结构"作为重点，提出"完善校企合作各项制度。制定促进校企合作办学法规。建立健全校企合作规划、合作治理、合作培养机制，使人才培养融入企业生产服务流程和价值创造过程。职业院校和合作企业要不断完善知识共享、课程更新、'订单'培养、顶岗实习、生产实训、交流任职、员工培训、协同创新等制度。推动学校把实训实习基地建在企业，企业把人才培养和培训基地建在学校。探索引校进厂、引厂进校、前店后校等校企一体化的合作形式。推动行业、企业和社区参与职业院校治理"。《国务院关于加快发展现代职业教育的决定》（2014）在激发职业教育办学活力部分，提出健全企业参与制度："研究制定促进校企合作办学有关法规和激励政策，深化产教融合，鼓励行业和企业举办或参与举办职业教育，发挥企业重要办学主体作用。""支持企业通过校企合作共同培养培训人才，不断提升企业价值。企业开展职业教育的情况纳入企业社会责任报告。"

二、企业参与校企合作的优惠与奖励政策

国家相关部门不仅制定了校企合作的办学政策，也对企业参与校企合作办学体制制定了一系列的优惠与奖励政策，鼓励企业参与职业教育的办

学。如为了贯彻落实《国务院关于进一步加强人才工作的决定》（2003），《国务院关于实施科技规划纲要增强自主创新能力的决定》（2006）及国务院办公厅的《关于进一步加强高技能人才工作的意见》（2006）等文件出台了涉及 7 个方面共 19 条对企业参与职业教育办学的优惠政策。支付职业院校学生在企业实习的报酬、意外伤害保险等费用，按财政部、国家税务总局《关于企业支付学生实习报酬有关所得税政策问题的通知》（2006），以及国家税务总局《关于印发<企业支付实习生报酬税前扣除管理办法>的通知》（2007）规定执行；对企业与职业院校共同开展产学研结合，研究开发新产品、新技术、新工艺所发生的技术开发费，按财政部、国家税务总局《关于企业技术创新有关企业所得税优惠政策的通知》（2008）的有关规定予以税前扣除；对企业资助和捐赠职业院校用于教学和技能训练活动的资金和设备费用，按《财政部、国家税务总局关于教育税收政策的通知》（2004），以及财政部、国家税务总局《关于公益救济性捐赠税前扣除政策及相关管理问题的通知》（2008）的有关规定执行。这些优惠政策降低了企业与学校合作办学的成本，并能够获得国家的资助，企业通过合作将得到人才、技术、资金三方面的支持。

三、学校参与校企合作的优惠与奖励政策

在校企合作的实施过程中，相关部门对学校开展校企合作也出台了一系列优惠政策文件。国务院办公厅《关于进一步加强高技能人才工作的意见》（2006）、《财政部、国家税务总局关于教育税收政策的通知》（2004）、《国务院关于大力发展职业教育的决定》（2005）等文件都对职业学校开展校企合作设立了相关的优惠政策；校企合作开展情况，作为国家重点示范性院校评估备案的必要条件，有专项资金配套；对校企合作培养高技能人才成绩突出的职业院校，将授予国家高技能人才培训基地，有专项资金及相关优惠政策配套，并优先推荐申报中央财政实训基地建设和国家职业教育基础设施建设支持项目，优先推荐申报国家、省重点计划项目，如农民工培训示范基地、国家高技术研究发展计划（863 计划）、中国高新技术产业的指导性计划（火炬计划）等；按《财政部、国家税务总局关于教育税收政策的通知》的有关规定，享受技术收益免税政策等。

四、校企合作政策存在的问题与不足

从总体上看，政府对校企合作的扶持政策还远远不够，各种政策还很不完善，扶持力度也有限。存在的主要问题包括以下几点。

1. 宏观政策多，具体配套政策少

从我国现行校企合作的宏观政策可以看出，自从职业院校开展校企合作以来，中央和各级地方政府制定和下发了很多相关文件，但这些文件大多都是宏观政策，许多还仅仅停留在粗线条的规定上，缺乏具体的配套政策，可操作性不强。比如，《国务院关于大力发展职业教育的决定》（2005）提出："中央财政职业教育专项资金，以奖励等方式支持市场需求大、机制灵活、效益突出的实训基地建设"，"建立企业接收职业院校学生实习的制度。实习期间，企业要与学校共同组织好学生的相关专业理论教学和技能实训工作，做好学生实习中的劳动保护、安全等工作，为顶岗实习的学生支付合理报酬"，"企业可以联合举办职业院校，也可以与职业院校合作办学。企业有责任接受职业院校学生实习和教师实践。对支付实习学生报酬的企业，给予相应税收优惠"。这些政策因没有具体配套政策而难以落实。在校企合作的激励政策和监督政策等方面也基本上是空白。

2. 对学校要求多，对政府和企业要求少

在校企合作的各项政策中，都是以职业院校为主体对象，各种要求都是针对学校的，而对政府和企业的要求较少，这就使政府没有主动性，企业没有积极性。这就导致校企合作的推行不是建立在制度和法律的框架下，不是由政府、学校和企业各自主动承担相应的义务，而是靠学校单方面去硬性推动，用学校的人脉和关系去建立、推动和维系。同时，各级政府也没有建立专门的校企合作的协调机构，负责设计、监督、考核和推行校企合作，企业的校企合作项目难以获得企业主管单位、劳动部门、教育部门的认可。

3. 中央政策多，地方政策少

涉及校企合作方面的政策，中央出台的宏观政策多，省、市配套政策少。虽然有少数地方专门出台了关于校企合作方面的政策，如 2009 年宁波市通过了《宁波市职业教育校企合作促进条例》，以地方立法的形式保护和促进职业院校的校企合作，成为全国第一个为职业教育校企合作发布政策条例的城市。常州市政府也出台了《关于加强职业教育校企合作办学的指导意见》。但从总体上看，地方政府出台的关于校企合作方面的政策还是比较少，远没有像各地方政府制定家电下乡财政补贴、房地产"救市"政策来得及时、具体。

4. 财政扶持和税收优惠政策少

纵观目前的财政和税收法规，针对校企合作的财政和税收优惠很少。财政部、国家税务总局《关于企业所得税若干优惠政策的通知》（1994）规定，"对校办企业从事生产经营的所得免征所得税"；《国家税务总局关于学校办企业征收流转税问题的通知》（1994）规定，还可减免增值税和营业税。但《财政部、国家税务总局关于教育税收政策的通知》（2004）基本上将校办企业的税收优惠政策全部取消了。在《中华人民共和国增值税暂行条例》中仅保留了非常少的优惠政策："校办企业生产的应税货物凡用于本校教学、科研方面的，经严格审核确认后，免征增值税。"但其同时又规定："学校将校办企业转租或承包给外单位、个人经营的，不得享受校办企业的税收优惠政策。"学校所能获得的校企合作方面的经费支持主要来源于中央的实训基地建设专项资金，企业获得的校企合作方面的财政和税收优惠基本没有。

缺乏利益驱动，未能在财政、税收及其他经济利益方面给企业以优惠，是企业不愿承担校企合作义务的主要原因，70%的企业认为这是影响校企合作的最大因素。任何一个市场主体都有自身的利益诉求，企业更是以追求利益最大化为主要目标。在目前的法律体系下，国家还没有出台校企合作对企业的奖励机制，对校企合作中的企业利益保护不够，也没有规定企业在校企合作中应承担的义务。企业没有支持学校的"硬性"任务，通常都觉得没有必要自找麻烦，做"额外"的支出牵涉过多的精力，承担不必要的责任和风险，增加不必要的成本（田平，2010）。

第二节　校企合作模式改革的实践探索

进入 21 世纪以来，职业院校校企合作进入了快速发展时期，集中表现在管理体制的突破、基地建设的加强、合作模式的创新等方面，校企关系开始发生实质性的变化，校企合作的体制机制建设进入了一个新阶段。

一、校企合作管理体制的突破

校企合作的管理体制十分复杂，一方面需要众多政府行政部门之间的协调配合，另一方面需要行业企业的积极参与。经过政府的大力推动和各方面的不断探索，校企合作的管理体制在以下三个方面取得了突破：一是建立了由中央到地方的职业教育联席会议制度。2004 年 6 月建立了中央职业教育工作部际联席会议制度，联席会议由教育部、发改委、财政部、人事部、劳动保障部、农业部、国务院扶贫开发领导小组共 7 个部门和单位组成，教育部部长任联席会议召集人。其后，各省市都建立了职业教育工作部际联席会议制度，形成了齐抓共管的良好局面，联席会议制度的建立有力地促进了职业教育与产业、职业学校与企业合作。二是开始成立全国行业职业教育教学指导委员会，建立职业教育与产业对话协作机制。2010 年 11 月全国组建了 47 个行业职业教育教学指导委员会（简称行指委），行指委是由行业主管部门或行业组织牵头组建和管理，对相关行业（专业）职业教育教学工作进行研究、指导、服务和质量监控的专家咨询组织。行指委的建立有利于进一步发挥行业主管部门和行业组织在发展职业教育中的重要作用。三是开始与行业共同举办高峰论坛，促进与产业、行业和企业的对接。自 2009 年以来，职业教育不断加强与行业的对接，推进职业教育与产业、行业、企业一体化建设，探索建立多元协调、高层对话机制。2009 年 11 月在广州市由中国职业教育学会和国家高新技术开发区联合举办了"新机遇、新舞台、新举措——中国开发区的科学发展与职业教育"的活动。2010 年 3 月教育部与中国石油和化学工业协会、中国化工教育协会、中国化工报社在江苏举办了"对话·合作·共赢——中国职业教育与石油和化工行业发展对接高峰论坛"；同年 6 月由教育部、科技部指导，教育部职业技术教育中心研究所、中国高新技术产业开发区协会、中国职业技术教育学会、全国高职高专校长联席会议、大连市人民政府联合主办在大连举办了"合作·对接·共赢——中国职业教育与高新技术产业发展对接高峰论坛"；9 月在教育部和中国机械工业联合会指导下，由机械工业教育发展中心、中国职业技术教育学会、中国高等教育学会、教育部职业技术教育中心研究所在沈阳举办"合作·对接·共赢——职业教育与装备制造业创新发展高峰论坛"；10 月在教育部、人力资源和社会保障部、文化部的指导下，由中国汽车工程学会、中国汽车工业协会、教育部职业技术教育中心研究所、中国高等教育学会、全国高职高专教育校长联谊会、中国职业技术教育学会、北京汽车工业控股有限责任公司举办了"合作·对接·共赢——中国职业教育与汽车行业发展对接高峰论坛"。据统计，这些对话活动中共有 31 个行业协会（学会）、600 多家大中小型企业、665 所职业院校参与（耿洁，2014）。

二、校企合作基地建设的加强

从 2004 年开始进行职业院校实训基地建设，截至 2009 年，中央财政共投资建设了 1720 个实训基地，完成了"十一五"期间计划建设 2000 个职业教育实训基地任务的 85%。仅在 2009 年，中央财政就安排职业教育实训基地建设专项资金 5 亿元，资助建设了 211 个中等职业学校实训基地和 109 个高等职业学校实训基地（教育部职业教育与成人教育司，教育部职业技术教育中心研究所，2010）。在国家政策支持和资金投入的引导下，地方政府结合区域发展规划也纷纷加大投入，扶持职业院校基地建设。经过多年的努力，我国职业教育实训基地建设初步形成了以国家投入为引导，以地方政府和职业院校自身投入为主体，以国家和省级公共职教实训基地为示范，以职业院校实训基地建设为基础，以校外实训基地建设作为新的增长点，优先重点专业实训基地建设，各专业共同发展，实训基地建设的规模、质量和效益不断提高，满足实践性和技能性教学要求不断增强的格局。职业院校实训基地建设是最为普遍也最为成熟的，这里主要介绍公共实训基地和企业（行业）型培训基地建设情况。

1. 公共实训基地建设

高职院校的公共实训基地主要可以分为两种模式：一种是依附模式，即公共实训基地依附某个职业院校、技师学院或企业来建立。通常是在院校原有的基础上，政府通过增加财政投入加以改造，改善实训条件，明确任务，引导其在一定范围内向社会开放，并按公益性原则，合理收取一定费用。2003 年教育部等六部门率先提出了在全国依托职业院校建设 500 所技能型紧缺人才示范性培养培训基地，并通过中央和地方财政的支持，为"职业院校制造业和现代服务业技能型紧缺人才示范性培养培训基地"的建设提供必要的经费，改善承担技能型紧缺人才培养培训任务的职业院校相关专业的教学和训练条件，支持教师培训和课程教材开发等工作。如 2003～2009 年，江苏省省政府每年投入 2 亿元，依托中、高等职业院校和技师学院，在重点领域建成 200 个专业门类齐全、设备水平高、资源共享的职业教育实训基地，每个公共实训基地安排专项资金 100 万～400 万元不等。这些公共实训基地的建设为改善职业院校实训条件，提高学生实践能力发挥了很好作用，也面向社会培训了一批技能型人才。另一种是独立模式，即以城市为中心，由政府单独投资，独立建立，不依附任何院校和企业。建成后，面向本城市（区域）内所有院校、企业和劳动者开放，基本上是采取免费或收取工本费的方式进行。2000 年，上海市就率先在全国建立了一个面向全社会的公共实训基地，并开始对外开放使用。2005 年 12 月，国家劳动和社会保障部在上海召开了东部工程上海会议，第一次专题研究了公共实训基地的建设工作，在总结上海经验的基础上，初步提出了公共实训基地建设的指导思想、功能定位、规划布局和运作模式。2006 年 4 月，中共中央国务院印发了《关于进一步加强高技能人才工作的意见》（中发办[2006]15 号），提出"有条件的城市，可以多方筹集资金，根据本地区支柱产业发展的需求，建立布局合理、技术含量高、面向社会提供技能培训和技能鉴定服务的公共实训基地"。这是国务院文件第一次对公共实训基地工作提出明确要求。随后，建设 50 个公共实训基地的任务被列入国务院批准的劳动保障事业发展"十一五"规划，2007 年劳动和社会保障部颁布《关于开展高技能人才与公共实训基地建设工作的指导意见》，首先在东部重点城市加快推动工作步伐，带动其他有条件的地区积极跟进。到 2012 年，已有深圳、青岛、无锡、天津、北京等 30 多个城市建立了公共实训基地，并已开始运行，取得了较好的效果。

2. 企业（行业）型培训基地

为了充分发挥企业在高技能人才培养中的主体作用，2002 年劳动和社会保障部依托规模较大、技术先进、管理规范和效益较好、知名度较高的企业，选择 100 家企业建立"国家高技能人才（机电项目）培训基地"。之后又选择若干企业建立"国家高技能人才（电子信息项目）培训基地"。建立企业型培训基地的目标任务是：瞄准企业生产急需，采取切实措施，大力加强技术工人特别是高级技术工人的培养，力争通过 3～5 年的努力，使技术工人尤其是高级工人、技师和高级技师的数量和比重有明显增加。之后，东风汽车公司、沈阳飞机工业（集团）有限公司、中国南车集团、青岛港（集团）有限公司、金川集团有限公司、江南造船（集团）有限责任公司、莱芜钢铁集团有限公司等一批企业都建立高技能人才培训基地，为培养本企业和行业的高技能人才，增强企业的竞争力发挥了更好的作用。但从已建的企业高技能人才培训基地的情况看，多数企业型培训基地的作用，还停留在为本企业职工实施岗位适应性培训、转岗培训、技能提高培训等方面，而面向职业院校开展校企联合培训较少。培训基地也要求为职业院校提供兼职教师、实习场所和设备，由于只有原则性要求，缺乏规范的、具体的操作办法，开展这些工作的企业很少，企业职业教育资源得不到充分的利用和发挥，这是今后需要重点加以研究解决的。

三、校企合作模式的创新

20 世纪末开始的职业教育集团化办学，使校企合作在组织形式、规模、运行机制和管理体制等方面都有所创新。2009 年 7 月在海南省召开了全国职业教育集团化办学经验交流会。据统计，到 2009 年，全国已经成立职业教育集团 200 多个，参与集团化办学的职业院校 2500 多所、企业 3500 多家。职业教育集团化办学促进了区域之间、校企之间和学校之间的优势互补、资源共享、合作共赢。各地职业教育集团在校企合作方面进行了大胆的实践探索，校企合作的范围逐渐扩大、合作的程度逐渐深入、合作的领域逐渐拓宽，收获了一大批实践探索的经验，如"区域性校企合作联盟""一校百企联盟""校企一体化"等。2007 年 5 月，浙江省海宁市职业院校与行业企业联合创建"区域性校企合作联盟"，联盟由 5 个行业协会、19 家企事业单位和 6 家职业教育机构组成，合作内容主要包括招聘代理、定向培养、实施培训和跟踪服务，取得了非常好的效果。深圳职业技术学院、白云职业学院、邯郸职业技术学院、宁波职业技术学院等职业院校与当地相关企业合作建立校企合作型"一校百企联盟"，为学生提供职业指导、毕业实习和就业安置等"一条龙"全程服务，不仅有效地解决了学生实习和就业问题，还有效地推动了学校的课程与教学模式改革。青岛港湾职业技术学院依托企业办学优势，探索"校企一体化"的深度合作。青岛港湾职业技术学院属于行业办学，学院的发展被列入港口"十五"和"十一五"发展规划中，形成了企业发展与学校发展的一体化。青岛港所有的公司都是学院的实习基地，所有的作业现场都是学院的教学课堂，所有的生产机械都是学院的实习设备，所有的专业人才都是学院的指导教师。青岛港的 26 个公司可以提供的生产实习岗位有 386 类 4000 余个。把港口生产设备、装卸机械引进学院，建设了叉车、吊车等校内生产性实训基地 115 个，学生可以在"真实生产环境、真实生产设备、真实生产操作"中"干中学、学中干"。"校企一体化"的办学模式实现了"把学校办到港区"和"把课堂搬到码头""教师进码头"和"能工巧匠上讲台"、学生"顶岗实习"与就业的结合，使学校、企业、学生三方利益一体、目标一致（青岛港湾职业技术学院，2009）。

随着高职院校规模的快速扩大，高职院校集约化、园区化发展成为重要的发展模式。2000 年以来，东部沿海省市兴建了不少职业教育园区，建设公共校企合作平台，促进学校间的交互作用，充分利用各校之间的职教资源，发挥整体优势，真正实现科学发展、集约发展和节约发展。以江苏省常州市高等职业教育园区为例：该园区占地 5500 亩，建筑工程面积 205 万平方米，园区内共有 6 所高等学校，其中 1 所为本科院校，5 所为高职院校，在校生 7.6 万人，成人教育学生约 1.5 万人。2005 年该职业教育园区按照"联合共建、统筹管理、内外开放、充分共享"的总体要求，建设了一个现代工业中心（公共实训基地）。一期工程总投入 2.5 亿元，其中基本建设投入 1 亿元，设备投入 1.5 亿元，已建成实训场地 7 万平方米，引进了一批世界高水平的高速精密加工设备和检测设备，每年可以容纳 4 万～5 万名学生进入基地实训。目前在该中心挂牌的国家级实训基地有 14 个，包括数控、模具、焊接、汽车维修、电子信息、计算机网络、现代纺织、现代服装设计、动漫等。

第三节　校企合作模式改革的类型分析

一、共建实体类校企合作

　　高职院校共建实体类校企合作是指高职院校与合作企业根据建设需要发挥各自优势，互相支持，资源共享，共同建设实验室、实验中心、实习（训）中心、实训基地等实体场所的校企合作行为。高职教育是以培养具有一定理论知识和较强实践能力，面向基层、面向生产、面向服务和管理第一线职业岗位的实用型、技术型和技能型专门人才为目的的高等教育。高职教育人才培养最重要最显著的特征就是突出实践能力的培养，以技术应用能力培养为主线，突出实用性、技能性和岗位针对性。各类实验、实训场所是进行实践教学的物质基础和重要保障，加强实训基地建设是办好职业教育的关键所在——共建实体类校企合作也便成为校企合作最主要、最深入、最典型的一类。全国范围的高职院校都在开展不同程度的共建实体类校企合作，部分高职院校的校企合作特色明显，成效显著。

　　（一）共建技术研修中心和专业实训室——以苏州工业园区职业技术学院为例

　　2005 年，三星电子（苏州）半导体有限公司（简称三星企业）向苏州工业园区职业技术学院赠送了一套价值千万元的芯片封装设备和 SMT 生产线，学院因此得以按企业真实工作环境配套建设了防静电车间、洁净室等，从而建立了国内第一个电子表面组装技术专业和具有真实工程环境的微电子技术校内实训基地。为了回报公司的馈赠，学院则为公司提供2006～2012 年的免费员工培训，三星企业因此降低了人力资源成本，很好地做到了既不影响公司的日常生产，又能保证员工的培训效果。

　　2011 年，双方又在苏州工业园区职业技术学院校内联合建立了三星设备技术研修中心，成为校企合作开展生产设备升级研发、加快科技开发和科技成果转化的基地。三星企业为学院提供了价值近 3000 万元的半导体生产设备，都是国内半导体生产行业的先进设备，其中，首批捐赠的设备全部来自三星企业的生产线。该中心不仅包含设备技术研修中心，还拥有PLC、SMT、传感器检测技术、运动控制、IC 应用技术、芯片封装、机电设备安装 7 个专业实训室。

在设备技术研修中心，专业教师根据三星企业的实际需要，与企业共同开发技术培训课程。不断革新的专业课程和项目制教学改革，满足了企业高端人才的需要。通过与学校合作，三星企业的员工在专业教师的指导下接受系统课程，提升生产技能；通过学校相关课程教学的实训室，供在校学生掌握实际技能；同时，学校专业教师与三星半导体工程师共同开展设备改造研发工作，为企业的半导体设备升级提供了技术支持。

苏州工业园区职业技术学院与三星电子（苏州）半导体有限公司的校企合作实践无疑是互惠互利、校企双赢的成功范例。苏州工业园区职业技术学院的微电子技术专业于 2008 年成为国家示范院校的重点建设专业，学院培养人才质量不断提高，微电子、SMT 等相关专业的学生实现 100% 就业，其中 30% 在世界 500 强企业工作，75% 从事技术员和助理工程师的工作，实现了优质就业，深受社会认可。截至 2012 年，依托校内实训基地，学院专业教师为三星企业提供了总计超过 1200 人次、人均 40 学时的在职人员培训，这一校企合作模式，成为三星集团 2005 年全球最佳合作模式，三星电子（苏州）半导体有限公司总经理也因此受到三星集团的特别嘉奖。

（二）共建生产性实训基地——以无锡工艺职业技术学院为例

无锡工艺职业技术学院所在地宜兴市是江苏省电线电缆特色产业基地，拥有线缆企业二三百家，是全国最大的电线电缆集聚生产基地，电线电缆产业已发展成为第一支柱产业。该学院顺应地方经济发展需要，结合地域优势，大力建设电线电缆制造类实训基地。学院遵循"技术先进、功能齐全、贴近生产、开放共享"的建设思路，与江苏远东电缆有限公司全过程、全方位合作共建校内实训基地，现已建成设备生产化、环境真实化、人员职业化、管理企业化的高职院校示范性实训基地。实训基地按照设备生产化的要求，体现先进性与实用性的统一，主要实训设备技术水平达到电线电缆企业同类设备先进水平，部分设备具有一定的超前性；除电线电缆检测中心外，还按照典型线缆生产工艺流程建设小型生产线，使学生能够按照就业岗位的技能要求实现与企业的零距离对接（吴健，2011）。

学院按照"集教学、培训、生产、技术、开发与服务一体"的功能要求，将技能训练、技能竞赛、技能考核鉴定、创业就业训练和技术服务等有机结合，充分发挥实训基地的综合功能。实训基地按照电线电缆生产制造企业的主要就业岗位，建立了电线电缆检测实训中心、电线电缆生产实训中心、线缆设备控制技术实训中心、线缆配件制造与设备维修实训中心、职业技能培训与鉴定中心。

为确保电线电缆制造类实训基地能满足上述岗位核心能力的训练要求，校企双方联合成立基地建设领导小组和专家组，领导小组由学院领导、企业领导及校企双方相关职能部门负责人组成，专家组由学院骨干专业教师和企业专家组成。企业全程参与教学过程，专业教师与企业工程技术人员共同制定人才培养方案与教学计划，共同组织教学工作。学院利用现有设备和技术优势完成对在校学生的实训任务，同时主动承接产品来料加工业务，学生可在实训教师的指导下参与简单的产品生产。实训基地还可以通过课题组或创新小组等形式提供技术服务，开展新产品、新工艺研发。近几年，无锡工艺职业技术学院还充分发挥实训基地与专业教学资源优势，承担起劳动力转移、成人继续教育和再就业培训等多项任务，为企业开展各类上岗和在岗培训，连续多年为江苏神鹰集团、江苏远东集团等企业培训员工 2000 多人次。

（三）共建产学合作中心和教学工厂——以温州职业技术学院为例

温州金仕达鞋服有限公司是一家生产出口休闲鞋为主的外向型企业，该企业紧邻高教园区，企业的发展受到场地条件的制约。而温州职业技术学院与温州市鞋机商会合作共建的制鞋工艺与鞋机实训中心，具备日产皮鞋 1000 双的生产规模，有一条设备齐全、技术先进的制鞋工艺流水线。如果不投入生产，每年设备的管理、维护和折旧费就是一笔不小的数字，如果仅靠自己的力量开通生产，几乎没有可能。

在这种情况下，经过温州市鞋革工业协会牵线，学院与温州金仕达鞋服有限公司在充分协商的基础上达成协议，合作成立了中国鞋都技术学院（金仕达）产学合作研究中心，利用学院方的场地和设备，利用企业的技术人员和成熟的产品，开通生产流水线，投入正常的生产运行，成为名副其实的教学工厂，为学院鞋样设计专业的学生提供了真实的实训环境。由学院提供场地、设备、水电等，金仕达则从本厂中挑选出近百名一线的技术熟练工人和经验丰富的管理人员到学院的实训中心进行日常生产。学院的实训管理人员只参与生产和实训管理，并不介入企业的经营。鞋样设计与工艺专业的学生利用午休、课外活动和晚自修等课余时间进行上岗实训，并且每周岗位轮换一次。经过两个月的实训，学生对整个制鞋过程有了详尽的了解，并初步掌握了工艺技术，为毕业环节打下了良好的基础。他们的毕业设计作品就是在金仕达的技术人员和工人师傅的帮助下完成的，设计水平和制作工艺质量都受到了温州市鞋革工业协会领导、企业家和专家的一致好评。该实训基地被浙江省教育厅评为浙江省高职高专示范性实践教学基地。

（四）共建创新性花卉企业——以福建农业职业技术学院为例

作为拥有省级精品专业——国艺技术专业的福建农业职业技术学院，立足地区产业发展的人才需求及专业建设需要，经多方考察，于 2007 年 3 月引进福建新世景园艺有限公司，合作建设了园艺技术专业校内实训基地——兰化生产实训基地暨植物组培中心。

福建新世景园艺有限公司是台港澳与境内合资企业，总投资 3000 万港币，注册资本 2500 万港币，总占地面积 120 亩，温室面积 3 万平方米。公司成立于 1999 年 5 月，是生产蝴蝶兰和大花蕙兰的专业公司，公司引进日本和中国台湾地区先进的培养技术，分别在上海、漳州、闽侯、福清镜洋（福建农业职业技术学院）设有生产基地和高山催花基地，每年培育风靡世界的蝴蝶兰和大花蕙兰 200 万株，从组培苗到开花株"一条龙"生产，是福建省较具规模的创新型花卉企业之一。

本着"真诚合作、资源共享、优势互补、互惠互利、共同发展"的原则，福建农业职业技术学院与福建新世景园艺有限公司签约 20 年。学院无偿提供校内空地 20 亩和实验实训楼一层（建筑面积 1000 平方米）供企业使用（产权归校方），并按成本价提供生产生活等水电资源。福建新世景园艺有限公司总投资 1250 万元，建成了行政用房 810 平方米、组织培养室 1000 平方米、温室大棚和钢构网式 10 000 多平方米的"校中场"即园艺技术专业校内实训基地——兰花生产实训基地暨植物组培中心。该基地主要开展兰花栽培生产、品种培育和新技术示范等工作，每年可生产蝴蝶兰和大花蕙兰 100 万株。实训基地融现场教学、试验实训、生产科研为一体，可满足 4 个教学班"花卉生产技术""植物组织培养""蝴蝶兰工厂化生产技术""园艺知无病虫害防治技术"等课程的实习任务及 2 个教学班的定岗实习任务。

学院鼓励专业教师积极参与"校中场"科研合作。2007 年至今成功立项的课题有：福建省引智项目"台湾蝴蝶兰引种选育及优质栽培关键技术研究"、福州市重点科技项目"蝴蝶兰煤烟病的病原鉴定及药剂纺织筛选"、院级科研课题"蝴蝶兰根部腐烂病的病因探索及防治研究"等，其中蝴蝶兰煤烟病防治技术为企业解决了蝴蝶兰生产中的技术难题，得到企业好评。学院还多次邀请中国台湾知名蝴蝶兰专家、嘉义大学园艺学院沈荣寿教授到"校中场"指导蝴蝶兰生产，为兰花生产实训基地解决了生产上长期困扰学院与企业的兰花烂根率高的技术难题，兰花生产实训基地得到了极大的帮助。

二、专业建设类校企合作

专业建设类校企合作是指高职院校和企业就专业设置和课程设计方面进行的合作，主要包括以下几种形式：一是共建专业指导委员会。建立由行业精英、企业专家、技术骨干、校内教师及领导组成的学校专业指导委员会，对高职院校的专业及课程设置、专业人才培养方案、教学大纲进行讨论、指导和审定。这种模式能帮助院校了解行业技术发展，适时科学合理地调整课程结构，使培养出来的人才更加符合行业企业的需求。二是联办专业。学校和企业联合举办企业岗位需要的特色专业，共同培育人才。这种模式有助于学校增强特色专业和优势专业的市场竞争力，实现"人优我特"的竞争局面，从而提升自身实力和办学特色。三是"订单式"人才培养。主要是企业与学校签订用人协议，学校根据企业的要求对学生进行定向培养，课程也主要根据岗位需求来设置，学生毕业后进入相应企业就业。这种培养模式有助于增强人才培养的针对性，提高企业和学生对人才培养质量的满意度。

（一）联办商用汽车维修专业——以广州工程技术职业学院为例

2011年4月，广州工程技术职业学院与瑞典斯堪尼亚汽车公司签订了校企合作协议。根据协议，双方商定成立由校方、斯堪尼亚公司、学生和家长组成的专业指导委员会，每年定期召开两次会议，研究解决合作过程中出现的问题。

校企合作开始后双方开始制定人才培养方案，为保证斯堪尼亚公司的课程内容能较好地融入学校的人才培养方案中，斯堪尼亚公司派出高级教育顾问、技术培训经理，以及广东雄辉汽车公司服务经理到学校讨论人才培养方案，累计时间两个星期。斯堪尼亚公司人员到学校汽车专业理论课堂、实操课堂了解教师授课情况；召开学生座谈会了解学生的兴趣、爱好、特长、家庭情况等问题；查阅该专业使用的所有教材，参观学院现有汽车实训设备、电工电子实训室。经过考察和讨论，双方共同制定了学校专业人才培养体系和斯堪尼亚公司的企业人才培养体系相互融合的商用汽车人才培养方案。

斯堪尼亚公司开设的课程有人机工程学、劳动安全课程、斯堪尼亚文化介绍、重型商用车适用介绍、发动机系统、汽车电气系统、制动系统等与企业职业岗位契合的课程，并且全部由斯堪尼亚公司派教师来校授课。同时，斯堪尼亚公司还全面负责学校课程的设置和师资的培训。双方共同参与师资培训，课程由中国、瑞典双方老师联合执教，并与瑞典学校开展交换生项目。

学生不仅能够得到斯堪尼亚公司瑞典技术部提供的与国际领先技术同步的理论培训和实际操作课程的训练，更能获得去斯堪尼亚公司在中国的维修工厂进行实习的机会。2013 年暑假，学校派出的学生远赴上海、厦门、乌鲁木齐等地的服务站进行了为期 2 个月的实习。

斯堪尼亚公司希望利用其国际先进的商用车技术理论及大量的实际操作课程的安排，让学生了解和掌握商用汽车的理论知识及维修技术，学生毕业后可成为该公司在国内的销售维修服务人才。

（二）校企共建课程平台——以宁波职业技术学院为例

2006 年 12 月，宁波职业技术学院被确定为首批 28 所国家示范性高等职业院校立项建设单位。2009 年 12 月，学院通过了国家示范性高职院校验收，正式成为国家示范性高职院校。课程体系改革作为人才培养模式改革的核心，在学院总体统筹下，7 个国家示范建设专业与企业紧密合作，共同确定了基于工作过程的课程体系框架，确定了工作逻辑主线和核心课程设置，制定了新的专业课程开发基本范式和具体建设内容。其中，应用电子技术专业作为示范建设专业之一，依托行业企业，努力实践基于工作过程的"五大课程群"应用电子高技能人才培养模式改革，并取得一定成果。

学院与思朗智能科技有限公司、科曼电子有限公司等 10 家企业共同完成了应用电子技术专业学生的工作任务与职业能力分析表。通过专业调研、工作任务分析、课程结构分析、课程内容分析、教材编写和教学过程分析，应用电子技术专业确立了职业素质和实践能力培养两个主体，完成了包含素质教育在内的、符合岗位职业能力培养的系统项目课程体系，确立了基础素质课程群、职业综合课程群、个性化方向课程群、研发助理岗位课程群和生产工艺与管理岗位课程群五大类课程平台（郑卫东等，2010）。

1）基础素质课程群。采用多种形式，把思想教育、素质拓展等育人理念全面融入岗位职业能力培养的全过程。多途径引进企业管理理念，开展职业道德的养成教育。开设素质拓展、始业教育周和成功大学教育等课程，树立学生的自信心。打造"学生名片"，以优秀毕业生的创业事例激励在校生。开展班级项目建设，要求每个班申报班集体建设项目，使班班有项

目、人人有特长、班级有特色。

2）职业综合课程群主要采用顶岗实习和毕业设计（论文）形式。顶岗实习是带着学习任务进入企业实际工作的学习过程。首先，制定严密的管理制度，如《学生顶岗实习工作计划》《学生顶岗实习实施方案》《顶岗实习管理办法》等。其次，在顶岗实习的不同阶段，分别布置学习任务。再次，专业指导教师与企业指导教师全程跟踪管理。最后，顶岗实习结束时，对学生学习任务完成情况、企业评价打分、教师跟踪打分及毕业设计完成情况 4 个方面进行综合，得出顶岗实习的最终评价。

3）个性化方向课程群采用导师分别指导的形式。把个性化发展课程列入人才培养方案，进行有目的有计划的培养。对每一位学生进行知识能力调研的基础上，通过师生双向选择组织一部分学生建立兴趣小组，根据活动成果给予学分；未选上的学生参加选修课程学习而获得学分。同时选出优秀的学生组成创新开发小组，参加各类电子竞赛，培养产品开发能力。

4）研发助理岗位课程群主要采用引导教学法。把教学场所从教室移到实验实训室，课时及教学方式从单节教学转变为半天"教、学、做"结合，便于理论与实践一体化教学的实施。同时改革教学方法手段，首先提出学习任务，然后按实际工作任务所需要的"咨询、决策、计划、实施、检查和评价"等基本工作方法步骤，让学生在完成一个个学习任务的过程中，不断提高自己的学习能力。最后引入企业的开发课题进行实际产品开发训练。

5）生产工艺与管理岗位课程群进入生产性实训基地运行。现代电子产品生产工艺实训基地以学院为主导，和华祐微电脑有限公司共建，实行共同管理。融"学习性"于"生产性"之中，体现当代"做中学"的职业教育理念。生产工艺与管理岗位课程分年级安排，与企业共同制定了各种管理制度手册。如《现代电子产品生产工艺生产性实训基地工作流程与操作指南》《生产训练项目与生产技术标准》，严格贯彻企业运行管理制度，把团队合作、质量管理等核心社会能力培养融入其中。每一个岗位工作结束时，以小组为单位，从实习生活规范、专业技能掌握、岗位测试成绩和实习工作态度 4 个方面进行考核。

三、文化理念类校企合作

高职院校培养人才面向职业、面向岗位、面向行业企业的客观要求，使得在高职院校内进行企业精神教育、行业操守教育、职业道德教育非常有必要，将这些文化理念与高职院校的校园文化结合，也就成为校企合作中的重要内容之一。

企业精神是在一定的生产力水平、文化背景和社会制度下，在长期生产经营中积淀、倡导、培育而形成的积极向上的群体价值观念，是企业中反映时代特点和企业特色的先进思想积聚而形成的信念、意志、作风、行为准则的综合体现，因而它是企业的精神支柱，是企业之魂。培养和塑造企业精神，原本主要是企业的任务，但随着高职院校主动适应市场经济的步伐加快，高职院校校企合作进程的推进，这也成为高职院校的重要教育内容。对当代高职院校来说，提出校园文化与企业精神相融合，是符合时代精神的，也是有利于学校长远发展的。

相较于共建实体类校企合作形式的明确具体，文化理念类校企合作的实现形式则较为多样化，企业冠名教学楼，校园竞赛，开设企业定制班，校园文化与企业文化的融合等能够传播行业精神、宣传企业形象的行为，都可看作文化理念类校企合作。

（一）立足油田办学，坚定服务企业——以大庆职业学院石油工程系为例

大庆职业学院石油工程系伴随着大庆油田的开发和建设，逐油而兴，历史可追溯到 1958 年，开设有石油工程技术、油气开采技术、钻井技术、油气储运技术、井下作业技术和石油与天然气地质勘探技术 6 个专业。半个多世纪以来，坚持"大庆精神办学""铁人精神育人"，努力培育"敬业爱生，笃学精技"的优良教风和"志存高远，强学力行"的优良学风，以"立足油田办学，坚定服务企业"定位。

大庆职业学院石油工程系把大庆精神教育贯穿学生教育的全过程。用"看、听、讲"的方法对学生进行感染教育，激发学生学石油、爱石油的热情。新生一入学，就组织他们到油田参观；听"铁人"生前讲话录音，听大庆领导和有关专家讲大庆艰苦创业史和石油工业发展前景；让新生自己讲印象、讲感想、讲决心。这种形象化教育使新生一入校门就受到大庆精神的强烈感染。

除了注重石油行业精神灌输，学院同样注重培养合作企业"订单班"学生的企业精神。在平时的校园生活中，石油工程系经常邀请合作企业的领导来校宣传交流。如 2014 年 12 月，石油工程系举办第一届"中国梦·石油魂"专业知识竞赛，邀请西安通源石油科技股份有限公司人事主管、大庆井泰石油工程技术股份有限公司副总经理和人力资源部经理参加活动。整场知识竞赛内容以石油工程系科普系列讲座为主。通过此类知识竞赛，使学生巩固了石油工程系科普系列讲座的专业学习内容，同时在企业领导

的加油助阵下，展现了全"订单班"学生的风采，拉近了与公司领导的距离，增强了对企业的归属感。

（二）校园文化与企业文化融合——以广东工程职业技术学院为例

2007年，广东工程职业技术学院与瑞讯达（中国）电梯公司开始合作，培养电梯技术人才。在校企合作过程中，学院特别重视"校园文化和企业文化合一"：定期举办"校企文化高度融合"系列论坛，使校园文化和企业文化互动，促进双方在人才培养理念、工作态度、工作价值观方面的高度融合。

广东工程职业技术学院校领导认为，把工业文化引入校园，把企业文化融入课堂，教育质量便有了可持续提升的保障。比如，校方要求电梯学院的学生进入实训场地要穿工作服，上车床要戴防护眼镜；采用企业管理方式，即"学院企业化管理、任务项目化管理、项目经理负责制、业绩考核责任制"；模拟行业真实生产环境，教室挂上许多标语营造企业文化氛围，使学生置身其中犹如员工置身生产岗位。通过这些措施，将企业文化理念渗透进校园文化之中，营造企业文化氛围，使学生从思想上不断提升自己的职业道德和对企业的归宿感，从而实现"零距离"上岗，缩短从学校到工作的磨合期的培养目标。

四、师资共享类校企合作

师资共享类校企合作指高职院校和企业在教师资源方面的合作，既包括院校教师直接参与企业第一线生产和活动，及时了解企业对新技术的需求，把先进的技术和理念带入企业的生产和管理当中，同时把企业的生产实践紧密嵌入教学当中；也包括企业的高素质技术能手被学校聘用成为专业兼职教师，直接参与到学校的教学和专业建设、课程建设中。通过师资共享类校企合作，教师深入一线，直接参与企业生产、科研、营销、服务等活动，及时掌握企业最新技术，增强了生产实践和科研能力，能够更好地将理论与实际结合；企业成为"双师型"教师培养的主要场所，同时也成为专业兼职教师的聘任源地；学校成为企业人才的输送源地和新技术的传播源地，最终实现企业和学校的共赢。

（一）共建高水平"双师型"教学团队——以深圳职业技术学院为例

深圳职业技术学院（简称深职院）是深圳市人民政府于1992年创办

的一所全日制普通高等职业技术学院，已初步建立了一支素质较高、结构较合理的专兼职"双师型"教学队伍。在编在岗教职员工 1397 人，专业教师 845 人，来自行业企业的兼职教师 1395 人。

2006 年 11 月，教育部和财政部正式启动了"国家示范性高等职业院校建设计划"，深职院是计划中第一批建设的院校。在国家示范性高等职业院校建设期间，深职院加大对"双师型"骨干教师的引进和培养力度，在师资共享类校企合作领域做出许多探索。

深职院从行业企业中大量聘请技术能手担任兼职教师，进一步改善师资队伍的"双师"结构。示范院校建设期内，学院聘请的兼职教师承担的教学任务达到 6.03 万学时，专兼职教师比例为 1:1.65。

经过多年的建设，各重点建设专业及专业群已基本形成"校企互通、专兼结合、动态组合"的高水平"双师型"教学队伍。

——计算机辅助设计与制造专业及专业群：现有专职教师 36 人，其中国家教学名师 1 人，教授 4 人，"双师"比例达到 100%；兼职教师 150 人。

——电子信息工程技术专业及专业群：现有专职教师 60 人，其中高级职称 21 人，"双师"比例达到 86%；兼职教师 146 人。同时柔性聘请 TCL 集团副总裁闫晓林博士为专业带头人。

——影视动画专业及专业群：现有专职教师 46 人，"双师"比例达到 73%。同时引进了 1 名国际专家担任专业骨干教师；聘请了企业兼职教师 80 名；安排了 20 名正式在编教师下企业顶岗实践。专兼职教学团队由资深动画专家、动漫画设计师、知名导演、归国人才等组成。

——楼宇智能化工程技术专业及专业群：现共有专职教师 42 人，"双师"比例达到 80%；兼职教师 120 人。同时培养专业带头人 3 名，引进和培养骨干教师 6 名。

——计算机网络技术专业及专业群：现有专职教师 68 人，其中高级职称占 47.7%，"双师"比例达到 80%，专职教师人均拥有 3 个 IT 认证证书；兼职教师 116 人。同时引进专业带头人 1 人，培养骨干教师 7 人。

——港口与航运管理专业及专业群：现有专职教师 41 人，其中高级职称 28 人，"双师"比例达到 100%；兼职教师 170 人。同时将深圳交通局港航分局局长周天麟、中国海运集团香港控股有限公司总裁韩骏、大连海事大学教授戴冉引入教学团队，聘请天虹商场总经理赖伟宣先生为专业带头人、特聘教授。

——印刷技术专业及专业群：现有专职教师中高级职称 16 人，"双

师"比例达到 80%；兼职教师 72 人。同时聘请深圳印刷行业协会会长、海德堡印刷设备（深圳）有限公司总经理谭浩辉先生为特聘专家和专业管理委员会主任，确立专业带头人 1 人，培养骨干教师 6 人。

——商务英语专业及专业群：现有专职教师 54 人，其中近 90%获得商务类职业资格证书；兼职教师 97 人。同时聘请 3 位国内知名语言学家作为高层次专家团队，培养高层次专业带头人 1 名、骨干教师 5 名。形成了以徐小贞教授为带头人的国家优秀教学团队。

——珠宝首饰工艺及鉴定专业及专业群：现有专职教师 36 人，兼职教师 33 人。同时引进 1 名高层次专业带头人（特聘专家），引进和培养专业带头人 1 名、骨干教师 5 名。

——汽车运用技术专业及专业群：现有专职教师 40 人，高级职称 8 人，"双师"比例达到 100%；兼职教师 149 人；柔性聘用专业带头人 1 人，雇用高级技师 1 人，聘用企业技术总监 1 人。引进和培养专业带头人 2 人、骨干教师 6 人。

（二）共建"大师工作室"——以无锡工艺职业技术学院为例

无锡工艺职业技术学院是一所以艺术类专业为主，以陶瓷类专业为特色的高职院校。所在地宜兴市是紫砂壶的原产地，陶瓷业发达，其中陶瓷艺术设计、陶瓷工艺、雕塑设计是特色专业。无锡工艺职业技术学院发挥宜兴市陶瓷行业协会的作用，选择宜兴精陶集团、宜兴金帆陶瓷有限公司、宜兴经典陶坊、宜兴长乐弘陶艺有限公司、碧玉青瓷等一批企业进行全方位合作，聘请企业一线工程技术人员到学校，经过教学业务培训后担任专兼职实践指导教师。为了充分发挥企业工艺大师在人才培养中的骨干带头作用，学院聘任陈建平、邱玉林等大师为专业带头人，引进陈富强、张正中、方卫明等大师在学校建立"大师工作室"，形成"校中企"。除此之外，学院还在相关企业建立了教师流动工作站，开展拜师学艺活动，教师通过在企业挂职等形式，加强岗位锻炼，参与企业生产与项目研究、技术与产品研发，提高业务能力，从而更好地为教学服务。

陶瓷专业的工艺性非常强，为了突出人才培养的技师性特色，学院实施"卓越技师"培养工程，全方位进行"双师"教学，其中理论课程在学校完成，分阶段进入校内工作室和校外实训基地进行实践能力培养。由企业工艺师与学校教师进行全程指导，培养生产一线技艺人才。专业采用双带头人制度，校内专业带头人由学术水平较高、教学经验丰富的教师担任，校外专业带头人由企业中大师担任，共同参与人才培养方案的制定。校内

建设"大师工作室"，企业中的大师和专家来校进行创作、生产和研究，现场指导学生开展基本功的训练，师生参与其生产和产品开发，直接面向市场。通过这些措施，陶瓷专业的人才培养质量得到了有力保证。

（三）共建"访问工程师"——以常州信息职业技术学院为例

常州信息职业技术学院（简称常信学院）是江苏省首家信息职业技术学院，隶属于江苏省经济和信息化委员会，是全国100所国家示范性高等职业院校之一。在师资共享类校企合作实践领域，常信学院以培育一支兼专结合、"双师型"结构的教学团队为目标，确立了"培、引、聘、访、考、研"六字方针，成绩斐然。

学院成为企业"访问工程师"的摇篮：学院轮流安排教师到"信息产业园"企业当"访问工程师"，教师结合生产性实训教学任务，到企业实践，成为企业的技术顾问或兼职技术骨干，丰富专业知识，积累工程实践；同时也为企业解决技术问题，共同参与技术研究，不断提高"双师"素质，仅2008年、2009年已先后派出160余人参与企业项目实践锻炼，累计锻炼时间达300个月，"双师型"教师比例达81%。

截至2010年3月，已建成510人的兼职教师人才库，高素质的企业工程技术人员参与专业设置和专业建设，制定教学计划，确立课程定位、教学内容及课程标准，组织生产性实训教学，成为"双栖型工程师"。2008年实际参与授课兼职教师达344人，2009年实际参与授课兼职教师达368人，实际授课总时数近2万学时。

第四节 校企合作模式改革的未来发展

一、校企合作模式改革的主要成就

校企合作作为高职的重要办学模式及人才培养模式，在高职教育发展的近40年历程中不断变化与完善，并取得了以下成就。

1. 校企合作的形式多样化

校企合作形式的变化与高职教育改革发展的过程紧密联系在一起，不同的历史阶段，校企合作的形式也在不断变化发展。20世纪90年代，高职教育处在转型升级阶段，大量中专升格为高职院校，面临的主要问题是如何在激烈的教育竞争中生存下来。这一时期，高职教育实行的是不同于传统普通高等教育"低收费、包分配"的办学体制，而是实行"高收费、自主择业"的新机制。在此阶段，校企合作的主要形式是学校在企业设立实习或实训基地，送学生到企业实习或实训，邀请企业的专业技术人员来校讲学、指导学生实训等，校企合作形式比较单一。

进入21世纪，高职院校规模快速扩张，高职教育实现了规模化发展，成为高等教育的重要类型。校企合作的形式日益丰富，主要包括：①成立由行业企业的专业人士和学校教师共同参与的专业指导委员会，来自行业企业的委员以此为平台，参与人才培养全过程；②企业捐赠资金，与学校共建实训室；一些企业开始以向学校捐赠设备、软件的形式帮助学校建立专业实训室；③校企共建"双师型"教学团队，企业派驻有丰富实践经验的专业技术人员担任专业课教师；④学校接受企事业单位委托，开展专业技术培训工作，企业参与合作开发课程和教材；⑤部分专业为满足企业对人才的特殊需要，为企业实施"订单"培养等（孟源北，查吉德，2013）。

近年来，高职院校的校企合作深入发展，校企合作的形式更加灵活多样，主要包括：①一些学校与企业利用各自优势，合作开办专业或二级学院；②"园中校、校中园""厂中校、校中厂"广泛流行，实现了真正意义上的"合作办学"；③"学校出地、企业出资"共同建设校内和校外实训基地；④校企互兼互聘，人力资源互补，一些专业教师通过帮助企业解决技术难题，获取企业的信任，一些企业专业技术人员则为学校人才培养工作提供支持和服务；⑤企业设立奖学金基金，资助学业优秀的学生，等等。除此之外，校企双方或多方建立协同创新机制、充分利用各自创新要素联合开展创新活动，涌现了很多新的合作形式，如多方共建应用技术协同创新中心，学校与企业合作建立技能大师工作室，校企共建以现代学徒制培养为主的特色学院等。

2. 校企合作的层次不断深入

高职院校的校企合作是一个逐步发展的过程，20世纪90年代，国家部委主办主管的高职院校依然按照过去的模式，与行业和企业保持较为紧密的合作关系，校企合作的重点是围绕"合作就业"，建立实践实习基地，为企业签订用人协议，尝试为企业进行"订单式"人才培养。进入21世纪之后，高职教育规模迅速扩张，高职院校面临的主要问题不再是生存问题，而是有限的办学资源与规模扩张之间的矛盾，校企合作也不再局限于"合作就业"，而是扩展到"合作育人"，从专业设置、课程开发到毕业生就业，整个人才培养过程都有企业的参与。相比前一阶段，此时的校企合作不论是广度还是深度均大大提升，尤其是围绕人才培养方面的合作取得了重大突破，许多专业与企业合作探索建立了各具特色的人才培养模式，有效地提升了人才培养质量（孟源北，查吉德，2013）。随着国家示范校、骨干校建设，省级示范校建设，以及各类质量工程建设，一大批高职院校在软硬件实力方面都得到显著提升。在此阶段，校企双方不仅在人才培养方面展开合作，而且更加注重在科技研发、技术服务、合作办学等各方面展开合作。校企合作水平有了显著的提升，校企双方更加注重全面的、长期的、深度的及稳定的合作。

3. 校企合作从重职业技能培养到重综合能力培养

重视学生的职业技能，培养学生适应岗位的一技之长，一直都是校企合作的主要任务。然而，随着社会的急剧发展，企业的要求不断提高，除了要求学生具备相应的技能之外，还逐渐重视学生的综合能力（创造力、问题解决能力、文化素养、职业精神等）的发展。近年来，高职院校不断深化改革，在注重自身内涵发展的同时，也强调提升人才培养质量的规格，来适应行业社会对人才提出的新要求。作为高职教育中的重要人才培养模式——校企合作，也在不同方面，关注学生综合素质的培养，具体表现在：①某些高职院校改革文化类课程，引入通识教育的课程，着重培养学生人文素养；②将校园文化与企业文化精神对接，强化学生职业素养及职业道德，如大连职业技术学院主动将企业精神引入校园精神文明建设中，培养学生敬业爱岗、尽忠职守的职业精神；③学校管理融入企业的管理理念及制度设计原则，比如，借鉴企业的目标管理制度及质量管理制度，改善学校制度建设的不足，以便更好地与企业对接；④合作企业通过加强与学校的各种研发项目的合作、积极指导高职院校的职业竞赛等方式，实现共同培养高素质人才。

二、校企合作模式改革的主要问题

经过几十年的发展和实践探索，高职院校的校企合作模式在合作形式、合作深度及共同育人方面，不断地完善并取得了不少的成就，但是，高职院校的校企合作仍然存在很多的问题，尤其是在顶层设计方面。具体表现在以下几点。

1. 校企合作体制机制尚不完善

西方发达国家职业教育的蓬勃发展，无一例外有系统完善的校企合作体制机制在背后起着强大的支撑作用。反观我国的职业教育，校企合作体制机制的不完善，一直都是造成校企合作"学校热，企业不热"，以及校企合作成效低的主要原因。

从国家层面上看，校企合作的法律法规还不完善。《职业教育法》对校企合作的有关规定，更多是原则性和鼓励性，对行业企业参与职业教育的法律保障与激励机制不足，行业企业在职业教育中的地位、责任、权力、利益义务等缺乏法律保障。另外，我国并没有出台专门针对校企合作的法律来推动校企合作的发展。法律层面的不完善，造成了企业行业普遍参与校企合作的积极性不高。

从企业与行业部门来看，目前行业和企业参与机制还不健全。首先，政府没有制定具体及有针对性的优惠政策与激励机制；其次，权利与义务方面，并没有做出明确的划分，这导致在开展学生实习实践方面，部分企业和行业部门出于安全、责任及自身经济利益等方面考虑，不愿意参与校企合作或者在合作中不作为、态度消极；最后，校企合作的规范性、系统性不强，比如，在校企联合培养与师资建设方面，对企业或行业教师的遴选聘任、授课地点、授课形式、授课时长、授课内容、评价考核等还没有具体化、规范化和制度化（中国工程院，2015）。

从高职院校办学管理体制层面上看，校方仍然占据主导权。学校在人才培养方案的制定、专业的设置、课程的安排、考核的方式等方面，没有充分地听取和采纳企业的建议；另外，学校的学制设置不够灵活，不能很好地适应不同行业的特性及企业生产的需要。在不少高职院校中，校企合作并没有变成一种常规工作，只有在学生临近实习、实训时，学校才主动与企业联系。

2. 配套政策与监督评估机制不到位

在我国众多的职业教育的文件中，涉及校企合作重要性及迫切性的文件多。然而，这些有关校企合作的阐述，似乎已经演变成一种口号，企业执行力低。除了上述提到的校企合作体制机制不完善外，国家在制定相关政策时，更多是从宏观层面指导，各个地方政府缺乏行之有效的配套政策，将中央的政策细化到具体可行的层面，来支持校企合作的发展。比如，关于合作企业的税收优惠政策，很多企业反映，税收减免的条件不尽合理、吸引力度不够、税收实施的细节不具体等，使得企业参与的热情不高。另外，由于缺乏监督评估机制，造成"上有政策，下有对策"，部分地方政府没有很好地落实中央政策，部分合作企业消极被动合作。

3. 行业统一的人才培养标准有待建立

"行业是连接教育与产业的桥梁和纽带，在促进产教结合，密切教育与产业的联系，确保职业教育发展规划、教育内容、培养规格、人才供给适应产业发展实际需求等方面，发挥着不可替代的作用。""强化行业指导是职业教育提升服务能力的重要保证。"我国成立了各个行业的行业指导委员会，力图发挥行业在职业教育中的重要作用。"长期以来，各行业主管部门、行业组织积极参与举办职业教育，认真指导职业学校办学，为我国职业教育的改革发展作出了重要贡献。"（《教育部关于充分发挥行业指导作用推进职业教育改革发展的意见》）然而，行业指导委员会在制定对应的行业人才培养标准和规范的工作上，做得还不够。目前我国并没有行业统一的人才培养标准，导致校企合作在人才培养上缺乏宏观的指导。反观欧美发达国家的职业教育，如德国的"双元制"、澳大利亚的 TAFE 学院之所以取得举世瞩目的成就，无一不是发挥了行业对人才发展的指导作用。各个行业指导委员会制定了严格、统一的行业人才培养标准，从根本上规范了人才培养的标准，各个职业院校再根据行业人才培养标准，制定培养方案。我国急需建立各个行业标准化、规范化的人才培养体系，从更高层面上规范及保障行业人才的培养质量。

4. 核心利益相关者的权益需要平衡

在校企合作中，存在四个核心利益相关者，包括政府（尤其是地方政府）、行业协会、合作企业和高职院校。政府是校企合作中的制度建设者与政策制定者；行业协会主要负责制定行业人才从业标准和岗位技能标准；合作企业是校企合作的直接参与者和体验者；高职院校是校企合作的直接参与者、管理者和组织者。这四方核心利益相关者在校企合作中扮演着至关重要的角色，这四方的利益诉求能否得到满足，很大程度上影响校企合作的成效。

高职院校承担着培养高素质技术技能人才的重任，其利益诉求主要是希望通过校企合作，借助政府、行业协会和企业资源，提升社会地位、人才培养质量、改善办学条件、优化师资结构、减轻投资压力等。然而在现实中，高职院校与政府、行业协会及合作企业中存在着各种利益冲突，具体表现在：地方政府在高职院校校企合作中，主要是追求社会效益的最大化，其关注的焦点在于校企合作的社会效益是否突出，是否有效地促进经济的转型升级发展。然而高职院校在校企合作中，关注更多的是学校自身的发展，如专业是否容易招生，如何降低办学成本，如何提升办学效益等。由于双方关注的重点不同，高职院校在办学过程中，经常会出现培养的人才与社会需求脱轨。行业协会在校企合作中的利益诉求是培养本行业所需要的人才，促进本行业企业的健康、有序发展。但是，行业协会作为非营利性组织，经费紧张，加上自身的限制，没有多余的精力参与校企合作（王瑞荣，李志彬，2014）。高职院校希望得到更多来自行业指导委员会的专家的指导，促进职业教育与产业结合，希望行业协会全面参与教育教学各个环节，指导学校专业建设及教学实践环节。双方的利益侧重点不一致，导致行业协会参与校企合作的动力不强。在校企合作中，合作企业更多关注的是企业利润最大化，关注的是在校企合作过程中能否获得直接或间接的经济效益和社会效益。然而，高职院校则希望合作企业能无偿提供资金、教育资源（设备、场所、培训师等）、尽可能地提供学生实训和实习的机会。若缺乏一致利益的驱动，双方在校企合作过程中必然会产生利益冲突，如在实训、实习期间常常出现企业把学生当作廉价的劳动力，企业专家参与学校课程开发的积极性不高等问题。

5. 学校与企业的沟通与对话机制有待完善

学校方普遍认为，企业作为校企合作的受益方，学校培养出来的人，最终会服务于企业，因此企业有责任和义务培养职业院校的师资，为学生提供实习岗位，指导学生进行实践操作等。于是，校方在跟企业洽谈校企合作事宜时，自然而然地站在"索取"和"要求"的立场上。然而，鉴于我国目前的企业还不充分具备服务于社会的使命感，因此，校方的这种观念并不符合我国当下的企业发展情况。

此外，企业认为，培养人才主要是学校的份内职责，企业在没有与学生签订正式录用合同前，对学生进行培训的成本与风险都很大。企业认为，校企合作不能给企业带来明显的好处。一方面给学生提供实习岗位，企业员工指导学生操作实习等只会耽误企业的时间和精力，浪费企业的人力物力；另一方面，不少职业院校学生的职业道德意识与服务意识很差，"跑单"现象屡屡出现。于是企业在校企合作中往往扮演被动的角色。

三、校企合作模式改革的对策建议

1. 完善校企合作的体制，建立校企合作的长效机制

我国在校企合作方面的体制机制不完善，是造成校企合作无法取得良好成效的主要原因。为了进一步推动校企合作的深入开展，建立长效的合作机制显得尤为迫切，具体可以从以下几个方面进行。①完善国家职业教育立法，从立法层面明确校企合作双方的权利和义务，约束双方行为，提高合作的主动性，维护双方共同利益，推动校企合作长效机制的建立。一要加快修订与完善《职业教育法》，将企业纳入现代职业教育体系的重要组成部分，既要明确企业的义务和社会责任，建立相应的问责机制，又要

制定优惠和补偿的激励机制，发挥企业主体作用和参与作用；二要尽快出台《促进职业教育校企合作办法》，重点解决校企合作育人问题，特别是要从制度上保障职业院校每一个学生能够到企业事业单位进行专业对口实习，从而保障我国职业教育体系能够培养出世界一流的职业技术人才；三要完善《中华人民共和国保险法》，将实习生纳入工伤保险的范围。使学生顶岗实习受伤能够得到合理赔偿。②建立完善高职院校生均拨款制度，加大技术技能人才培养改革保障水平。地方政府及行业主管部门须加大经费统筹力度，依法制定并落实高职院校生均经费拨款制度，加大财政投入力度，提高资金使用效率。③加快高职院校管理体制改革，扩大高职院校办学的自主权。高职院校依法制定学校章程，完善治理结构，提升治理能力；建立学校、行业、企业和社区等各方共同参与的学校理事会，依法管理学校，独立运营学校；扩大高职院校在人事管理、教师评聘等方面的自主权，建立企业技术人员与高职院校教师相互兼职制度，优化师资队伍。

2. 完善校企合作的政策体系，注重政策的具体性与可操作性

高职院校校企合作想要取得良好的成效，需要有宏观的政策引导，包括制定校企合作的发展规划、行业人才培养标准、合作企业的质量标准等，还需要制定配套的、可操作的政策来支撑。国家是制定政策的主体，在制定政策时，应该更多地从企业的角度出发，激发企业参与的积极性，保障其根本利益，引导校企合作沿着健康的方向运行。地方政府应根据国家的方针政策，结合本地实际，制定中观层面的政策，对校企合作进行具体的指导和规范。

在政策执行方面，一是地方政府要建立校企合作专门的、规范的组织机构，为校企合作提供交流的平台；二是针对有些行业部门参与项目的主动性不高问题，教育行政部门应联合相关行业主管部门，出台配套政策，充分调动行业参与的积极性和主动性。三是加强政策执行的监督和评估，建立有效的监督和评估机制，确保校企合作质量不断提高。

3. 建立统一的行业人才培养标准，提升人才培养的规格

如何发挥行业在职业教育中的指导作用，很大程度上影响校企合作的成效。欧美发达国家的职业教育的成功，离不开行业协会的指导。我国职业院校众多，各个院校的同一个专业，对人才培养的基本素质和要求参差不齐，培养出来的人，很多都不能适应行业对人才的要求。归根到底，是因为我国缺乏一个统一的行业人才培养标准。各个高职院校制定培养方案，只能依据自身的能力及过往的经验。所以，制定全国统一的行业人才培养标准，是非常有必要的，可以从根本上明确行业对从业人员的基本能力及技能的要求。在这个基础上，每个地区及院校再根据实际的发展需要，制定人才培养方案、开发教材、改革课程等，培养出符合行业需求的人才。通过行业对人才培养的引导与规范，是推动校企合作迈向一个新台阶的重要举措。

4. 协调校企合作的多方利益，调动各方参与校企合作的积极性

建立政府、行业、学校与企业多方协调机构，调动各方参与校企合作的热情。一要充分发挥政府在校企合作中的主导作用，通过评估，对那些通过校企合作给社会带来得良好社会效益的高职院校与企业，给予一定的激励。二要支持行业协会的发展，通过给予行业协会适当的补助，引导行业协会参与高职院校人才培养、专业设置、课程改革等环节。另外，搭建行业与高职院校之间的交流平台，组织全国性的行业指导委员会，推动高职院校与行业之间的交流与合作。三要在政策上激励企业参与校企合作，落实各种优惠政策，逐步引导企业转变消极被动态度；另外，政府还要牵头共建生产性实训基地，以市场为导向多方共建应用技术协同中心等，发挥企业作为人才培养主体的作用，使合作企业成为学生教学和训练的主要场所，教师"双师"素质培训和科研的平台，校企合作和生产服务的基地，成为教师在应用研发方面进行社会服务的重要窗口。四要引导高职院校主动适应形势变化，发挥改革创新的主体作用，不断提升自身办学质量，完善学校的管理制度，以更开放、更灵活的方式，适应校企合作的要求。

5. 加强高职院校自身能力建设，实现校企合作的内涵对接

高职院校的能力建设，包括硬实力和软实力。硬实力指的是校内实训基地、厂房、师资水平等；软实力指的是学校管理规章制度、校园文化、科研能力、专业设置等。高职院校的能力建设，是提升学校竞争力与吸引力，实现校企合作内涵对接的重要方式。高职院校实现校企合作的内涵对接，主要内容包括：①校园文化与企业文化精神对接。校园文化是高职院校的一种隐性资源，它在潜移默化中培养学生的道德情操及社会认知。在校企合作中，校方应该主动地把企业文化精神引进校园，引进课堂，让学生熟悉企业价值观、企业文化、企业制度，了解职业岗位所需要的企业精神和人生态度，有意识地培养自己的职业道德意识。②专业人才培养与行业企业人才需求对接。高职教育在细化专业设置时，要从地方企业实际需要出发，企业需要什么专业人才，学校就培养什么专业人才。让企业直接

参与专业课程开发，使教学内容动态地跟踪新技术、新设备的发展，减少教学中的盲目性，使专业人才培养符合行业企业的需求。③课程内容与职业标准对接。一方面，通过与行业企业相关人员共同制定职业标准，根据职业标准开发课程内容，使学生在课堂上学习到与职业岗位密切相关的知识与技能；另一方面，在教学过程，将实践性环节与生产过程联系，让学生体验所学的知识在真实工作场所中的应用。④专业教师与企业技术人员对接。教师通过到企业定期学习、顶岗实践、挂职锻炼等形式，加强专业教师的专业能力，以及建立与企业技术人员的联系；企业技术人员通过与教师的项目合作，共同攻克难关，增强科研与技术能力。⑤实训基地与生产车间对接。要充分发挥企业作为学校实训基地的作用，以企业生产车间为单位，将实训基地搬到车间。企业的生产经营具有周期性，在企业处于淡季的时候，让学生到合作企业生产车间实践，不但充分发挥生产车间的价值，还有利于学生在车间了解企业生产的全过程，更好、更快地掌握专业知识和专业技能。学校通过加强自身建设，在内涵上与企业对接，才能有效地保证校企合作的顺利进行。

第五章　高职院校工学结合模式改革

工学结合体现了现代经济产业发展对职业技术教育的要求，工学结合教学模式的形成、发展过程与经济社会的发展密不可分，是经济社会发展对职业教育要求的具体反映。20世纪80年代初，中国的职业院校就开始学习借鉴国际上比较流行的模块式技能培训（MES）模式。MES模式的重要特点就是工学结合，以每一个具体职业或岗位建立岗位工作描述表的方式，确定岗位职能并划分成不同的工作任务，以每项工作任务为一个模块。20世纪90年代以来，中国职业院校开始深入地学习借鉴德国、澳大利亚、英国等西方国家的工学结合教学模式，比如，学习借鉴德国基于工作过程导向的学习领域课程体系，基于职业岗位或岗位群工作任务分析，归纳出具有职业代表性的典型工作任务，然后将工作任务整合，形成综合能力领域（行动领域），根据认知规律和职业成长规律，将综合能力领域转换成学习领域，最后，根据完整思维及职业特性将学习领域分解为学习情境（学习单元）。

中国职业教育在引进、模仿国际职业教育的典型教学模式的过程中也进行了积极的自主探索。早期开展的课程改革是模块化改造，将课程分为理论模块与实践模块，突出实践教学的重要性。但是，模块化课程改革没有跳出学科体系，保留了很强的学科知识体系痕迹。进入21世纪以来，职业院校的课程改革重点转变为开发项目课程。项目课程基于完整的工作项目，以完成工作项目所需能力培训为目的，按照工作完成程序进行教学和学习，以工作项目考核结果作为学生学习过程的考核结果，将工作与学习有机结合起来。目前，以工作过程为导向，将项目课程整合为学习领域课程，构建工作过程系统性课程体系是中国高等职业教育教学改革的重点领域与发展方向。

第一节　工学结合模式改革的理论探索

一、工学结合模式的概念分析

（一）教育政策文件中的工学结合概念

《国务院关于大力发展职业技术教育的决定》（1991）首次重点提到"工学结合"概念。明确职业教育改革发展的目标为"进一步建立和完善适应社会主义市场经济体制，满足人民群众终身学习的需要，与市场需求和劳动就业紧密结合，校企合作、工学结合，结构合理、形式多样，灵活开放、自主发展，有中国特色的现代职业教育体系"。强调职业教育要为提高劳动者素质特别是职业能力服务，要求"在企业中建立工学结合的职工教育和培训体系"。《国务院关于大力发展职业教育的决定》（2005）再次提出"大力推行工学结合、校企合作的模式"。《教育部关于职业院校试行工学结合、半工半读的意见》（2006）要求"努力做好职业院校试行工学结合、半工半读工作"，"职业院校要推进工学结合、半工半读作为学校改革发展的基本方向"，"要把有效推进工学结合、半工半读作为高水平示范性职业院校建设的标准之一"。文件多次提到"工学结合"概念，也提供了工学结合的可行方式。《教育部关于全面提高高等职业教育教学质量的若干意见》（2006）中，又一次强调"大力推行工学结合，突出实践能力培养，改革人才培养模式"，"要积极推行与生产劳动和社会实践相结合的学习模式，把工学结合作为高等职业教育人才培养模式改革的重要切入点，带动专业调整与建设，引导课程设置、教学内容和教学方法改革"。从以上政策文件来看，"工学结合"概念已经被广泛使用，也是职业教育发展和改革的重点方向，但是，在这些政策性概念中，工学结合的内涵和教育价值无法得到充分阐释。

（二）学术文献中的工学结合概念

工学结合这一概念用词简单，人们往往因其含义显而易见而不作深究，或者望文生义，因此，对这一概念的界定在长时间内没有引起学者们的关注。在《国务院关于大力发展职业教育的决定》（2005）颁布以后，工学结合逐渐成为研究的重点，学者们开始从不同角度解读工学结合的内涵。

有学者认为工学结合教育是指职业学校与企业紧密合作，以培养学生的全面素质、综合能力和就业竞争力为重点，利用学校和企业两种不同的教育环境和教育资源，采取课堂教学与学生参加实际工作有机结合的方式，把学习与工作的结合贯穿于教学过程之中，培养适合不同用人单位需要的具有较高的创新和实践能力人才的教育活动（肖化移，李谨平，2006）。

有学者认为，"工学结合是指在一定的制度环境下，为实现职业教育培养目标，在社会多方合作的基础上，以学校和企业两个操作主体的结合力为表现形式，以实践过程为导向，把课程教育和就业实践工作动态结合的人才培养模式。"工学结合是以培养学生综合素质、专业知识、职业能力和就业竞争能力为核心，利用学校和企业两种紧密联系的教育环境和教育资源，培养适应生产、服务一线需要的技能型人才的一种教育教学模式。其表现形式有三种，一是"做、学合一"，"工"与"学"同时成为教学计划规定内容；二是"学生、员工身份合一"；三是"岗位、课堂合一"，将"工"与"学"真正融合为一体，使学生学习于职业岗位，工作于学习环境（《职业技术教育》编辑部，2006）。

尽管学者们对工学结合的表述并不完全相同，但其核心内容是一致的。工学结合具有以下几个特征：一是主要适合于培养技术型、技能型人才；二是学校和企业共同参与培养过程，教育计划由学校和企业共同商定、实施与管理；三是生产工作是教育计划的整体组成部分并占有合理的比例，也是成绩考核评定的重要部分；四是学生作为准职业人员参与相应的生产工作活动。

二、工学结合模式体现的教育价值观

（一）中国哲学的知行统一观

知行观是中华民族传统的哲学思想，从古至今，一直是思想家思考和探讨的问题。中国哲学史上，孔子主张"生而知之"的先验论。他说："生而知之者上也，学而知之者次也，困而学之又其次也。"（《论语·第十六章·季氏篇》）此后，儒家的孟子、荀子在此基础上提出了"行高于知，知明而行""不闻不若闻之，闻之不若见之，见之不若知之，知之不若行之"的观点，对知行观作了新的发展。墨翟在先秦哲学家中是第一个运用经验论反对先验论的哲学家。他在知行观上强调实践，注重感觉及历史经验、直接经验和社会政治的实际效果，并把它作为检验"知"的标准。他说："天下之所以察知有与无之道有，必以众之耳目之实。"（《墨子·明鬼下》）汉唐时期，中国的思想家们开始将思辨引入知行学说。汉代的董仲舒运用"察"明了事物的规律然后用思辨的方法得到"知"。佛学传入中国以后，早期的佛学强调"空洞其怀，无知无识"，主张通过修行"转

知成智"，在宗教的实践中获得佛的智慧，修行成佛。禅宗六祖则提出不要修行，不要繁琐仪式，只要思想觉悟，领会本性，一听就知道说的什么，顿见真如本性便能成佛。这种广为流传的"顿悟法"就是一种"闻知而行"的心法，它开了"知行合一"的先河。

宋明时期，知行观成为各派哲学思想之间广泛论争的重点。朱熹、王阳明、王夫之等成为具有代表性的人物，提出了不同的知行观。北宋朱熹在程颐和程颢的格物致知观的指导下，全面系统地阐述了"知先行后"观点。同时也强调行的价值提出了"理会践行、行重知轻、力行为重"乃至互发的观点，指出"知行常相须，如目无足不行，足无目不见"（《语类》卷九）。明朝的王阳明则提出"知行合一"说，提出"心即理""吾心之良知即所谓天理"，认为知是行的主意，行是知的工夫，知即是行，行是知之成。明清之际的王夫之建立了"行先后知""行可兼知""知行相资以为用""知行并进而有功"等比较完备的知行学说，概括了知与行的关系。工学结合的教学思想，可以从上述诸多朴素唯物主义知行观中找到根由。工与学应该在教育教学工作中相互促进的观点与"知行并进，相资为用"的哲学思想基本符合。

（二）实用主义的教育哲学观

杜威提出了"学校即社会"的观点，提倡在"做中学"。杜威认为，人类教育的职能是延续社会生命，传递人类世代积累的经验，丰富人类经验的内容，增强以经验指导生活和适应社会的能力，从而维系和发展社会生活。不论是正规教育，还是非正规教育，都在进行着经验的改造，使其适应现实社会。改造经验必须在生活体验中进行，因此，杜威认为"教育即生活""教育即生长""教育即经验的改造"。杜威认为为了获得经验并改造经验，必须将教育置于生活环境下，要实现"做中学"。做是根本，没有做，学生的学习就没有依托。"做中学"强调教育要从学生的现实出发，并且依附于学生的现实生活，教学要为学生设想，以学生为中心。

杜威的实用主义教育哲学虽然更多地关注中小学教育，但基本思想与职业教育中的工学结合模式是相通的。双方强调要在现实环境中实现体验式教学，以经验为教学内容，以实践为教学的基本方式。工学结合模式强调情景教学，强调"做中学、学中做"和"教学一体化"，要求为学生创造与工作环境相一致的生产性实践场所，在教学过程中实现理论与实践教学一体化，通过实践培养学生职业能力，这些教育思想与杜威的"做中学"思想不谋而合。因此，工学结合模式具有深厚的实用主义教育哲学思想背景。

（三）马克思主义的教育与生产劳动相结合理论

教育与生产劳动相结合，是马克思主义教育思想的重要组成部分。马克思在《资本论》中指出："生产劳动同智育和体育相结合，它不仅是提高社会生产的一种方法，而且是造就全面发展的人的唯一方法。"恩格斯在《反杜林论》中指出："在社会主义社会中，劳动将和教育相结合，从而保证多方面的技术训练和科学教育的实践基础。"列宁在《民粹主义空想计划的典型》中指出："没有年轻一代的教育与生产劳动的结合，未来社会的理想是不能想象的；无论是脱离生产劳动的教学和教育，或是没有同时进行教学和教育的生产劳动，都不能达到现代技术水平和科学知识现状所要求的高度。"在我国，教育与生产劳动和社会实践相结合，是教育方针的重要组成部分。教育同生产劳动、科学研究、技术应用和社会实践相结合，走产学合作的办学育人道路，是马克思主义教育思想在实践中与时俱进、丰富发展的必然结果。结合马克思关于教育的思想，高职院校工学结合模式实现教育与生产劳动相结合，是教育满足生产力发展需要的一种积极形式。

（四）全面发展教育的理念

高等职业教育除了具有职业性、应用性的特征，还与其他类型的高等教育一样，应当具有教育性，应当培养高素质的现代公民。因此，高职院校不仅培养学生胜任当前工作的能力，还以人的全面发展和适应未来职业工作需要为目的，侧重于培养学生的职业核心能力。职业核心能力是人们职业生涯中除岗位专业能力之外的基本能力，它适用于各种职业，能适应岗位不断变换，是伴随人终身的可持续发展能力。德国、澳大利亚、新加坡称之为"关键能力"；美国称之为"基本能力"，在全美测评协会的技能测评体系中称之为"软技能"；香港称之为"基础技能""共同能力"，等等。1998 年，我国劳动和社会保障部在《国家技能振兴战略》中把职业核心能力分为 8 项，称为"8 项核心能力"，包括：交流表达能力、数字运算能力、革新创新能力、自我提高能力、与人合作能力、解决问题能力、信息处理能力、外语应用能力。这些能力主要属于方法能力和社会能力。工学结合模式为培养学生综合能力创设了具体的职业情境，在教学过程中通过包含资讯、决策、计划、实施、检查、评估等步骤的完整的工作过程，以显性方式培养学生的专业能力，以隐

性方式培养学生的方法能力和社会能力，促进学生人格全面发展，不仅使学生能满足现有职业对能力的要求，还培养了学生适应未来职业要求的职业迁移能力，使学生在未来岗位发生变更或劳动组织形式发生变动的时候，能够以积极的态度和主动适应的能力，重新获得相应岗位所需要的知识和能力。

第二节　工学结合模式改革的政策分析

我国职业教育工学结合模式是一定历史条件下的产物，它受既定历史条件的制约，又伴随历史条件的变化而变化。职业院校要开展好工学结合模式改革，需要对工学结合的发展有一个深入的认识，尤其要了解其历史进程，把握当前开展工学结合模式改革的实质。

一、工学结合模式的历史发展过程

1. 1949 年前的工学并举与工读主义

19 世纪后半期兴起的洋务运动推动了中国近代工业的发展，创办了新式学堂，形成了实业教育思想。一些企业相继开设了实习工厂，传习西方先进的工艺技术，培养技术人才，形成了半工半读的职业教育模式雏形。20 世纪初，以出国留学的勤工俭学运动为标志，出现了"工读主义"和"半工半读"。1917 年制定的《留美中国学生工读会简章》中提出了"工读会"，《工读互助团简章》写入了"本互助的精神，实行半工半读"的宗旨（耿洁，2007b）。从 1917 年成立"中华职业教育社"开始，在黄炎培、梁启超、蔡元培、陶行知等努力下，进行了积极探索，创办了中华职业学校、农村改进实验区、职业指导所等，主张手脑并用、做学合一，把教育与生产、生活联系起来。这一时期的"半工半读"实际上是一种对工农大众实现启蒙教育、文化普及的形式，因此这一时期的工学结合主要体现为以工作为主，兼顾学习和读书（徐涵，2008）。

2. 中华人民共和国成立初期的半工半读教育制度

中华人民共和国成立初期，我国主要发展全日制学校教育，随着时间的推移，这种单一的学校教育形式逐渐引发了一系列问题。由于教育结构与经济结构相脱节，不能升学的大批中小学毕业生缺乏一定的生产知识与技能，无法满足工作与生活的需要。1958 年，在时任国家主席刘少奇的倡议下，我国开始实行一种与全日制学校教育制度并行的半工半读教育制度。此后，以天津市为试点的半工半读职业教育形式逐渐在全国展开。1965年11月6日，刘少奇在政治局扩大会议上作了《关于城市半工半读问题》的讲话，再次倡导半工半读，提出"我们的国民教育有三种形式：一种是全日制，一种是业余教育，一种是半工半读、半农半读"（陈波涌，2004）。会议之后，中央有关业务部门和省、自治区、直辖市纷纷成立半工半读领导小组或委员会，并设有办公室作为办事机构。有的省、市还成立了第二教育厅、局，负责管理半工半读教育，很多地方还制定了半工半读学校的规划。但是，接下来的"文化大革命"运动，使半工半读教育事业遭到了毁灭性的破坏。

3. 20 世纪 90 年代以来的工学结合

20 世纪 80 年代初期，我国开始进行中等教育结构的调整与改革，职业教育得到迅速恢复。然而，在传统重理论、轻实践观念的影响下，职业教育的内容过分强调学科的系统性和完整性，忽视了职业知识的实践性，使职业教育渐渐远离了真实的职业世界。1991 年 10 月，《国务院关于大力发展职业技术教育的决定》提出要"提倡产教结合、工学结合"，明确了职业教育要实行产教结合培养模式，标志着职业教育培养模式变革的开始。产教结合于 1996 年被纳入到《职业教育法》中。进入 21 世纪后尤其是2002 年全国职业教育工作会议以来，我国的职业教育坚持"以服务为宗旨，以就业为导向"教育方针，积极探索学校办学与企业发展的关系，探索职业教育人才培养的新模式，取得了显著成绩，并使模式的探索进入了更深层面。

2002～2004 年，教育部先后连续三次召开了全国高等职业教育产学研结合经验交流会，确立了产学研结合是发展高等职业教育的必由之路。在这一时期，"学"由封闭、模拟的状态转变为开放、参与和问题解决导向的状态，逐渐贴近了实践，"工"开始具有真正的实践意义，即基于职业岗位的、真实的参与工作过程的实践及实践经验和技能的获得，使"工"与"学"的结合回归到职业教育的本质属性。经过十多年的产教结合探索，使国内不少职业学校和一些行业企业取得了成功的经验。2005 年 8 月19 日，在天津召开了职业教育工学结合专题座谈会，这是工学结合培养模式大力发展和深入推行的一次标志性会议。2005 年 11 月，《国务院关于大力发展职业教育的决定》再一次明确了"大力推行工学结合、校企合作的培养模式"。2006 年，教育部制定《职业院校试行工学结合、半工半读的意见》，就中等职业学校学生顶岗实习一年、高等职业院校实习实训半年提出操作性指导意见。至此，在产教结合的基础上，进一步强化了"工"和"学"的本质意义，即以就业为导向，加强基于实践的相关职业理论知

识的学习和基于职业岗位的真实的工作实践学习相结合，使职业教育属性得到最本质的释放（徐涵，2008）。

二、工学结合模式改革的政策分析

工学结合模式的发展是在国家宏观政策的基础上，职业院校主动进行实践探索，社会各界积极参与支持的政策环境下进行的。具体来说，职业院校工学结合模式的社会支持力量包括职业院校、职业院校的教师与学生、企业和相关的社会机构。为了推进职业院校的工学结合模式改革，政府出台了系列的支持政策和配套措施。

1. 财政保障和宏观调控政策

对实行工学结合的职业院校提供财政支持，是保证工学结合模式改革的重要保障。从世界职业院校的成功经验来看：澳大利亚政府不仅负责对所有职业技术教育（TAFE）学院进行全额投资，还制定相关政策以保证其教学模式的正常运转。德国职业教育建立了一套完整的"双元制"办学模式，政府不仅有责任为"双元制"的职业院校进行资金投入，还颁布了很系统的职业教育法规政策，包括职业教育法、职业教育促进政策、职业院校发展总纲法、青少年职业教育保护政策、企业基本发展政策等，并且在《职业教育法》中规定18周岁以下的青少年都必须接受职业教育，这一系列政策法规的颁布为德国"双元制"职业教育的发展奠定了坚实的政策保障。

所以，针对我国的职业教育工学结合模式来说，要想取得更加稳定、更加强健的发展，也必须要有政府政策的有力保障。针对高职院校方面的政策保障首先是对高职院校发展所需资金上给予的支持。我国高职院校以公办为主，政府财政投入是办学资金的主要来源，除了日常的办学和运行资金外，政策还针对工学结合模式发展的需要提供了专项资金支持。除了财政投入之外，国家有关职业教育发展的全局战略和中长期规划也非常重要。中国政府对职业教育的发展十分重视，《国务院关于大力发展职业技术教育的决定》（1991）、《国务院关于大力推进职业教育改革与发展的决定》（2002）、《国务院关于大力发展职业教育的决定》（2005）、《国务院关于加快发展现代职业教育的决定》（2014）、《现代职业教育体系建设规划（2014-2020年）》（2014）等职业教育改革与发展的政策文件都对工学结合模式的推广发展提出了要求。

2. 教师的准入和发展政策

高职院校工学结合模式的发展过程中，建立一支素质过硬的"双师型"教师队伍尤为重要，一方面这批教师需要有扎实的专业知识，另一方面还需要具有很强的技能，这样才可以从源头上保证职业教育工学结合模式的质量。《国家教委关于高等职业学校设置问题的几点意见》（1997）、《面向二十一世纪深化职业教育教学改革的原则意见》（1998），对"双师型"教师数量及培养问题有所提及，但都未做深入、系统的阐述和解释。《中共中央国务院关于深化教育改革，全面推进素质教育的决定》（1999）指出，"注意吸收企业优秀工程技术和管理人员到职业学校任教，加快建设兼有教师资格和其他专业技术职务的'双师型'教师队伍"。文件从整体上提出了对职业教育教师的基本要求，为职教教师个体发展和职教教师队伍建设指明了方向，这也是从群体意义上首次提出职教师资队伍结构构成的"双重性"。《教育部办公厅关于加强高等职业（高专）院校师资队伍建设的意见》（2002）从个体意义上强调教师的"双师素质"，以及从群体意义上强调"专兼职构成"的"双师结构"教师队伍，成为"双师型"教师的应有之意，也为未来的"双师型"教师政策奠定了基调。

《教育部办公厅关于全面开展高职高专院校人才培养工作水平评估的通知》中，特别是文件所附的《高职高专院校人才培养工作水平评估方案（试行）》，对"双师素质"教师的内涵作了明确界定和说明，为如何认定"双师型"教师、更好地去评估实践中"双师型"教师的数量和质量提出了具体的标准。《国家中长期教育改革和发展规划纲要（2010-2020年）》，进一步从"制度"建设层面，高度关注了"双师型"教师的培养、培训及管理问题，提出"以'双师型'教师为重点，加强职业院校教师队伍建设。加大职业院校教师培养培训力度。依托相关高等学校和大中型企业，共建'双师型'教师培养培训基地。完善教师定期到企业实践制度。完善相关人事制度，聘任（聘用）具有实践经验的专业技术人员和高技能人才担任专兼职教师，提高持有专业技术资格证书和职业资格证书教师比例"。从整体上为"双师型"教师发展指明了方向。

3. 企业参与和配合的激励政策

高职院校工学结合教学的顺利开展，仅靠高职院校自身的力量是不够的，还需要相关企业的配合来完成，只有工和学都得到贯彻，工学结合模式才能得到真正的体现。企业的配合不仅需要职业院校的努力协调、沟通，更需要政府政策的鼓励和支持，通过这种软硬结合的方式，企业会更加积极地参与、配合高职院校做好工学结合。我国职业教育发展的社会经济环境经历了计划经济向市场经济的转变过程，两种不同的环境下，相应的政策措施也各不相同。在计划经济时期，行业和企业生产有严格的计划，高

职院校对于人才的培养也属于行业企业发展的重要组成部分，高职院校与行业企业有着非常紧密的合作关系。20 世纪 80 年代以来，原来行业企业主办主管高职院校的体制逐步被打破，高职院校逐步成为独立办学的实体，与企业之间的合作逐渐成为一个相互合作、互利共赢的合作过程，原来强制性的合作关系不复存在。高职院校与行业企业的关系需要通过政府政策和企业自主行为来调节。从目前的情况来看，政府对于行业企业参与职业教育，支持职业教育尚无非常刚性的法律规定，企业的社会责任意识也尚在发展完善之中，这些因素成为行业企业参与高职院校工学结合教学的不利因素。

从政策重点和高职院校与企业合作的实践来看，在推动企业与高职院校合作方面，主要有以下几种途径：首先，政府通过税收政策调节和调动企业积极支持和参与校企合作和工学结合行为。《国务院关于实施科技规划纲要增强自主创新能力的决定》（2006）及国务院办公厅出台的《关于进一步加强高技能人才工作的意见》（2006）等文件出台了涉及 7 个方面共 19 条对企业参与职业教育办学的优惠政策，国家税务总局《关于企业支付学生实习报酬有关所得税政策问题的通知》（2006）、国家税务总局《关于企业支付学生实习报酬税前扣除管理办法》（2007）规定，这些政策对推动企业参与工学结合起到了积极作用。另一方面，各地政府还通过一系列鼓励、优惠政策，来加强企业参与工学结合的积极性，包括企业社会责任披露制度，政府运用相应的行政力量，对企业所履行的社会责任状况进行客观、公正和全面的披露，对社会责任履行到位的企业予以表彰。例如，通过对那些积极参与校企合作、工学结合的企业进行税收减免、荣誉表彰、品牌宣传等，这样既激发企业的社会责任意识，对其他企业也能起到积极的带动作用，对高职院校工学结合模式的实施起到积极的促进作用。此外，部分行业性高职院校在原来的计划体制下与行业企业形成了非常紧密的合作关系，行业主管部门在办学经费、资源投入、校企合作等方面存在长期的合作关系。在市场经济条件下，虽然高职院校办学不再依赖行业和企业，但行业和企业的资源和合作关系依然发挥了积极的联系纽带作用，成为推动校企合作的有利条件。

第三节　高职院校工学结合模式改革的类型分析

结合高职院校多年来发展的实际情况，工学结合模式可以归纳为三大类：工学交替类、"订单式"人才培养类、生产教学一体化类。

一、工学交替类工学结合

工学交替是指把学生整个学习过程划分为在校学习和在企业工作交替进行的两部分，是校企共同制定人才培养的模式，学生在企业生产实践和学校学习双重形式结合的教育模式。它在不突破现有学制的前提下，进行学习与工作实践的交替循环，不影响正常的教学计划和课堂学习，而且也能使学生的工作实践顺利进行。同时生产实习环节基本统一安排，分散进行，双向选择，灵活多样。主要是按照每个生产实践环节的要求，由学生自主联系实践单位，只要能满足工学结合教育教学的要求即可，学生生产实习期间学校组织专业教师进行巡查，与合作单位进行沟通，了解学生生产实习情况。

（一）"三学期制"工学交替模式——以江苏建筑职业技术学院建筑工程技术专业为例

江苏建筑职业技术学院位于江苏省徐州市，是一所全日制省属公办高等职业学校，也是国家示范性高等职业院校。学院目前有 8 个二级学院和 3 个教学部。学校在省内外建设了 300 多家稳定的实习基地，其中煤矿安全技术实训基地和建筑施工技术实训基地为国家级实训基地。此外，在专业建设中，学校拥有 3 个省级品牌专业、6 个特色专业及 4 个国家示范建设专业，其中建筑工程技术专业既是省级品牌专业又是国家示范建设专业。

江苏建筑职业技术学院实行的是每学年三学期的工学交替模式。每学年三学期指的是把在校的每个学年分为三个学期，第一学期与传统的学期是一样的，基本是从 9 月份到 1 月份，第二个学期是从 3 月份到 5 月份，第三学期是五一放假之后，即 5 月 8 号一直到 8 月中旬左右。其中第一学年是前两个学期在学校学习，第三个学期在企业进行识岗实习。第二学年也是前两个学期在学校学习，第三个学期在企业进行跟岗实习。第三学年则是前一个学期在学校学习，第二、三学期在企业顶岗实习（冯丽晶，2016：15-17）。

1. 学校学习阶段

第一学年学校学习。第一学年通过第一、二学期的学校学习，主要是让学生对所学的专业有一个简单的了解，为专业入门打下基础。在这一阶段，学生在校内学习公共基础课程、职业基础课程及基础工程施工基本能力的训练等。其中公共基础课程、职业基础课程是由学校的专业教师给学生讲授，对这类课程的学习属于职业理论知识初步学习阶段。基础工程施工基本能力的训练课程即简单的单项技能训练，如安装脚手架、弹线、放线等，这类课程主要是由学校专业教师及聘请的技术人员在实训楼给学生讲授，这类课程的学习属于职业单项技能初步训练阶段。

第二学年学校学习。第二学年也是前两个学期在学校学习。通过第一、二学期的学校学习，主要是学习职业岗位知识与单项技能。在这一阶段，学生返回学校学习主要的职业岗位课程。职业岗位课程分为校内课堂教学及主体工程施工基本能力等方面的训练。其中课堂教学主要是职业理论知识的教学，由校内专业教师讲授，属于职业理论知识初步强化学习阶段。学生主体工程施工基本能力、工程计量与计价基本能力等方面的训练也是单项技能的训练，主要由学校专业教师及聘请的技术人员在实训楼给学生讲授，属于职业单项技能强化阶段。

第三学年学校学习。第三学年是前一个学期在学校学习。通过第一学期的学校学习，让学生掌握一些职业拓展的知识与单项技能。职业拓展课程分为课堂教学及职业拓展能力的培养。其中课堂教学主要是职业拓展理论知识的学习，由校内专业教师讲授，对这类课程的学习属于职业理论知识拓展学习阶段。对于职业拓展能力的训练，一般都是单线拓展技能的训练，属于职业单项技能拓展阶段。

2. 企业实习阶段

第一学年识岗实习。在第一学年的第三个学期进行识岗实习。识岗实习主要是让学生认识岗位工作性质及内容，即了解自己的专业是做什么的。这一阶段属于职业理论知识与职业单项技能初步应用于实践阶段。在识岗实习阶段，主要是企业的现场指导老师对学生进行职业技能的训练，一般采取一对一的方式。这个阶段，学生只是刚入门，所以在实习期间，主要以参观、见习的方式进行，也就是现场看指导老师是如何操作的，有时候也会做一些简单的单项辅助工作。在识岗实习阶段，学生一般有一定的生活补助。

第二学年跟岗实习。二年级的第三个学期是跟岗实习。跟岗实习主要是职业能力强化阶段，为学生职业能力的最终形成打下扎实的基础。这一阶段属于职业岗位知识与单项技能应用于实践，职业能力强化阶段。在这个时期，主要的核心职业岗位课程已经学完，学生可以做非常多的工作。在实习现场，还是采取一对一的方式，由企业师傅带领学生进行职业技能的训练。具体的岗位有施工员助理、造价员助理、质检员助理等，相当于原级岗位的助理。对于岗位的分配也是按企业的需求进行的，企业需要什么岗位，学生就被分配什么岗位，实习过程中按岗位领取相应的工资。

第三学年顶岗实习。第三学年后两个学期是顶岗实习。通过顶岗实习，期望学生最终具备专业所需的职业能力。这一阶段属于职业拓展知识与职业单项技能再次应用于实践，职业能力形成阶段。在这个阶段，学生已经学完所有课程，掌握了很多职业理论知识与实践技能，学生相当于已经正式工作，以学生主动操作为主，如果学生在实践中遇到疑问，还可以请教现场指导老师。

"三学期制"工学交替模式主要由企业实习和学校学习两种要素构成，学校学习与企业实习彼此联系、循序渐进。企业实习是在学校学习的基础上进行的，下一阶段的学校学习又是在前一阶段的企业实习基础上进行的，如此循序渐进，直到最终建筑工程技术专业的学生能够掌握扎实的职业理论知识、形成职业能力为止。"三学期制"工学交替模式在学制安排上进行了创新，将一年两学期改为一年三学期，为工学交替的安排更加灵活、更加便利创造条件，增强了工学交替的操作性，提高了工学交替的质量，是一种值得借鉴的模式。

（二）半工半读式工学交替模式——以浙江商业职业技术学院电子商务专业为例

浙江商业职业技术学院前身为创办于 1911 年的杭州中等商业学堂，有 100 多年的办学历史，培养了一大批应用型的专业技术人才，被誉为"浙商人才培养的摇篮"，现为全国首批现代学徒制试点高校、浙江省首批省级示范性高等职业院校。浙江商业职业技术学院电子商务专业自 2004 年开始与阿里巴巴集团建立了紧密型的"工学结合、顶岗实习"人才培养实践。每年都有 30～60 名学生到阿里巴巴集团各部门开展为期一年的全真顶岗实习，校企双方都取得了良好效果。在多年与阿里巴巴集团校企合作的基础上，学校大胆采用引企入校、开展半工半读式工学结合教学改革，通过工学结合，特别是实施半工半读的教学模式，深入贯彻校企双方资源共享、联合培养人才的思路，对学生专业成长的平衡性、前瞻性、理论性和实践性都有积极的推进作用。浙江商业职业技术学院电子商务专业半工半读的组织方式如下。

1. 建构校企互动的人才培养方案

学校聘请企业管理人员、技术专家、能工巧匠参与专业建设与改革，共同制定人才培养方案、教学评价体系，保证专业定位的准确性，使专业建设、课程设置、教学内容、培养方向更适合企业的需求。以企业为依托促进学校教育功能与企业生产、实训功能的有机结合，培养学生核心职业能力。一方面，选派教师作为企业的技术人员，参与技术开发、生产管理，直接接触生产一线的新技术、新工艺，并将其融入教学内容；另一方面，聘请企业工程技术人员、能工巧匠对学生进行实践工作指导，形成校企互动的人才培养体系。

2. 构建"工作-学习"模块式教学组织结构

以工学交替模块化的教学方式进行实践教学活动，将不同班级的学生分阶段派到企业不同的生产岗位工作，使企业各岗位对不同技术、营销、服务、管理水平员工的需求得到满足，并保证企业生产的连续性，使校企合作得以长期持续。企业在学校成立设计分部，分部主要工作包括官网设计管理、网站推广、SNS 维护及推广、平面设计、消费者服务，公司派驻 1～2 位公司资深管理人员进行管理和培训。岗位配置按照公司的运作模式设置，学生按正式员工管理，并且按照每 10 天进行一次轮班，实现"工作-学习"的交替轮换。

3. 以职业能力培养为核心的课程安排与学业考核

根据电子商务岗位需求，在不减少总学分的前提下调整人才培养方案，并结合顶岗实习情况分班教学。工作业绩（企业文化、工作业绩、业务培训）考核充抵实践性教学与部分专业教学课程，其余课堂教学课程考核按原先方式组织。对一些职业岗位技能课程，如网络营销、网络 CRM 管理、电子商务物流管理、电子商务网站营运与管理等采用"部分顶替、部分照常"原则（比例为 1∶1），即课程采用 50%课堂讲授与考核，50%根据企业具体岗位工作实践考核，既兼顾理论基础，也着重强调了学习实践。

4. 公司化的管理与激励淘汰机制

人才培养模式改革的实施过程中实行"企业-学校双主体"的项目管理责任体系。按照实施方案的要求，认真做好每一项工作，落实到每位责任人。浙江商业职业技术学院就顶岗工作事宜与企业签订协议，明确双方的权利、义务，明确学生顶岗工作期间双方的管理责任，明确实习期间学生"工"与"学"关系的处理办法。企业采取公司化管理运营，对学生进行每月考核，一次考核不合格，进行诚勉谈话，并限期改进；二次不合格者，将终止半工半读。对于表现突出、卓有成效的学生将给予一定金额的奖励。校企双方共同维护企业运营和学生学习秩序，真正实现互惠互利、合作共赢（王慧，2012）。

（三）"阶梯上升"式工学交替模式——以重庆三峡学院酒店管理专业为例

"阶梯上升"式工学交替模式是比较常见的模式，适合强调实践技能和动手操作的专业使用，通常根据职业岗位技能的特点分为基本技能培养、岗位基本技能增强、岗位专业技能培养和综合职业能力培养四个阶段。下面以重庆三峡职业学院工学交替 4 个阶段的设计为例进行介绍。

第一阶段：基本技能培养。学生进校后的第一学期，学生学习的主要场所在学校，少量时间在酒店企业，在酒店主要以"看"为主。理论教学主要是学生基础知识的学习，实践教学主要是学生职业意识的培养，教学重点主要放在巩固学生的专业思想，培养学生的职业意识。开学之初，学校请校内专家和专业带头人进行为期 3 天的专业教育，而后组织学生到酒店企业进行一些常规性的认知性实习（以"看"为主），让学生明白今后从事的职业是什么，酒店需要的合格人才的条件是什么。

第二阶段：岗位基本技能增强。学生进校后的第二学期，学习场所依然以学校为主，但在酒店见习时间适当增加，与第一学期以"看"为主不同，这一阶段以"体验"为主。理论教学主要是专业核心课程的教学，实践教学主要围绕职业标准进行专项技能的培养。这期间，学生在校内进行专业核心课程的学习并进行专业技能的仿真模拟实训。同时，每月安排 1 周左右的时间到酒店进行专项技能的训练，使学生在体验中加深对专业核心课程的领悟，做到书本知识和实践的有机结合。

第三阶段：岗位专业技能培养。学生进校后的第三学期，1/2 的时间在学校，1/2 的时间在酒店，在酒店主要以"做"为重点。在校内进行专业核心课程的学习和专业技能的实训，在酒店企业按照服务标准进行生产性实训。学生在酒店期间，校内实习带队教师作为主讲教师，和学生一道入驻酒店企业，充分利用酒店企业的教学资源进行理论教学。同时，学校和酒店企业对学生进行双向考核。

第四阶段：综合职业能力培养。学生进校后的第四、五学期，此过程全部时间都在酒店，学生在酒店以顶岗实习为主。根据校企合作、工学交替的要求，学生到酒店顶岗实习，进行综合职业能力的培养。学生在酒店顶岗实习期间，享受酒店企业员工的待遇，有岗位工资和津贴，实习带队教师和班主任随班跟进，指导学生学习、进行心理疏导、与学生一道进行职业生涯规划等，让学生适应职业岗位，受企业文化熏陶，融入酒店企业，为毕业后的零距离上岗提供保障（马茜，2011）。

二、"订单式"人才培养类工学结合

"订单式"人才培养是指高职院校根据企业对人才规格的要求，校企双方共同制定人才培养方案，签订用人合同，并在师资、技术、办学条件等方面开展合作，共同完成人才培养和就业等一系列教育教学活动的办学模式。它是建立在校企双方相互信任、紧密合作基础上，以就业为导向，提高人才培养的针对性和实用性，以及企业参与程度，实现学校、用人单位与学生三方共赢的一种工学结合模式。根据企业参与人才培养的程度，"订单式"人才培养可分为松散型和紧密型两种主要类型。

（一）松散型"订单式"人才培养——以成都航空职业技术学院汽车检测与维修专业为例

松散型"订单式"，学校与企业签订"订单"合同及就业协议，企业参与人才培养，但是企业参与程度不深。企业提出人才需求标准和规格，具体的培养过程主要由学校来完成。企业为培养学生提供一定的条件，如实习场所、设备。培训结束后，企业对学生进行考核，安排合格的毕业生就业。

成都航空职业技术学院是国家示范性高等职业院校，学院有着先进的办学理念，注重校企合作办学。学院与国内外多个大型企业、机构建立了合作关系。学院开设有二十多个"订单班"，积累了较为丰富的经验。以汽车系为例，学院是中德职业教育汽车机电合作（Sina-Germany Automotive Vocational Education，SGAVE）项目的试点学校之一，汽车系的汽车检测与维修专业与德国进行中外合作办学。汽车检测与维修"订单班"专门为五大汽车品牌（大众、奥迪、宝马、奔驰、保时捷）培养高端的汽车检测与维修人员。学生不仅要完成学校所有课程的学习，还要学习德国先进的管理和企业文化，最后要考取汽车检测与维修证书才能进入企业工作。该专业"订单式"人才培养的主要运行机制如下：

1）成立校企合作办公室。校企合作办公室是专门负责校企合作事宜的组织，负责联系企业，寻找"订单"，与企业沟通，联系合作事宜，签订协议；同时也负责搜集企业、行业用工信息，协助学校联系校外实习、实训基地，以及推荐学生就业等。

2）深入企业调研，确定合作企业。"订单式"教育培养的人才要符合社会的需求，面向市场，与产业发展紧密结合。学校在充分调研的基础上，选择优质企业作为合作对象，确保合作企业有优质的技术资源、优质的设备资源、优质的人力资源。两类企业会优先考虑：一是合作积极性比较高的企业，因为合作积极性比较高的企业，会为人才培养提供一定的支持，包括技术、设备、人力等；二是社会声誉和诚信度比较高的企业，因为"订单式"人才培养是一种委托培养，是以契约的方式签订人才培养协议，对无合作诚意、不能履行协议的企业，应该淘汰。学校的汽车检测与维修专业主要与国内五大汽车牌合作，这些企业有雄厚的资金、高端的技术，还有优厚的待遇。学院与这些企业合作，既可以培养优秀的学生，也能保证学生的利益。

3）签订合作协议。"订单"是"订单式"人才培养的关键要素，也是"订单式"人才培养与其他产学结合的人才培养方式的本质区别。校企双方对"订单式"培养的人才规格，双方的权利、义务，毕业生的就业安置与待遇问题达成一致意见。对于汽车检测与维修专业"订单班"，协议规定以下两点。①学院作为人才培养主要方，要按时、按质、按量培养出符合企业需要的人才；学院主要负责学生的理论知识教学，并对学生校内实习负责；学生必须掌握汽车结构原理、汽车检测与维修的基本理论，具备汽车检测与维修的初级技能。②企业要为学生的培养提供一切有利条件：一是企业为学生实习提供实习场地、设备并对学生的实习进行指导。"订单班"的学生在第三学年第一学期进入维修厂实习，在厂里集中实习三个月，主要由车间师傅带领学习实际操作技能。二是企业负责学生实习期间的安全，提供生产安全方面的培训。三是企业为品学兼优的学生提供各种奖学金，包括助学金、励志奖学金、企业奖学金，以吸引优秀学生进入企业。四是优先录用"订单班"毕业生，学生经过学校的各种考核合格，经过企业验收合格后，企业优先安排学生就业。

4）制定人才培养方案。校企双方签订合作协议后，共同协商制定人才培养方案。人才培养方案的制定由学校分管校企合作的副校长、校企合作办主任、专业负责人及企业的相关负责人共同协商制定。人才培养方案包括"订单"人才规格、教学计划、课程设计与开发，理论和实践教学安排、师资队伍、学习时间、人才质量的考核与评价。汽车检测与维修专业主要培养既具备汽车机电技术基本理论知识，汽车检测与故障诊断等基础知识，又具备能从事整车及主要零部件性能检测、故障诊断、维护修理、技术管理及营销服务等方面能力的人才。人才培养方案还规定了企业的具体参与程度。汽车检测与维修专业的学生前期企业参与程度不深，前两年在学校学习理论知识，偶尔到企业参观实习；后期企业参与程度比较深，企业要为学生实习提供实习场所，还要指导学生的实习，安排学生的食宿（党素芳，2014）。

（二）紧密型"订单式"人才培养——以天津海运职业学院为例

这种"订单式"人才培养的特点是专业性强，用人单位的用工标准高，学校与用人单位直接接触，企业参与人才培养，而且参与程度较深。企业为人才培养提供有利条件，包括实习场所、设备、实习岗位，并对学生的实习进行指导。企业还派优秀的管理人员、高级技师、工程师等来学校上课，指导学生的实习、实践。另外，企业参与人才培养的整个过程，在企业与学校签订了人才培养及就业协议后，双方一起制定人才培养方案，进行课程开发、教学及对学生评价。企业还参与对学生的日常管理。企业与学校之间优势互补，资源共享，共同创造条件提高人才培养质量。这种"订单式"人才培养模式，实现了企业、学校、学生的"三赢"。学校提高了人才培养质量，保证了就业率，实现了学校的可持续发展；企业节约了人力资源成本，提高了经济效益；学生实现了就业。

天津海运职业学院是一所新兴的培养航海类人才的高职院校，以培养海员为主，兼有理工、经管等专业的综合性高等职业学院。学院坚持大力发展海运特色专业和适应滨海新区建设对相关专业人才需求的办学方针，设置了航海工程系、轮机工程系、信息工程系、工程技术系、经贸管理系、邮轮乘务系、基础课部等教学机构，开设了海事管理、国际航运业务管理、航海技术、轮机工程技术、酒店管理（邮轮乘务）、理化测试及质检技术（无损检测）、管道工程施工、集装箱运输管理、物流管理、计算机网络技术等专业。随着中国航海事业的不断发展，航海类人才的需求也随之加大，航运公司的竞争终究是人才的竞争，人才因素越来越明显，为了及早进行人才储备和定向培养，避免人才选择的盲目性，很多航运公司都具备"订单式"人才培养的意向。天津海运职业学院也在积极与船舶航运公司联系接触，与之建立长期的"订单式"人才培养方案。学院先后在航海技术、轮机工程和游轮乘务等专业进行紧密型"订单式"人才培养，具体的实施和运行机制包括以下几个方面（白晶，2008：20-25）。

1. 人才培养目标的定位

学院注重教学改革，注重对学生实践技能和创新能力的培养，努力把学生培养成为知识、能力、素质三方面协调发展的具有创新能力的技术应用型人才，使人才培养规格符合地方经济和航海行业企业的要求。通过签订航海类学生的定向培养教育计划，学院与行业企业建立了密切联系，学院的就业指导中心专门负责搜集整理这些企业的用人需求，并及时反映给相关系部，以便于系部调整专业教学计划和课程设施。多家船舶公司与学院频繁接触，预订学院航海类人才，派人参与制定"订单"学生的人才培养计划，与学院逐步完善"订单式"人才培养模式。

2. 组织机构

学院从招生、教学、就业三个方面入手，全面推行"订单式"人才培养模式。在招生环节上，有的学生从入学之日起就与船务公司签订协议，作为船务公司定向培养对象，招生办公室有专人负责"订单"学生的招生、协议签订及船务公司联系等方面的工作；在教学环节上，有专门的教务人员、教师全面负责"订单"学生教学计划的制定、课程安排、日常管理及与学院其他部门的工作协调等事务；在就业环节上，学院成立了专门的就业指导中心，本着"以学生为本，为教学服务"的宗旨，积极开发就业市场，有专人负责加强与"订单"企业的联系接触，不断开创更多就业模式，为毕业生就业建立长效机制。学院从上述三个方面抓起，在组织机构上保证了"订单式"人才培养模式的顺利实施。

3. 培养模式的选择和方案制定

"订单式"人才培养模式的实施是从天津海运职业学院的两个航海类专业入手，逐步扩展延伸至其他专业，目前实施"订单式"人才培养的几个专业有航海工程系的航海技术专业，轮机工程系的轮机工程专业，邮轮乘务系的酒店管理（邮轮乘务）专业，工程技术系的理化测试及质检技术（无损检测）、管道工程施工等专业。"订单式"人才培养的试验是从航海技术和轮机工程两个专业开始的，学院主要承担前面两年半的理论和实践教学工作，培养学生具备扎实的理论基础和实践能力，具备"订单"企业所要求的基本能力素质。学生在这两年半的学习生活中，第一学年要学习基础课和专业基础课，第二学年及第三学年的前半年主要学习专业课程，其间还要穿插许多实训课程培养自身的实践能力。从第一学年后半年开始，学生要参加国际海事组织（International Maritime Organization，IMO）的海员适任证书各个"小证"的考试，第二学年和第三学年还要参加海员适任证书的"大证"考试，只有通过了各种不同科目的考试，取得了海员适任证书的学生才能真正成为合格的"订单"学生并顺利进入第三年后半年的"订单"企业实习阶段，合格的学生甚至在此时就能登上他们梦寐以求的海船，徜徉于他们期盼已久的海洋。

学院在邮轮乘务专业的培养方式上进行了更加大胆的新尝试。邮轮乘务专业与航海、轮机两个专业相似，将来培养出来的学生也要"上船"，因此要求学生要考取船员"四小证"——B01 熟悉与基本安全、B02 精通救生艇筏与救助艇、B04 高级消防、B05 精通急救,而不必考取海员适任证书的"大证"。由于这个专业培养的人才是邮轮上的乘务人员,学生只要考取"小证"和客轮证即可,所以在教学计划、课程设置等方面就争取到更多实习、实训时间。学院决定对邮轮乘务专业进行教学改革,试行"1+1+1"的模式。"1+1+1"模式就是学生在第一学年在学校学习基础课和专业课,第二学年在酒店实习(邮轮乘务的"订单"企业——邮轮公司要求学生在登上邮轮之前要有一年的酒店实习经验),第三学年就到相应的邮轮公司实习。这样的教学模式对学校和学生都提出了更高要求,学校和学生也都面临更大压力,因为本来至少要一年半的理论和专业学习全部压缩到一年内学习,为此,学校在教学计划和课程安排上也都进行了相应调整,配备了精英的教学和学生管理团队,在保障教学质量的同时,让学生在学院这一年的学习时光里充分利用时间,以期取得最好的教学效果。

4. 校企紧密合作

学院先后与天津东亚海事船舶管理有限公司、天津海星航运技术管理有限公司、天津船务代理有限公司、天津远洋运输公司(中远散货)等企业签订协议,全方位合作,实施"订单式"人才培养。"订单"企业不过多参与学院前期人才培养方案、教学计划的制定,只对部分内容提出参考性、建设性的意见或建议,在后期,"订单"企业的参与力度较大,"订单"学生的实习、实训内容由学院和企业共同制定,在其中一些实习、实训中,学院会邀请"订单"企业内不出海的高级海员参与实践教学,这些高级船员可以将他们的经验、船员应具备素质、实际操作规程等内容对学生进行渗透式教育,这恐怕是在先前的理论课学习中做不到的。学院还定期安排联系好"订单"企业工作人员、高级船员等为学生开展讲座,内容涉及企业文化、船员工作、船员生活等方方面面。通过这些学习,争取达到两个目标:一是将所学理论知识与实践紧密结合,大幅提高学生的实操能力;二是使学生更加了解今后要从事的职业,以及要效力的企业及其企业文化。根据各个"订单"企业要求不同,还要及时更新实习、实训的侧重点,保证学生的实习、实训效果。

三、生产教学一体化类工学结合

在真实或模拟的生产工作环境中,学生首先完成理论基础的学习,然后进行实际操作过程的认识和训练。该模式使教学过程实现了理论教学与实习、实训教学一体化，实现了在一个课堂同时完成理论知识和实践技能的传授。将教室和车间融为一体，教室既能教授理论知识，又能指导实际操作；教师和师傅融为一体，教师既传授理论知识，又指导实践；学生和徒弟身份融为一体，学生学习理论知识的同时进行技能的养成和训练。该模式解决了传统教学中的理论教学和实践教学相脱节的问题和矛盾，实现了用理论指导实践，通过实践检验理论的双向过程，大大激发了学生的求知欲，提高了学生的学习兴趣、认知水平和解决问题的能力。教师在提高学生专业技能水平的同时，最大限度地缩短了学生将理论知识向实践技能迁移的时间，提高了教学效率。生产教学一体化工学结合模式改革有两个关键性因素，一是一体化教学环境的创设，二是一体化教材的开发，这两个关键性因素在不同类型的专业中会有不同的要求。

（一）工程技术类一体化教学模式——以天津职业技术师范大学的机械制造与自动化专业为例

天津职业技术师范大学是我国最早建立的以培养职业教育师资为主要任务的普通高等师范院校，学校始终秉承"动手动脑、全面发展"的办学理念，坚持为全国培养高素质职教师资的办学定位不动摇，在全国首创"双证书"制培养一体化职教师资的人才培养新模式。天津职业技术师范大学工程实训中心（简称实训中心）于 2008 年被评为国家级实验教学示范中心建设单位，2011 年 9 月通过优秀评估。实训中心在管理理念和教学模式方面充分展现了一体化教学的先进性和技能人才培养的示范性。本案例虽然是本科专业，但完全按照职业教育的规律和职业院校的特点进行人才培养，对职业院校工程技术类专业的一体化教学模式改革具有较强的启发意义。该模式的运作过程可分为以下 4 个方面（王爱敏，2011）。

1. 一体化教学模式的环境创设

首先，先进的管理理念和明确的人才培养目标，为实施一体化教学模式营造了良好的发展环境。实训中心进行精细化管理，实施"五个凡是"，即"凡是计划就必须有结果；凡是结果就必须要量化；凡是量化的就必须完成；凡是完不成的就必须有合理的解释；凡是没有合理解释的就必须有惩罚"。并构建了"三层次，五阶段"的教学体系，最终实现"实践技能高、理论基础厚、终生学习能力强、具有创新意识、行业岗位满意的"人才培养目标。其次，教室环境的创设，把车间搬进教室。本着"安全方便"的原则，学生坐在方形桌周围，面对教师和黑版，左右两侧是训练设备并与教学区相对分开，既安全又能让学生们看得清教师的演示过程；训练设备和训练工具、加工材料、加工出的零件的摆放都仿照生产企业的生产车间的模式，其中的光线、角度、设备之间的空间距离等都"以人为本"，让学生自实践课程的第一天起就处在企业生产的模拟环境中，了解并适应生产环境。最后，创设和谐的人文环境。学生和老师上课时统一穿工作服，墙面张贴反映教学理念的标语、明确的安全操作规程、实验室管理办法、设备结构图、安全疏散图等，营造训练和生产车间的气氛，规范学生的行为和语言，实现学习环境与未来从业的环境的最大相似性，树立学生技能养成的观念，最大限度地减少学生从业初期对岗位的适应时间。

2. 一体化教学模式的资源运用

一体化教学是将理论教学与实践教学融为一体，在一个教学场景或过程中完成的授课方式，教学过程生动、灵活和直观，才能充分调动学生的学习兴趣，便于学生理解内容，掌握操作要领，尽快开始自我学习阶段。为了缩短教师的讲授时间，发挥学生的学习主体性，教师充分利用各种资源，清晰直观地把学习和训练任务展现给每一位同学。首先，充分利用教学大纲，明确课程内容、技能标准要求、教学进度等，然后选择适合的实习指导教材和教学场地。教师按照不同专业和工种的要求，将学习内容设计成不同课题，按照教学单元实施授课；学生根据自己的知识基础和技能水平，选择不同课题进行训练，在教师授课时选择性地听课程重点，充分发挥了学生自主学习的积极性。教师根据每个同学掌握的不同程度进行重点指导。学生通过加工制作课题器件，反映出自己在学习和训练中存在的知识误区和技术难题，教师有针对性地给予重点辅导，帮助学生加深对理论知识的理解，提高训练水平。其次，利用好教学辅助工具。在学生模拟学习阶段，理论教学部分，充分运用板书、各种媒体、电子资源，让学生加深对所学知识的理解，明确要掌握哪些技能，技能标准是什么；实践教学部分，通过挂图、模型和作品样例的展示帮助学生理解某些靠语言讲授难以表达的概念。学生进入技能形成阶段，边学理论，边进行现场观摩，与教师充分交流后开始动手练习。教师充分利用学生加工产品的案例，在技能的学习和形成初级阶段利用计算机仿真系统进行操作练习，后期利用CAD/CAM设计软件，让学生设计产品加工程序，利用原材料模仿加工产品，增加练习的工作量和技术难度。学生利用原材料制作模型可以体验产品的加工过程、工艺要求，明确技术指数和对工人技能水平的要求。再次，向学生开放训练场地，让学生根据实际情况有针对性地开展训练，以便形成和掌握技能，最终达到熟练。最后，还要利用好学生到企业实践、参加技能比赛和技能等级考核的机会，激发学生学习动力，提高学生的技能和职业适应能力。

3. 一体化教学模式的师生角色

一体化教学模式下，师生之间是一种新型的、民主的、平等的关系。教师不仅是知识的传播者，更是学生学习的协调者和职业生涯的启蒙者，是学生职业情操的陶冶者，是学生职业素养的塑造者，还是学生职业能力形成的帮助者。相应的，学生是学习的主人。在教学过程中，学生不是被动地接受，而有充分的自主权。这种和谐的师生关系使教学过程更为流畅。教学过程中，教师认真地辅导学生进行操作训练，学生随时提出问题，教师耐心熟练地为学生解决问题。教师为学生纠正设计程序，解释工艺过程，学生则对照指导书中的课题要求，向教师询问学习和操作过程中出现的问题。这一教学模式真正体现出学生是学习主体，教师是学习的指导者和协调者，二者是友好和谐的师生角色关系。

4. 一体化教学模式的教学程序

一体化教学模式的教学程序主要分为准备阶段、实施阶段和评价阶段。

准备阶段又包括三个部分：第一步，确定教学内容阶段。根据教学大纲和专业培养方案中的要求，明确技能训练课程的训练内容、训练范围和课题，以及技能鉴定指标，并概括地逐一加以列出；第二步，制定计划阶段。包括设计教学方案、确定教学单元的学习时间、明确训练单元要掌握的知识点和每个阶段达到的技能水平、编制单元诊断性测验、设计备用的教学方案和教学材料等；第三步，进行诊断性评定。通过对上一年级学生加工作品的评价，了解学生目前的认知、情感和技能水平，为在下一个阶段的训练中安排适当的学习任务作准备。教学实施阶段则包括 4 个环节：一是介绍教学程序，明确学习内容和标准要求；二是安排一系列形成性测验，发现学生学习过程中存在的问题，及时反馈并对这些问题采取矫正措施，根据实际情况调整进度和授课方式；三是针对学习中遇到困难的学生，可以用小组讨论、个别辅导或提供补充教材等方式，帮助他们解决问题；四是在单元授课结束时，对学生进行单元的形成性测验。成果验收即评价阶段，主要是对学生的加工制作的"产品"进行验收。以机械制造及其自动化专业中"加工中心"课题的训练为例，教师在最后一周的第一天布置作业，要求学生独立完成。课题是做一个"天津电视塔模型"。材料是铝，技术指标将从型腔加工、曲面加工、孔系加工、沟槽加工、箱体加工等方面验收。期间教师可对技术难点进行个别指导。一周后学生交作品。教师先让同学们推选出比较好的作品，并让同学解释推选理由。之后，教师对

每一个作品进行评价，提出修改建议。教师将学生的作品成绩及发言的表现计作本学期技能训练的验收成绩。

在实际操作过程中，不同院校的不同专业的教师可以根据实际对教学程序进行适当调整，以适应不同的专业、课程难度和教学对象，以及当时的教学环境。

（二）财经商贸类一体化教学模式——以广州市工贸技师学院的国际商务专业为例

财经商贸类、经营管理类专业工学一体化课程体系的构建有别于实践性较强的工科类专业，如计算机应用类专业、机电专业、汽车维修专业等。国际商务专业是经济类专业，其文科特征明显：第一，专业知识注重知识理论的系统性，学习内容抽象，强调对已有结论的认知、理解和记忆，学生把主要精力放在了概念的学习上，通过概念来了解事物的性质、规则，学习过程枯燥；第二，课程的实践性不足，专业知识的应用主要是重复性练习，通过试卷实现考核，以纸上谈兵的案例分析或操作技能的单项训练项目为主要的实践模式，还未能实现运用所学知识解决实际问题。这些专业的工学一体化课程体系构建的实践难度较大，在专业课程体系构建中要充分考虑文科课程专业特点及职业活动特点。下面以广州市工贸技师学院的国际商务专业为例，介绍其工学一体化课程体系构建的经验。

广州市工贸技师学院国际商务专业进行工学一体化课程构建，本质上是彻底打破传统由基础课程、专业基础课、专业课、技能实践课程组成的课程方案，重新构建工学一体化的课程方案，其课程结构以工作为导向、以职业能力为核心构建，由初级到高级的职业发展阶段的学习领域构成，并安排通过国家职业资格标准的考证课程及丰富学生课余生活第二课堂课程。这种课程体系能更好地培养学生职业综合能力和提高综合职业素质，为学生今后职业生涯发展奠定良好的基础（魏静苹，2011：24-38）。

1. 构建思路

国际商务专业工学一体化课程体系的构建，紧紧围绕"以工作过程为顺序"这一主线，将理论知识学习与实践知识学习一体化进行，形成职业特色鲜明的、理论与实践教学和谐的课程体系。

（1）以工作过程为主线

工学一体化课程体系按照工作过程中活动与知识的关系来设计课程，突出工作过程在课程框架中的主线地位；按照工作过程的需要来选择知识，以工作任务为中心整合理论与实践；培养学生关注工作任务完成，而不是关注知识记忆的习惯，并为学生提供体验完整工作过程的学习机会。对于贸易实践性职业来说，在课程教学实施中，让学生经历结构完整的工作过程包含两方面的含义。其一是完成典型工作任务的工作过程结构要完整，即贸易实践性职业的工作过程的结构一般都可以简要地划分为 4 个阶段：确认工作任务，制定工作计划，实施计划，检查、评价与结果记录。其二是工作要涉及工作过程的所有要素。工学一体化课程涉及组成工作过程的 4 个基本要素，即工作人员、工具、产品和工作行动。每个工作过程，都是这 4 个要素在特定的工作环境中，按照一定的时间和空间顺序，达到所要求的工作成果的过程。

（2）以工作实践为起点

工学一体化课程的实施，将教学活动与工作活动在一个尽量真实的工作环境中整合起来，即：学习的目的是为今后在典型的职业情境中完成任务做准备；通过行动来学习，学生自我控制行动和独立思考；学习过程涉及职业实践中诸方面的内容，如技术、经济、管理、法律和环保等；学习过程包括社会过程，如处理个人与个人利益冲突或个人利益与集体利益矛盾等；比较早地让学生进入工作实践过程，促进他们从学习者到工作者角色的转换，以形成学生自我负责的学习态度，并在工作实践的基础上建构理论知识，激发了学生的学习兴趣。

（3）以基于工作过程的行动导向教学

行动导向教学是以行动或工作任务为导向的一种职业教育教学指导思想和策略，由一系列以学生为主体的教学方式和方法所构成。教师运用项目导向教学方法，以职业情境中的行动能力为目标，创设职业交往情境，让学生在情境中以独立或小组合作形式完成获取任务信息、制定工作计划、实施工作任务及对工作成果展示与评价的完整工作过程，学生从中获得相关职业活动的知识和能力。

2. 国际商务职业发展阶段及典型工作任务分析

国际商务领域的实践专家通过多次座谈会的分析、论证与修订，从众多类别的国际商务工作领域工作岗位中，确定了职业发展阶段的典型岗位为"跟单文员—业务员—主管—部门经理"。这种由初级者到专家的发展安排符合职业发展规律，从低到高、从学生直接可上岗的跟单文员岗位到经过 5～10 年自主发展可晋升为部门经理的岗位。其中，业务员职业发展阶段由客户开发与市场开拓、商务洽谈、商务合同的起草与签订、商务合同执行与单证制作 4 个典型工作任务构成，这些典型工作任务来源于国际商务企业业务员的工作分析，是业务员岗位的具体工作领域，如国际商务业务员的一项重要工作是通过各种方式去寻找客户，建立业务关系。根据此确定的"客户开发与市场开拓"的典型工作任务，就是一个具有代表性的，工作过程结构完整的综合性、开放性的任务，反映了业务员岗位上典型的工作内容和工作方法。

3. 以职业岗位分析为基础设计学习领域

在国际商务专业工学一体化课程体系构建中，经过以上的步骤，分析确定了国际商务专业职业生涯发展阶段和典型工作任务，接下来就要根据典型工作任务确定学习领域和学习任务（学习情境）。以主管为例，典型工作任务包括客户跟踪与服务、合同洽谈、合同执行与跟进、培训下属，相应的学习领域分别为客户跟踪与维护、商务谈判、商务合同执行跟进、新员工培训，学习任务则可以进一步细化，比如，商务谈判可细分为货物贸易谈判和服务贸易谈判，新员工培训可细分为职业素养培训和企业管理培训。

学习领域课程方案提供了一个全新的高等职业技术教育课程体系模式，给参与一体化课程教学的教师提供了与某项典型工作任务要求的能力相应的专业知识及简洁、全面的教学过程信息。但是，这一方面对教师专业能力水平与教学组织能力提出了挑战，另一方面对教学场所、设施设备也提出了更高的要求。

4. 以工作过程为主线进行课业设计

典型工作任务和学习情境进行教学化处理，是以"课业"为载体呈现的。学习情境客观反映典型工作任务包含的职业信息，每个学习情境可以包括一个或若干个学习任务，学习任务是学生用于学习的工作任务，是学习情境的具体化，是学习领域课程的基本教学单元。学习情境和学习任务都是以课业形式为载体出现。课业设计，也可称为专业工作页，是由专业教师和教学设计专家根据课程目标的要求，运用教学设计方法，以典型工作任务为基础，设计学习任务和学习目标、确定学习内容、策划教学方案的过程。课业包括教师使用的课程作业设计方案和学生使用的学习材料。课业中学习内容的设计注重实用性，立足于学生的基础知识水平和学习能力，设计学习情境和学习任务是由易到难、由小到大、开放程度逐步提高的；课业中学习过程的设计，不同于传统学科那样先是系统的知识，再进行相关练习与技能训练，而是通过给予课文引导或具体情境布置任务，辅以工作提示和学习知识点提示，让学生在教师的指导下完成"明确任务（获取信息）—制定计划—实施计划—（展示）—评价与反馈"的环节。

学生经历结构完整的工作过程，以独立或合作的组织方式进行，对任务进行整体化的思考，运用已有的知识，在一定范围内学习新的知识技能，解决过去未遇到的实际问题。

5. 以行动导向为课程实施的教学方式

行动导向教学中最常用的是项目教学法和案例教学法。在国际商务专业中，项目教学是师生共同实施一个完整的"项目"工作而进行的教学活动。工学一体化课程的项目教学要求具有清晰的工作和学习任务，使学生体验完整的工作过程。它将教学课程的理论知识和实践技能结合，不仅要求学生运用已有知识，还要求学生能在一定范围内学习新的知识与技能，解决过去从未遇到的问题。实施这种教学模式的基本要求是"有项目"，要求从事国际贸易专业一体化教学的教师是"双师型"教师，从事过多年的外贸工作，拥有丰富的实际工作经验，积累大量的外贸项目实际操作经验。项目教学法是让学生参与仿真贸易公司的接单、单证制作、报检、报关、跟单等业务环节的操作，模拟参与贸易公司的商务合同洽谈、磋商、签订等工作，达到真实的锻炼效果。在学生完成后，老师再针对每位学生或每组做出的结果进行分析、点评。这样，经过多次仿真的业务学习，学生积累了一定的工作经验，毕业时就能够完全独立工作了。采用这种项目教学法，学生在学校学习时，接手的项目就是用人单位的实际业务，换句话说，学生在学校里的项目教学实际所完成的就是用人单位的实际工作，那么他们在进入公司工作后，就能比较快地独立完成工作。同时，这种教学模式是每个学生必须独立完成工作，调动学生学习的兴趣，也使他们更早地体会竞争，以便更好地融入社会，学生在自己动手操作的过程中，也体会着成功的喜悦。

在国际商务专业工学一体化课程体系的构建中，根据学生职业生涯发展规律、技术领域及职业岗位（群）的任职要求，参照国家相关的职业资格标准，规范工学一体化课程教学的内容和方法、学生学业成果评价方式等基本要求。制定工学一体化的课程标准（大纲）、学习任务设计方案、策划教学流程、教学实施所需的工作页及教学管理相关文件，这些都是工学一体化课程体系构建的重要基础。除此之外，还需要充分考虑很多其他客观因素，主要包括学校实际教学条件、学生基础知识水平和学习能力、教师实践工作经验与专业教学水平。这些因素既是国际商务专业工学一体化课程构建的客观条件，也是工学一体化课程教学顺利实施的重要保证。如果教学环境、教学设施设备不能满足工学一体化教学需要，学生基础知识水平和学习能力无法完成相对难度高的学习任务，教师缺乏实践工作经

验或是教学控制能力无法实现工学一体化的教学组织，这些不足会成为制约工学一体化课程体系科学构建及顺利实施的瓶颈。

第四节　工学结合模式改革的未来发展

一、工学结合模式改革的主要成就

1. 国家的政策保障体系逐步完善

自《国务院关于大力发展职业教育的决定》（2005）颁布以来，重要的职业教育政策文件不断强化和细化职业院校推进工学结合，注重实践能力培养的教育理念和具体措施。《国务院关于大力发展职业教育的决定》（2005）明确提出要"大力推行工学结合、校企合作的培养模式，逐步建立和完善半工半读制度。各级教育行政部门和职业院校要进一步提高认识，解放思想，积极探索，大胆实践，努力做好职业院校试行工学结合、半工半读工作，为社会主义现代化建设培养数以亿计的高素质劳动者和数以千万计的高技能专门人才服务"。《教育部关于职业院校试行工学结合、半工半读的意见》（2006）和《教育部关于全面提高高等职业教育教学质量的若干意见》（2006）等文件，进一步细化了职业院校工学结合、校企合作的政策要求，并把工学结合、半工半读作为高职教育人才培养模式改革的重要切入点和国家示范性高等职业院校建设的标准之一。为了贯彻文件精神，全国高职院校纷纷思考和探索工学结合、半工半读办学模式，加快推进职业教育人才培养模式的转变。

在工学结合理念的指导下，各省也为保证工学结合模式的顺利实施出台了相应的政策性文件。如在建立一支专兼结合的"双师型"教师团队方面，各省根据本地实际制定了《双师素质教育资格认定办法》《柔性引进人才暂行办法》《关于引进实验（实训）技术人员的暂行规定》《专业教师下企业锻炼管理办法》《关于引进企业高层技术、管理人才暂行办法》《兼职教师管理办法》等措施，建立起一支适应工学结合需要的"双师型"教师团队，鼓励专业带头人与企业专业人员开展应用技术研究和技术服务项目（刘太刚，李金桥，2009）。高职院校也纷纷制定具体政策，在"双师型"教师资格认证、提高双师素质教师比例、聘请企业专家和能工巧匠担任兼职教师等方面制定了灵活的措施。高职院校也加强了对兼职教师的管理和考核，对兼职教师进行高职教学理念和教学能力的培训，从机制上确保优秀的兼职教师乐意来学校兼职，切实建立起一支优秀的"双师型"

教师团队。

2. 形成具有工学结合特色的课程体系和教学模式

适应经济社会发展对高素质技能型人才的要求，贯穿工学结合的教育理念，制定新的人才培养方案，是高职院校专业建设的核心内容。高职院校人才培养方案的制定依据企业的职业岗位和岗位能力要求，明确学生未来的就业岗位。职业院校与企业合作开展专题调研，共同进行岗位能力分解，明确专业对应的岗位和岗位群，确定岗位基本能力、岗位核心能力内容，从而界定人才培养标准和培养方向，逐渐成为职业院校课程计划编制和课程开发的规范流程。在教学运行过程中把工学结合的思想和理念贯穿在每门课程的教学过程当中，打破传统的以课堂教学为中心的教学模式，课程体系从学科型转变为工作过程导向型，课程内容按职业岗位的要求进行设计和选择，也逐渐成为职业院校课程与教学改革的共识。经过长期的探索，职业院校在教学计划制定的过程中，要求每个专业在每一门课程中都要贯穿生产任务和工作过程，在课程设计上体现工学结合的人才培养模式，把各个教学模块分解为现场教学、课堂教学、实训教学。从教学计划、课程设计开始就解决"教什么，谁来教、在哪教、怎么教"的问题。在授课制度上，工学结合要求"双师制"授课，将一门课程的若干教学模块拆解，有些模块由专业教师讲，有些模块由行业专家、企业技术人员讲授（胡邦曜，2009）。从专业设置、课程计划编制到课程内容开发，从人才培养方案到教学方法，工学结合模式经过长期的实践探索，已经逐步形成一套完整的课程和教学模式，工学结合模式下培养出的人才得到社会的认可，受到企业的欢迎。

3. 教学评价重点由知识向能力转变

相对于传统教学，工学结合模式下的教学在教学目标、教学内容、教学方法与手段等方面都发生了根本性的变化。具体表现为：教学目标能力化，由注重知识传授向注重职业能力的培养转变；教学内容职业化，由单纯的强调理论知识转向实践与理论并重倾斜，依据职业岗位的工作任务需要的知识、能力、素质要求确定教学内容；教学方法行动化，由讲授法转向"教、学、做"一体化的行动导向教学法；教学场地实践化，由固定教室转向教学、实训一体化的实训教室（许峰，2010）。因此，在工学结合模式理念的指导下，高职院校的教学模式是"以学生为主体、教师为主导、突出能力目标、用适当的任务进行能力训练"的教学模式。面对教学模式的变化，教学评价的方式和重点也发生了重要转变。

（1）学生方面

第一，突出对学生课堂学习质量的评价。工学结合模式下，课堂教学质量评价注重对学生学习质量的评价，包括教学过程中学生的参与人数和参与时间，各层次学生是否都参与教学活动中，学生的技能是否得到充分训练，职业能力是否有一定的提高等方面。第二，多元化与多样化的学生评价。工学结合的教学评价打破单纯以考试结果评价学生的传统做法，建立突出能力、全程评价、多元考核的开放性评价体系。通过课业的完成过程全面评估学生解决问题的实际专业能力，并测量通用能力的发展水平。实践教学考核突出能力的导向性，综合运用理论考试、技能考核与行业考核相结合的多元化评价方法，进行全程分段考核。同时，教学评价也体现出知识学习、能力训练、素质培养与职业技能鉴定的结合，学生毕业不仅要通过各门课程的考核，还必须获得相应的职业资格证书，即获取"双证书"。评价方式体现了"三结合"的特点，即定性评价与定量评价相结合、课堂评价与课外（企业）评价相结合、知识技能评价和综合职业能力评价相结合。

（2）教师方面

工学结合模式下，理论实践一体化教学形式对高职教师的能力提出了新的要求。在以任务为载体的教学中，从项目的选取到教学情境的设计，再到教学方法的选用等都需要教师有较高的设计能力；在学生分组学习过程中，既要使学生有较高的积极性，又要保证良好的秩序，还要兼顾教学安全，这需要教师具有较高的教学组织能力；行动导向的教学过程中，从问题情境的创设，到学生解决问题过程的适当指导，使其养成良好的思维习惯、操作习惯，都需要教师有较强的引导能力；项目教学过程中，教师只有了解企业的经营过程和生产流程，才能在项目、典型的工作任务选取方面有的放矢；在技能训练中，教师只有具备较高的操作能力和动手能力才能示范准确、指导到位，这些都需要教师具备较丰富的企业实践经历和实践能力（胡洁，2009）。

二、工学结合模式改革的主要问题

1. 教师专业发展水平有待提高

由于受到传统观念的影响，职业院校无论是教师还是学生，都习惯了那种重理论、轻实践，重设计、轻工艺，重知识传授、轻能力和素质培养的教学方式。一些教师认为只有教学才是本职工作，没有必要到生产第一线参加实践，或者认为，实践指导课应由实验员去上，专业理论课教师只是讲理论。基于这种认识，部分教师不愿下基层去参加实践，即使学校有此要求，很多教师也只是应付差事、走走形式。教师长期脱离实践，就会导致指导学生能力降低，甚至不敢指导学生实践。此外，由于工学结合对教师的要求比较高，而达到要求的困难较大，从而使部分教师产生畏难情绪，不愿积极创造条件加强对自身实践动手能力的培养，缺少追求既定目标的动力。

长期以来，高职院校对教师的培训方式比较单一，多采用知识讲授或专家讲座的形式，培训内容比较知识化，理论性强，缺乏能力训练环节，教师培训热情不高，真正想学的东西学不到，不想学的东西又必须听，比较被动。几十个甚至几百个教师共同听专家讲座，这种培训对象针对的是教师整体，从而使教师的个体差异被埋没（朱正平，2010）。高职院校教师在工学结合模式实践过程中，存在着各自的疑惑和问题，教师培训理应能够为一线教师排忧解难，共同促进工学结合模式的顺利发展。然而，在实际的培训中，却忽视了这些注重教师个体交流和实际操作能力训练的培训形式，耗费了较多的人力、物力、财力，培训效果不尽如人意。

2. 工学结合模式的运行机制有待完善

高职院校工学结合模式的构建需要企业、学校、学生的共同参与，只有三方力量形成合力，才能实现"三赢"局面。由于主客观因素的影响，职业院校工学结合模式的探索遇到了诸多的困难与障碍，特别是运行机制方面还不够顺畅。主要表现在以下几个方面：第一，缺乏足够的动力机制。由于学科本位课程观、职业资格标准缺乏操作性、相对薄弱的师资队伍、评价维度过于单一等诸多因素的局限，许多高职院校并未将工学结合提升到学校改革发展的战略层面，仅将合作局限于学生实习或就业准备。第二，缺乏有效的运行机制。工学结合涉及政府、学校、行业、企业及学生等不同主体之间的多种复杂关系，从而需要权威和专业的机构进行协调组织。信息的不对称、企业市场环境的快速变化，再加上谈判当中的困难，致使职业院校与企业通过契约的方式实现工学结合需要支付较高的交易成本。第三，缺乏稳定的长效机制。工学结合乃是一种常规与连续的教学模式，因而需要健全的法律机制加以固定并形成规范化体系。尽管国家制定了相关具体措施以支持工学结合，但法律保障措施不力，一些地方把校企合作仅停留在口头上，缺乏法律、制度和监控保障。为此，有学者认为，校企合作"政府呼声高、促进措施滞后"是影响校企合作的关键问题（竺辉、方湖柳，2007）。

3. 工学结合理论研究需要进一步深化

工学结合理论研究致力于解释实践现象发生的原因、条件，探索内在联系，或寻找对策解决问题。这种理论研究的目标是通过对工学结合实践现象的总结、提炼，形成普适性的问题解决规律、原则、框架，但是，理论研究往往脱离实践环境和现实条件的认识，导致理论成果难以在实践中应用。例如，对于促进校企深度融合的问题，很多研究都提出应调动企业参与工学结合的积极性，要提高学校人才培养质量。但面对企业参与工学结合的组织文化和运行机制在现阶段尚未形成，企业对工学结合的需求动力不强，工学结合实习的附加成本（学生所占用的机器、劳务及操作能力不强等）可能会影响企业的利润，还有可能增加企业商业或技术秘密泄露的危险等真实的情境，理论中所提及的策略缺乏可操作性，难免有空洞之嫌（唐锡海，蓝洁，2010）。在理论应用到实践的过程中，往往看到基本规则普遍性与具体情境个别性的对峙，工学结合实践的复杂性不允许理论研究简单地把具体事例归于普遍规则之下来演绎正确的行为准则，而是要求实践者针对特殊的具体情况去发展和补充普遍原则（方建锋，2003）。因此，工学结合理论研究或多或少地忽略某些情境性问题、要素，以探索放诸四海皆准的策略、原则，这种目标追求拉大了理论与实践的距离，普适性的理论研究目标过于理想。工学结合实践要求行动者在具体的实际情况中坚持不懈地探索。

工学结合理论研究方法过于简单，对问题的系统性与复杂性认识不足是另一个问题。在工学结合模式的研究中，通常采用简单还原的方法细分问题，并逐条分析。例如，对于影响工学结合实践的成效问题，现行的简单还原大体把问题分解成为"课程体系与教学内容改革、师资队伍建设、实训基地建设、管理机制创新"各成一体的影响因素，并把这些要素分解成更低一层次的要素，最后针对这些要素提出解决对策。这种简单还原的方法，在分解问题时总是仅抓住和保留一些研究者自认为主要的因素，而把许多看似次要的因素丢弃。但由于工学结合系统的复杂性，小的问题可能会引起大的后果。例如，对于提高工学结合教学质量的问题，研究者如果仅将目光凝聚在显性的师资、实训设备等影响因素上，忽略学生情绪反应等隐性因素影响，那么真实的问题可能就被还原得面目全非。当工学结合的理论研究逐步积累起来，当研究者认识到工学结合是一个复杂的系统，需要进一步弄清子系统之间的联系，需要把个别因素综合考虑的时候，简单还原方法的局限性就不言自明了。

三、工学结合模式改革的对策建议

1. 进一步完善工学结合模式改革的制度保障

从世界职业教育发展的规律和成功经验来看，职业教育的发展必须充分调动政府、企业、学校和社会的力量，因而政府应积极制定政策和法规，以及增资拨款来保证职业教育的发展，这已经为各国的立法和政策实践所证明。我国在职业教育法律法规体系的建设方面，取得了积极进展，但在工学结合模式改革的制度保障方面还需要进一步完善。第一，政府要通过立法，明确企业在职业技术教育方面的责任和相应的优惠政策，比如，企业办职业技术教育和安排学生实习，可免交部分税收，通过经济手段提高企业参与的积极性。第二，政府要进一步加大用于发展职业教育的财政拨款，有计划地支持高职院校更新教学设施，建立专业实训基地，改善实训设备。采取相应措施，引导并鼓励行业企业投资高职教育。第三，要积极鼓励组建以高职院校为龙头，由行业企业和相应中职学校等单位参加的职业教育集团，实行资源共享、联合培养，充分发挥教育集团在工学结合模式中的作用。第四，努力营造企业成为工学结合主体的环境，使学校和企业成为工学结合模式的两个并列的主体，国家应在重点专业领域选择市场需求大、机制灵活、效益突出的企业作为高职教育的实训基地，并给予各方面的支持（韩包海，2007）。除了完善法律和制度体系，还需要进一步完善执法监督程序和制度，并从制度上保证工学结合模式在实践中得以顺利推行。因此，我国应进一步加大各级政府对《职业教育法》等法律法规的执法力度，不断提高全社会特别是企业法律法规和相关政策制度执行的自觉性和积极性，克服职业教育有法不依、执法不严、违法不究的现象，确保工学结合模式真正落到实处（潘昊，2010）。

2. 进一步推进教育观念转变和教学模式改革

高职院校工学结合模式的探索，必须转变教育思想和教育观念，深入认识高等职业教育的特点和独特的发展规律。高职院校全面推行工学结合模式是我国职业教育思想的一次根本性变革，必须转变过去本科压缩型、专科延伸型的办学观念，重新认识已有的办学思想、办学模式和办学机制，树立高等职业教育的新理念、新思想，必须在高等职业院校的领导层、管理层和教师中掀起一场思想风暴（胡邦曜，2009）。高职院校工学结合模式的探索，必须主动进行教学模式改革。高职院校要主动适应市场变化，专业设置要紧贴市场发展趋势，紧跟产业结构调整和区域经济发展要求，紧贴企业的需要。依靠市场和企业需求，瞄准产业建专业，围绕专业联产业，学科链对接产业链，专业链对接岗位链，从而在工学结合中，做到学习与工作的结合，降低企业的合作成本，为企业生产服务，推进教育教学各要素的全程参与。进入 21 世纪以来，各地的高职院校在工学结合模式改革方面进行了大量的实践探索，在专业设置和人才培养方案的调整优

化、工学结合模式的组织实施、校企合作运行机制的完善、"双师型"教师的选拔和培养等方面都有许多成功的经验。如何及时总结这些成功经验，形成具有推广价值的教学模式；如何组织高职院校工学结合模式改革的交流和学习；如何根据高职院校工学结合中存在的普遍问题和困难制定解决方案，形成政府的相关政策，是今后高职院校工学结合模式改革的重点。

3. 进一步加强校企合作的体制机制建设

校企合作是高职院校工学结合模式改革取得成功的关键，高职院校要根据自身特点，积极寻找合作伙伴，了解企业经营现状，树立为企业服务的思想，积极主动地为企业进行人力资源现状与需求分析，制定培训计划与方案，使职业教育成为企业发展战略的一部分，充分挖掘校企双方合作的动力，使学校和企业获得双赢（耿洁，2007a）。另外，高职院校要按照生产的要求开展实训基地建设，积极探索不同类型的专业与企业共同建设生产实训基地的方法和途径，积极引进企业资源，与企业共建、共管实训基地，提高实训基地的利用率。校企合作的体制机制建设不仅是学校与企业之间的关系，缺乏政府层面法律法规和政策制度的保障，学校与企业之间的合作就需要付出非常高的交易成本，而且不具备可持续性。当前的工学结合现状是企业视学生为廉价劳动力，使得学生的受教育权利和劳动权利均无法得到有效的保障，校企合作仍处于各自为政、各显神通的阶段，工学结合模式的作用尚未得到充分发挥。因此，政府需要进一步健全校企合作的法律法规和体制机制并形成规范化体系。

第六章 高职院校中外合作办学模式改革

中外合作办学是指外国教育机构同中国教育机构在中国境内合作，举办以中国公民为主要招生对象的教育机构的活动，包括中外合作办学机构和中外合作办学项目。前者是指中外教育机构双方共同举办一个教育实体来开展合作办学，设立有相应的学院、研究所、实验室等；后者指中外教育机构双方并不设立合作办学的实体，而是在学科、专业、课程等方面以签订项目协议的形式开展合作办学。20世纪90年代以来，高职院校与国外教育机构的中外合作办学活动日益增多，合作办学项目发展迅速。据教育部资料统计，到2016年底全国共有约750个高职院校为主体的中外合作项目。高职院校通过中外合作项目在引入世界先进的职业教育理念和教育资源，推动课程体系和教学模式改革，培养国际化专业技能人才等方面进行积极的探索，积累了丰富的经验，取得了丰硕的成果。

第一节 中外合作办学模式改革的政策分析

一、中外合作办学模式改革的历史背景

（一）经济全球化与国际化

20世纪末，世界形势一个最重要的现象就是经济全球化。在经济全球化趋势下，政治、文化、科技、教育都不同程度地受到了影响。经济全球化推动了人力、资金、商品、服务、知识、技术和信息等实现跨国界的流动，促进了各种生产要素和资源的优化配置。同样，经济全球化也推动了高等教育的国际化，加强了各国之间在教育资源方面的交流，迫使各国的教育市场向全球开放。西方发达国家充分利用自身优势积极开展高等教育的国际化，已经在教育国际化中得到益处，尝到甜头。美国、英国、加拿大、澳大利亚等每年从外国留学生身上获得数十亿到几百亿美元，引进了大批优秀人才，为本国科技、经济的发展作出了重大贡献（杨德广，2001）。中国则成为高等教育国际化最大的留学生供应市场。

（二）国内的压力与需求

1. 中国产业升级的现实压力

世界发达国家从 20 世纪 50～60 年代开始，就将职业教育的重心上移到高等教育水平，以适应先进制造业和现代服务业等新型产业的需要。我国的高等职业技术教育直到 80 年代初才开始进入摸索期。中国的产业结构一直无法从劳动密集型向技术密集型转变，一方面与巨大的人口压力、落后的生产方式、计划的经济管理体制有关，另一方面也与高等教育没有适时调整培养目标，无法为技术密集型产业发展提供大量高技能人才有关。2008 年爆发的国际金融危机更使中国产业升级变得刻不容缓。产业升级必然使部分行业、岗位被淘汰，同时又出现许多新兴的行业和企业。高职院校必须把握中国经济发展、产业升级的脉搏，通过国际交流与合作，掌握先进制造业、现代服务业等新型产业的人才培养标准，尽早尽快地提供产业升级需要的人才。

2. 教育服务贸易的潜在机会

加入世界贸易组织后，我国作出了开放教育服务领域的承诺，成为全世界对教育服务贸易作出承诺的 47 个国家之一。教育服务贸易使我们在教育发展的视野上着眼世界、突破国界，更加注重各国经验的共性和个性，相互借鉴、取长补短。中国职业教育是最先开放的教育服务贸易领域，国外教育机构纷纷进入中国，抢占教育服务市场。现在中国已经成为世界最大的教育输入国和教育服务贸易市场。高职院校必须主动去适应、迎接和利用它，早主动则早适应，早介入则早收益。不仅要利用教育服务贸易的契机壮大自己，也要择机主动走出国门，参与全球教育服务贸易市场的竞争。

3. 国民的国际化教育需求

全球化、通信和运输费用的降低，以及不断开放的政治壁垒，共同促进了高技能型劳动力的自由流动。技能型人才的国际迁移逐步成为一种常态。要具备这种迁移能力，首先要了解国际惯例，熟悉国际通行规则，具备国际交往能力。因此，从未来职业竞争力的角度出发，每一位学习者都渴望接受包含国际化元素的教育内容。对于已经改革开放近 40 年的中国来说，国内的学生将会生活在一个多元文化、彼此依存的社会里。高等职业教育的重要功能就是为学生的就业服务，高职院校有责任帮助学生加强国际理解、提供学生了解不同文化的机会，学会与不同文化背景的人合作共事，使他们在世界大家庭中、在多元文化氛围中，能够自由、从容地生活和工作。

（三）自主办学提升办学质量的内在需求

中国高职院校经过近 40 年的探索实践，初步形成了自己的办学理念、人才培养模式，取得了很大的成就。但是与世界一流职业院校相比，我国的高职院校无论是在办学水平、运行机制、管理模式、制度设计等宏观层面，还是在教育理念、师资水平、专业设置、课程体系、评价方式、教学方法等微观层面都还存在一定差距。尤其是高职院校之间个性化、差异化、特色化欠缺。改革开放以来，国际交流与合作对中国高职教育的发展发挥了显著作用。高职院校丰富的国际交流与合作的实践也证明了这是一条有效提升学校办学实力的途径。当前，中国高职院校数量急剧增加，国外教育机构也纷至沓来，学生和家长拥有更多自主选择的空间，使得同类高职院校的竞争不断加剧。在这样的情况下，利用国内国外两种资源，开发国内国外两个教育市场，整合集中优势，才是未来高职院校发展的必由之路，也是特色化发展的必然选择。

二、中外合作办学模式改革的历史进程

从 20 世纪 80 年代初的短期职业大学开始，中国的高职院校不同程度地通过国际交流与合作，面向世界，博采众长，吸收和借鉴各国职业教育的先进经验，引进国外优质教育资源，走出了一条后发追赶型的发展道路。回顾中国高职院校中外合作办学的历程，大致可以分为三个阶段。

（一）政府主导，项目援助为主的初步发展的阶段

改革开放后，我国陆续恢复了与联合国教科文组织、世界银行、联合国开发计划署等国际组织的合作关系。中国政府主动加强与国际组织和外国政府的联系，为教育国际交流与合作搭建平台。比如，经济合作与发展组织的许多成员国在中国资助了一批发展项目，相当一部分是职业教育项目，为中国的学者、职教师资提供了出国学习的机会。此外，一批由世界银行资助的重大项目开始启动，职业院校通过这些项目开始了国际交流与合作的探索。1983 年，由国家教育部牵头开展了中国与德国第一个合作项目，南京市教育局与德国汉斯·赛德尔基金会合作建设南京建筑职业技术教育中心（后改名为南京高等职业技术学校）。此后，中德两国在职业教育领域开展了一系列卓有成效的合作。

在越来越深入的交流中，中国政府越来越强烈地意识到一定要为经济发展和社会进步赢得时间，不能完全依靠自己摸索、总结，完全可以通过

学习借鉴发达国家成熟的职业教育，使中国在现代化水平较低、教育资源稀缺的情况下，在较短时间内较快地推进职业教育的改革和发展。因此，中国政府一方面加强政府间合作，另一方面积极寻求国际组织的援助。80年代中期，为推动高等职业教育的发展，我国从世界银行争取到 3500 万美元的贷款，集中支持了 17 所职业大学的发展。在当时中国教育经费已经严重短缺的情况下，世界银行贷款对于提升学校的硬件设施和教师的职教水平起到了关键作用。总之，项目援助是这一阶段高职院校中外合作办学的主要方式。因此，高职院校的中外合作办学从一开始就与普通高校不同，不是从学生的国际流动开始，而是通过参与政府项目开始的。

（二）政府为主、民间为辅，项目合作与资金援助结合兴起的阶段

1992 年，党的第十四届全国人民代表大会提出建立社会主义市场经济新体制的要求，各方面都进一步加快了改革的步伐。一系列法律的颁布，对教育国际交流与合作做出了法律规定，高等学校按照国家有关规定，可以自主开展与境外高等学校之间的科学技术文化交流与合作。20 世纪 90 年代，政府在高等院校中外合作办学中依然扮演主角，但民间自发的交流合作日渐丰富。

1. 政府间合作项目

中德两国政府于 1994 年 7 月发表了《中华人民共和国政府和德意志联邦共和国政府关于加强职业教育领域合作的联合声明》（简称《联合声明》），这是我国政府与外国政府专门就发展职业教育问题签署的第一个双边协议。在《联合声明》的框架下，成立了中德职业教育联合工作小组，并连续进行了 5 年的政策对话。德国政府向我国提供了专项贷款 600 万马克①，后来追加到几千万马克，全部用于北京市、上海市、辽宁省三个地区职业教育研究所的建设。这是改革开放后我国职业教育学术及科研机构与国外机构的第一次正式合作。三所研究机构目前的名称分别是教育部职业技术教育中心研究所、上海市教育科学研究院职业教育与成人教育研究所和沈阳师范大学职业教育研究所，它们一直在中国职业教育领域发挥着决策咨询、学术研究和科研服务的重要作用。另一个比较突出的政府间合作项目是中国-加拿大高中后职业技术教育合作项目。加拿大提供专项援助贷款，协助我国职业院校发展高中后职业技术教育，采取中加双方组成院

---

① 马克，德意志联邦共和国货币单位。

校网络的合作形式组织实施。项目内容是通过具体的专业试点，介绍能力本位理论、培训教师、添置教学仪器设备，把加拿大的先进教学模式DACUM引入专业教学，制定模块式教学计划。

2. 世界银行的资助项目

1990年我国政府与世界银行签订《中国职业技术教育项目贷款协定》，为我国职业技术教育的发展筹集了5000万美元的资金，对全国17个省市及劳动部门所属的74所职业技术院校、中专、技校和职业技术教育中心进行设备更新、技术援助、人员培训等。

3. 高职院校的探索性合作项目

1993年，金陵职业大学与澳大利亚高校合作举办双联课程，成为国内高职教育领域首例跨国分段式合作办学项目。随着《中外合作办学暂行规定》（1995）的颁布实施，沿海城市高职院校的中外合作办学开始兴起。中国的高等教育由于封闭多年，受教育理念、学科发展水平、专业开设、教学方法等因素的限制，一些领域急需的人才，国内还一时无法培养。因此，这一阶段的中外合作办学项目在引进优质教育资源、填补国内空白专业、培养紧缺人才方面发挥了积极作用。随着中国经济与世界经济更深入的融合，一些国际通行的职业资格证书开始受到高职院校的重视，部分省市高职院校引进了中英职业资格证书合作项目，尝试建立以职业能力标准为导向的具有国际水平的课程体系和职业技能鉴定体系。

（三）官民并举，多领域多层次合作办学全面发展阶段

2003年《中外合作办学条例》的出台，促进了中外合作办学项目的全面开展。同时，教育部《2003-2007年教育振兴行动计划》明确提出，"把扩大教育对外开放、加强国际合作与交流作为国家教育战略的关键环节"，"实行政府与民间并举、双边与多边并行、兼顾战略平衡、保证重点、注重实效的方针，推进教育国际合作与交流向全方位、多领域、高层次发展"，为高职院校多方面开展中外合作办学奠定了基础。

这一阶段，高职院校中外合作办学内涵不断丰富。第一，政府间项目效果显著。中国与德国、澳大利亚、欧佩克国际发展基金之间的合作不断深入，在师资培训、资金、办学模式方面的合作取得较大成就。第二，大力引进国际职业资格证书及课程体系，中德职业资格证书合作项目、中英职业资格证书合作项目全面推广。教育部等有关部门还大力引进世界一流的国际职业资格培训和证书，如意大利时装设计师、印度软件人才、法国

物业管理和美容、日本电器维修、英国护士等培训证书等。越来越多的高职院校把国际职业资格证书课程引入专业教学体系，尤其是新兴行业的国际职业资格证书，如珠宝鉴定师、网络工程师等职业资格证书。部分高职院校直接与国际知名公司加强交流与合作，参照其企业技术标准制定课程标准。除此之外，这一时期中外合作办学的数量蓬勃发展，高职院校招收留学生也开始启动，学生国际流动人数明显增加，师资海外培训、交流力度加大，高职院校的校际交流日渐频繁，形式也日趋丰富，区域性教育国际交流格局开始出现。

三、中外合作办学模式改革的政策变化

1978 年 6 月，邓小平提出，派留学生要成千上万地派，不要十个八个地派。要做到两个不怕：一是不怕出去不回来；二是不怕和人家搞到一起，这样才能学到东西（魏能涛，2004）。1982 年，重新修订的《中华人民共和国宪法》规定，国家鼓励集体经济组织、国家企事业组织和其他社会力量依照法律规定举办各种教育事业。这一规定从办学主体上打破了政府单一的办学体制，允许各种社会力量参与办教育。1985 年发布的《中共中央关于教育体制改革的决定》指出："教育体制改革要总结我们自己历史的和现实的经验，同时也要注意借鉴国外发展教育事业的正反两方面的经验。……要通过各种可能的途径，加强对外交流，使我们的教育事业建立在当代世界文明成果的基础之上。"上述政策为中外教育合作交流提供了法律基础和政策依据。

1993 年 2 月，国务院发布的《中国教育改革和发展纲要》提出："欢迎港、台同胞和外国友好人士捐资助学。在国家有关法律和法规的范围内进行国际合作办学。"首次倡导国际合作办学活动。1993 年 6 月，国家教委颁布《关于境外机构的个人来华合作办学问题的通知》，对中外合作办学的内涵、原则、审批、办学程序等进行了详细论述。明确指出，教育对外交流与国际合作是我国改革开放政策的一个重要组成部分；要在有利于我国教育事业发展的前提下，有选择地加以引进和利用境外的管理经验、教育内容和资金。同时还对合作办学的范围、类别、主体等做出相应的规定，这些规定初步认可了中外合作办学实践的可能性，并提供了相应的政策支持，为中外合作办学政策提出了初步的框架。

1995 年 1 月国家教委颁布《中外合作办学暂行规定》，第一次在政府文件中使用了"中外合作办学"的提法。该规定涉及中外合作办学的意义、性质、必要性、应遵循的原则、审批标准及程序、办学主体及领导体

制、证书发放及文凭学位授予、监督体制等各个方面，基本框架完整。《中外合作办学暂行规定》的实施标志着中外合作办学走上了依法办学、依法管理的探索道路。

2002 年 12 月，教育部发布《高等学校境外办学暂行管理办法》。在此之前，有关中外合作办学的法规文件只是规定了在中国境内合作办学的教育行为，而对我国高校到国外合作办学未予涉及，该管理办法初步规范了高等学校的境外办学活动，标志着中外合作办学法制建设开始向"走出去"合作办学领域拓展。

2003 年 3 月《中华人民共和国中外合作办学条例》（简称《条例》）颁布，这是我国第一部关于中外合作办学的行政法规，标志着中外合作办学的监管步入了法制化的轨道。《条例》指出："国家鼓励在职业教育领域开展中外合作办学，申请设立实施职业技能培训的中外合作办学机构，由拟设立机构所在地的省、自治区、直辖市人民政府劳动行政部门审批，对于接受职业技能培训的学生，经政府批准的职业技能鉴定机构鉴定合格的，可以按照国家有关规定颁发相应的国家职业资格证书。鼓励中国高等教育机构与外国知名的高等教育机构合作办学；国家鼓励中外合作办学机构引进国内急需、在国际上具有先进性的课程和教材。"

2004 年 6 月，教育部发布《中华人民共和国中外合作办学条例实施》作为对《条例》的配套规章。该实施办法实现了三项突破：一是制定了教育部门对中外合作办学项目的审批和管理办法；二是明确中外合作办学机构享受的同级同类民办学校的优惠政策；三是细化了中外合作办学的管理制度和执行规范，增强了相关制度的操作性。

2004 年 8 月，《教育部关于做好中外合作办学机构和项目复核工作的通知》要求对《条例》颁布前已审批的中外合作办学机构进行复核、清理和整顿。此后，政府每隔一两年出台补充性政策应对新的情况。2006 年 2 月，教育部发布了《关于当前中外合作办学若干问题的意见》，针对当前中外合作办学中存在的突出问题，强调了公益性、教育主权意识、引进优质教育资源、教学质量管理、收费管理等原则。

2006 年 7 月，《中外合作职业技能培训办学管理办法》对机构的设立、项目的举办、办学的组织与活动、管理与监督、法律责任等进行了详细规定，同时强调鼓励在国内新兴和急需的技能含量高的职业领域开展中外合作办学。该办法规范了中外合作职业技能培训办学活动。

2007 年 4 月，教育部发布《关于进一步规范中外合作办学秩序的通知》指出，中外合作办学工作中仍存在一些突出问题，应当引起各地教育

管理行政部门和各高校的高度重视。要加强高等职业教育阶段中外合作办学的政策研究和发展规划，切实把高等职业教育改革与发展的重点放到加强内涵建设和提高教育质量上来。要求各地认真做好高等职业教育合作办学发展规划并报教育部，要从学科专业、国别选择、数量布局等方面精心筹划本地区职业教育的中外合作办学规划，指导学校切实加大引进外国优质教育资源的力度，借鉴外方在学科专业设置、课程体系改革、教学内容更新、人才培养模式创新等方面的有益经验，增强培养面向先进制造业、现代农业和现代服务业尤其是能源、矿产、环保及金融等高技能人才的能力。

第二节　中外合作办学模式改革的类型分析

进入 21 世纪以来，中外合作办学项目在我国取得了重大发展。1999 年以来，大专层次学历合作项目逐年增多，尤其是高职院校的合作占新增项目的大多数。通过对我国已与境外机构开展合作办学项目的相关材料进行收集和分析后发现，高职院校中外合作办学的境外教育机构主要来自澳大利亚、新加坡、英国、韩国、美国、加拿大和日本等，合作类型包括融合式、嫁接式与松散式等多种方式。

一、融合式中外合作办学

融合式，顾名思义，是将中外合作双方的课程体系、教学管理及资源有机地融合在一起。其做法是：第一，引进对方的教学计划、教学大纲、教材和相关教学手段；第二，聘请对方教师来学校讲课，派遣学校教师去对方进修；第三，引入对方的教学方法，如课堂讨论、实践环节、案例教学等；第四，以双语授课，通过全面引进国外的教学模式，做到在国内培养出适应国际市场需要的合格人才，同时也进一步推动我国高校教学内容，教学方法的改革。融合式中外合作办学项目的优点是：一方面满足了人们渴望接受国外高水平教育的需求，另一方面又避免了国外学习的巨大经济压力。在知识传授过程中，克服了直接适应国外语言环境和教育教学方式的困境，能在较缓冲的进程中适应国外的教学方法，进而达到国外认可的教学质量。

（一）财经商务类中外合作办学——以浙江工商职业技术学院为例

浙江工商职业技术学院于 2002 年 5 月向浙江省教育厅递交了关于申

请开展中澳合作国际商务专业项目的报告，同年 7 月，浙江省教育厅批复同意。招生对象为高中毕业或高中同等学力且英语成绩优秀、品德优良者。报名后由学院统一组织面试，择优录取。学生毕业后，由浙江工商职业技术学院发给学业证书，同时颁发澳大利亚专科毕业证书。

浙江工商职业技术学院与澳大利亚霍姆斯格兰学院的合作办学，从最初的一个国际商务专业发展到国际商务、电子商务、会计、计算机技术与应用专业 4 个学历教育项目。学生通过近三年的学习，可获得澳大利亚ASLPR4 英语等级证书、单证员证书、外销员证书（或国际贸易操作员证书），以及货代员、报检员等职业资格证书。学生的英文表达能力与商务技巧比较突出，对于国际商务交际与外部市场环境的适应能力明显增强，毕业生深受用人单位欢迎。毕业生大部分在宁波市和周边地区从事国际贸易、单证员、外运和报关等工作，个别毕业生已开始自主创业。毕业生中还有 20 名赴澳大利亚霍姆斯格兰学院继续攻读学士学位，其中三人分别获得霍姆斯格兰学院与查尔斯特大学奖学金。中澳合作国际商务专业项目得到快速发展和壮大，同时也对学院的其他专业建设产生了积极影响，为学院的教育教学改革提供了鲜活的经验和有益的借鉴。

（二）服务设计类中外合作办学——以上海东华大学-莱佛士国际设计学院为例

上海东华大学-莱佛士国际设计学院（原名东华大学-拉萨尔国际设计学院）由东华大学和新加坡莱佛士学院集团联合办学。学院通过传授先进的国际设计和管理理念和经验，培养亚太地区顶尖的设计和商业人才。学院的师资以外籍教师为主，占97%，外籍教师基本上由国外的学院直接派遣。学院有100 多名外籍教师，他们分别来自英国、美国、法国、加拿大、澳大利亚、新加坡等，全部具有上海市教委颁发的外国专家证。这些外籍教师不仅具有国外大学的丰富教学经验，还是相关行业的资深专业人士，如时装设计专业教师中就有曾在世界一流品牌担任过设计师的工作经历。

学院要求报考者须具有高中（或相当于高中）以上的学历，具有中学以上的英语基础，并对所选择的专业有浓厚的兴趣。为了保证教学质量，每班人数控制在 20～25 人。在课程设置方面，以服装设计专业为例，学生必须学习包括服装设计色彩、服装设计与构造、服装史、服装营销、服装风格与流行趋势、设计调研与开发在内的 34 门课程。第一、二学年培养学生建立自己的创作集，第三学年侧重实践性课程培养学生对时装的深层次理解。这种整体化的课程设置使学生了解从设计理念到最后成品的全过程，同时也涉及必要的商务教育。

东华大学-莱佛士国际设计学院有以下办学特色：一是采用国外宽进严出的招生制度。二是学生可以获得国际认可的职业资格证书。比如，根据学院与英国和澳大利亚合作大学签署的协议，3 年制设计与管理专业的学生可以在完成所有的学业后，被授予国际公认的设计与管理专业证书。三是学院提供实习及参与商业项目的机会。学生能够通过这些机会，亲身获取宝贵的实践经验，得到职业培训机会，还能接触到将将会成为他们雇主的工业性及商业性的企业及公司，增强他们的职业竞争力及丰富个人履历。四是学院实现了校际间学分转移。莱佛士学院集团是全世界认可的顶尖设计类院校，分校遍布世界各大城市，包括新加坡、悉尼、北京、广州、上海等。学院互动转校机制使得学生们可以选择在任何一所分校读书，并且体验在不同的国家生活。整个学院网络所开设的课程是完全相同的，这样，学生在转学时不会落下任何一门课，所有成功修完的课程都将得到认可（王瑾，2008）。

二、嫁接式中外合作办学

嫁接式，主要是保留合作办学双方各自课程的特点，通过对彼此学校开设课程的评估互相承认对方学校颁发的毕业证书和学位证书。通常所说的"2+2"模式、"3+2"模式和"1+2+1"模式便属于此类。在嫁接式中外合作办学项目中，高职院校与澳大利亚 TAFE 学院的合作项目较多，也比较成熟。此外，高职院校与美国、加拿大社区学院的合作项目，与德国职业院校的合作项目也较常见。嫁接式的优点是结合了中西方的教育优势，能让学生直接出国接受国外的教育，对国外的人文背景、生活方式有较深层次的了解，除专业知识外，还能在很大程度上提高学生的外语水平，同时相对高中毕业直接去国外学习而言，可节省很多费用。

（一）基于 TAFE 模式的中外合作办学——以浙江工商职业技术学院为例

浙江工商职业技术学院中澳合作项目是在浙江省大力发展外向型经济和现代服务业的大背景下开展的，同时呼应了宁波市建设国际化临港城对高技能国际商务和会计人才的要求。浙江工商职业技术学院是浙江省首批获教育部核准开展中外合作高等专科教育项目的高职院校之一，现设有中澳合作国际商务、中澳合作会计两个学历教育项目（董菊芬，2014）。

1. 合作院校与合作模式

（1）合作院校

澳大利亚霍姆斯格兰学院成立于 1982 年，位于澳大利亚墨尔本市，是澳大利亚最大的 TAFE 学院之一，以培养高质量实用型人才著称。霍姆斯格兰学院有超过 51 000 名学生注册学院的 600 多门课程。霍姆斯格兰学院因其创造性教育、优秀的尖端技术学术和完善的支持服务而享有盛名，所授予的证书、文凭、学位证书均有政府的认证，为全澳大利亚承认。学院在向国际学生提供英语培训和参与国际开发项目两方面建立了很高声誉。霍姆斯格兰语言中心在教育质量方面名列前茅，全部课程大纲均由研究生学历、丰富经验的专业教师编写。学院拥有现代化的设施并在英语教学方面使用先进的交流方式。此外，霍姆斯格兰学院是率先同澳大利亚重点大学（如查尔斯特大学、莫纳什大学和迪金大学）开始学分转移的学院，国际学生可以在学院开始学位学习，并在三年内获得这些大学的学位。

（2）合作模式

合作项目实行弹性学制，学生完成该项目的学习需要 2~4 年时间，大部分学生需要 2.5~3 年的时间，学习地点在浙江工商职业技术学院，学生学完规定的课程，经考核成绩全部合格，思想品行经鉴定符合要求并取得相应的技术等级证书，达到毕业各项条件，准予毕业，颁发浙江工商职业技术学院和澳大利亚霍姆斯格兰学院毕业证书（双文凭）。完成专业课程学习后，学生可申请到霍姆斯格兰学院继续攻读本科，本科的完成时间为一年半左右。培养过程分语言和专业课阶段，对于大部分学生而言，前 2~3 个学期重点强化英语语言能力，并基本完成教学计划内规定的公共课；后三个学期主要完成教学计划内规定的专业课程，专业主干课程引进澳大利亚原版教材、教学内容和教学方法。

2. 项目内部质量保障体系的构建

内部质量保障体系的构建是提高合作办学质量的基础，项目在内部质量保障体系的构建上借鉴了 TAFE 模式内部质量保障体系的基本要素，并在此基础上根据项目的实际情况进行了一些必要的创新。

（1）组织机构和管理制度的质量保障

浙江工商职业技术学院于 2007 年成立了国际交流学院，主要负责中澳国际商务、中澳会计、应用英语、应用日语、公共英语等的教学，并与外事交流与合作处连署办公。学校为了进一步发展中澳合作项目，在原有

管理机构设置的基础上，成立了中外合作项目联合管理委员会。学校为中澳合作项目提供了一系列政策支持，先后制定了《浙江工商职业技术学院中外合作办学项目管理办法》《浙江工商职业技术学院中澳合作项目联合管理委员会议事规程》《中外合作项目学生收退费管理办法及学院财务管理制度》《国际化师资队伍培养规划》等制度，为保证中澳合作项目的规范性和优质性提供了保障。

（2）课程方面的质量保障

首先，项目引进优质的 TAFE 课程体系。构建了多种职业能力支撑的课程体系，通过国际商务、商务基础、商务法和通过商务数学与统计等 32 门引进课程的建设，推进了国际化背景下学生职业综合能力的培养。其次，项目引进主流的国外教材。"同质同步"引进澳方外文教材，属于国际主流教材，内容新颖、案例丰富、再版速度快，紧贴国际经济形势现状和关注热点。学校引入和借鉴 TAFE 的教学模式，以双语教学为基本形式，通过模拟教学情境、互动式教学、网络平台教学等方式，最大限度地激发学生的学习热情，拉近教学内容与实际工作岗位的距离。最后，项目引入多元主体参与、多层次评价体系。一类为日常与期中考核（占 30%）和期末澳方考核（占 70%）相结合，澳方全面负责试卷的命题、考试监督、试卷批改和成绩发布的总过程，以确保中澳两地教学质量的一致性，真正实现教考分离，考核学生的真实水平；另一类为授课教师基于授课过程和授课效果对学生进行自主考核，在此类考核中进一步加大了形成性考核比例，如采用商业计划书展示、课堂辩论、分小组讨论等形式考核学生掌握和运用知识的能力。

（3）教学方面的质量保障

学校与澳大利亚霍姆斯格兰学院签署了师资引进协议，霍姆斯格兰学院遴选具有资质认可的优秀专业教师，并派出常驻学校任教于核心专业课程，项目同时聘任素质高、教学经验丰富的外籍教师担任语言阶段教师，为培养国际化人才提供师资保障。在语言阶段的教学中，根据学生入学时的英语测试成绩，将学生划分为语言二级班、语言三级班和语言四级班。因此，相应的语言阶段的课程采用澳大利亚 TAFE 课程体系中的 ISLPR（国际第二语言能力评定考试）分级标准，将学生按英语语言能力分成 LEVEL2、LEVEL3、LEVEL4 三个层次。依据不同层次的语言能力要求，通过任务型教学法、合作教学法、自主学习法和现代化教学手段的应用，稳步提升学生听、说、读、写等各项技能。在专业阶段的教学中，学校引入和借鉴 TAFE 模式，通过"浸入式"双语教学、"主动学习"教学法、网络化教学、"比较型"体验式教学、案例教学法、角色转换法教学、模拟教学情境、互动式教学等方式，最大限度地激发学生的学习热情。

（4）学生服务方面的质量保障

由于中外合作办学的特殊性，除了提供对学生基本的服务和保障外，学校在招生宣传和接受招生咨询上，都由专人负责进行宣传推广和解释工作。学生在收到录取通知书的同时也收到一份关于项目的具体介绍，包括学费、项目基本情况、转专业、出国深造等，让学生还未进校就充分了解自己所选择的专业，对自己的未来有一个初步规划。学生报到时，学校召开新生家长见面会，让家长充分了解项目并参与到学校对学生的管理中来。学生入学后，根据英语层次的不同就读不同的语言层次班级，然后升入专业班学习。针对每班学习有困难的学生，开展"一对多""一对一"的课外辅导，有效地解决平时课堂上的遗留问题，对学生掌握知识并提高综合素质具有明显的促进作用。在项目运行过程中，学生遇到任何问题都可以通过中方教师、外方教师、中方管理机构和外方管理机构这四个途径反映问题，反映的问题经沟通协调后及时反馈给学生。

浙江工商职业技术学院的中外合作项目取得了较好的成效，基于学校中外合作项目高素质的人才培养质量，2012年3月，澳大利亚霍姆斯格兰学院颁发"最佳海外教学成果奖"和"优秀管理奖"，这是该学院在海外二十多所合作院校中首次颁发这样的奖项。2013年5月，浙江工商职业技术学院国际商务专业被授予浙江省示范性中外合作办学项目。

（二）基于德国"双元制"的中外合作办学——以中德职业教育汽车机电合作项目（SGAVE）为例

中德职业教育汽车机电合作项目，简称SGAVE项目。2011年，中国教育部，德国经济合作部，德国宝马、奔驰、保时捷、奥迪、大众五大汽车制造商，以及25所中国职业院校联盟组成政校企三方共同实施的SGAVE项目，旨在引进以能力为导向的课程大纲，组织开发和应用现代教学资源和教学方法的培训，改善学校的管理，从而提高中国汽车机电维修人员的职业能力。项目通过项目指导委员会、项目专家委员会和项目执行层实施。项目指导委员会由中德双方各6名代表组成，德方成员包括德国国际合作机构和宝马、戴姆勒、保时捷、大众、奥迪5家汽车公司各一人。项目专家委员会负责具体执行方案的制定、实施和质量评估工作。项目分成10个项目工作包，每个工作包均由双方至少一名专家

负责。为方便项目指导委员会和专家委员会两个层面之间的沟通，由中国教育部、德国国际合作机构和德国汽车生产商各一名代表组成项目执行层。

2011 年首批确定的 5 所高职院校为北京交通运输职业学院、长春汽车工业高等专科学校、浙江交通职业技术学院、湖南交通职业技术学院、成都航空职业技术学院。2012 年和 2013 年又分别选拔了 10 所职业院校加入，全国 SGAVE 项目合作学校共有 25 所。按照 SGAVE 项目统一的选拔标准，通过能力测试与面试，试点院校每年选拔 30 名学生组建试验班，按照统一的教学计划与教学模式开展教学。SGAVE 项目汽车机电人才培养创新与实践过程主要有以下特点。

1. 学生按项目班组进行管理

SGAVE 项目执行 3 年制培养模式，即新生进校就进入项目班组参加培训，班组培训按照企业的要求进行管理，使学生刚入校就在真实的工作车间、班组，在真实的工作环境中解决真实的车辆故障，受到产业工人组织纪律性和生产严肃性的教育，使学生对知识就是力量、技术的实用性有较深刻的认识。项目班组培训模式与 SGAVE 项目课程体系相对应，通过班组培训模式真正使 SGAVE 项目的教学教育模式落到实处。

2. 严格的项目师资培训

SGAVE 项目除了重视学生的养成教育外，还重视教师水平的提高，对教师的培训分为两个阶段进行。第一阶段，培训准备阶段。在这一阶段内，主要是对由德国和国内职教专家共同选拔的教师进行教学能力和水平考核，包括理论考核、实操考核和试讲等内容，并对每一位教师的优缺点进行点评，提出需要改进和提高的地方。第二阶段，资格培训与认证。项目师资培训包括国内培训、德国培训和厂商培训三个部分。国内培训在上海同济大学中德职业教育能力中心进行，主要内容包括 SGAVE 项目师资培训方式讲解、理解和运用教学大纲、教学方法的应用等。德国培训在德国完成，整个培训过程以 SGAVE 项目教学大纲为基础，融合当前职业教育的核心内容和汽车机电领域"双元制"教学的最新信息，培训教师如何规划课堂教学过程、如何用行动导向的教学方法设计课程和课堂等，并与德国的汽车制造及销售企业、职业培训中心、同类院校交流学习。培训完成后，项目教师参加同济大学组织的包括理论、实操、说课三部分内容的结业考试，考试合格后获得 SGAVE 项目教师资格证及德国认证证书，取得 SGAVE 项目教师资格。项目教师每年接受德系五大品牌汽车制造厂商提供的技术培训，主要学习德系汽车最先进的技术和理论，提高项目教师的职业能力。

3. 基于学习领域的课程体系

SGAVE 项目课程借鉴德国职业教育的行动领域模式，根据企业岗位群和实际的工作任务，构建了包含 8 个学习领域共计 43 个学习情境及若干个工作任务组成的完整科学的体系。SGAVE 项目课程体系构架包括横向和纵向两个方面。横向构架分为两大部分，即学校培养和企业培养。二者包含相同的学习领域和学习情境，但在具体的培养过程中各有所偏重。纵向框架根据职业行动领域构建学习领域模块，每个学习领域模块由相应的学习情境组成，通过资格培训矩阵规定每个学习领域/学习情境相应的培训目标、学习内容和能力。资格培训矩阵是校企培养必须遵守的基本计划，也是学生考核的基础。SGAVE 项目课程体系的 8 个学习领域采用闭环链条的循环递进方式进行，即在 6 个学期内，无论是校内培训还是企业培训，8 个学习领域都同时实施，每个学期循环进行。只是每个学期内各学习领域的内容和技能由浅入深、由简到繁、由易到难，学生对每个学习领域的知识和技能都在不断地复习、巩固、提升。

4. 行动导向的教学过程

SGAVE 项目采用行动导向的教学过程，整个过程分为任务导入阶段、咨询阶段、计划阶段、实施阶段、检查阶段和总结阶段。以更换发动机正时皮带为例，具体的教学实施过程如下。①导入阶段。教师采用引导法、角色扮演法引入客户委托书。学生分别扮演顾客和维修技师。顾客反映发动机有异响，需要检修。维修技师启动车辆再现故障现象，确定故障部位，需更换发动机正时皮带。②咨询阶段。教师和学生讨论故障可能产生的原因及排除故障的方法，采用卡片法将讨论结果进行汇总分类，让学生充分掌握目标知识。③计划阶段。学生以小组为单位，查阅维修手册、教材等学习资料，讨论制定更换正时皮带的计划，通过张贴板法展示小组实施计划。④实施阶段。小组组长对组员进行任务分工，在实施计划和工作页的引导下进行专业知识学习和技能训练，完成正时皮带的更换任务，对每一个工作步骤进行记录和归档，并填写工作页。⑤检查阶段。在任务实施过程中，各小组质检员组成评审团，对任务实施过程和结果进行监控，检查各组更换正时皮带任务完成情况，指出需要完善的地方。⑥总结阶段。任务实施完成后，各小组进行自评和互评，教师对各小组在教学过程中的表现进行点评。各小组撰写总结报告，进行成果展示、交流和汇报（官海兵

等，2016）。

三、松散式中外合作办学

松散式，是指通过引进相关课程，聘请国外教师来中国讲学，或者中国教师去国外进修，学习国外先进的教学管理经验，或者由学生去国外短期学习和实习等方式实现与国际教育的接轨。该中外合作办学模式形式多样、灵活，对于合作的双方没有较严格的时间和课程上的限制。目前，该模式的中外合作办学项目较多，如浙江旅游职业学院与 15 所国外院校长期合作，其中，有派遣教师代表团、师生互访、交换留学生和教师培训等形式；温州职业技术学院与新加坡、澳大利亚等国的相关院校合作；浙江工商职业技术学院与日本国际学院附属日本语学院互派教师进行考察、学习和交流，同时该院还输送优秀学生到日方学校留学，双方还组织学生到对方学校进行短期文化交流活动等。对于学校而言，这种形式的合作办学可以拓宽吸取国外办学经验的渠道，强化国际教育资源的综合利用；对于学生而言，中外合作办学能拓宽视野、增长见识，培养适应国内外市场需求的复合型人才。

（一）基于 BTEC 课程模式的中外合作办学——以广东农工商职业技术学院 BTEC HND 项目为例

英国商业与技术教育委员会（Business Technology Education Council，BTEC）隶属于英国政府所属的爱德思教育基金会，是英国最大的学历与职业资格颁证机构。以学生为中心、以职业为导向的教育培训理念和独特的评价模式使 BTEC 取得了巨大的成功。全世界共有 120 多个国家，7000 多个中心实施 BTEC 课程、教学和培训模式。

广东农工商职业技术学院与 BTEC 的合作办学项目，被列为广东省教育厅与英国文化教育协会中英教育合作交流项目之一。从 2002 年 9 月开始进行实质性合作，招收英国国家高级文凭（HND）的商业（商业与市场营销）与计算机（商务信息技术）两个专业 40 多名学生。2006 年 6 月，学院 BTEC 教育中心增加市场营销（财务管理）、市场营销（国际商务管理）、市场营销（电子商务战略方向）、计算机应用技术专业 4 个专业（方向），总共为 6 个专业（方向），专业数、师资力量、招生规模在中国地区 BTEC 教育机构中排名前列。BTEC 课程按照英国规定的课程，采用英语教学，学生用英文完成所有的课业任务，经考核合格，颁发英国国家高级文凭证书，可以在国内择业，也可以在英国、美国、澳大利亚等继续深造。由于在质量控制、专业设置、招生工作、学生实训方面屡有创新，学院 BETC 教育中心被英国方面评为中国地区示范中心（符凡，2008）。

学校在引入 BTEC HND 课程时，一方面学习借鉴其规范、科学的课程体系，严格执行相应的课程标准、教学大纲、教学模式和学业考核评价体系；另一方面又结合本地企业的实际需求制定相关职业岗位人才的培养规格和标准。在 BTEC HND 课程体系本地化的实践探索中，形成了以下几个方面的特点。

1. 标准化的 BTEC HND 商业课程体系

商务类专业的 BTEC HND 课程已经形成了规范、科学的课程体系，在全球范围内所有开设 BTEC HND 专业课程的院校均须按照教育证书机构提供的课程设置基本框架设置各类专业的课程。课程设置的特点是模块化，核心课与选修课相结合，通过不同的模块组合形成不同的专业方向。要想获得商务类专业的 BTEC HND 证书，学生需要完成 16 门课程的学习，8 门核心课程为必修课，此外还需根据不同的专业方向选修另外 8 门课程。8 门核心课程分别是：商场营销、财务资源管理、组织行为学、组织环境、应用于商务活动的量化技术、法律法规柜架、管理信息系统、经营战略。根据不同的专业方向开设的 8 门选修课中，4 门课程为（英国爱德思国家职业学历与学术考试机构 Edxecel）规定的必选课。如财务专业方向必须选修的课程为管理会计、财务系统与审计、财务报告、税收；市场营销方向必须选修的课程为营销策略、广告与促销、市场营销计划、销售计划与实施。此外，各个专业方向提供了数 10 门可供选择的专业课程，各院校可根据自身的特点从中任选 4 门课程开设，从而体现了不同院校各自的特点。

2. 通专结合的课程目标

BTEC HND 课程的目标由通用能力和专业能力两部分组成。通用能力是指学习者在课堂学习、完成课业和社会调研等活动过程中，表现出的协调人际关系、解决问题等方面的能力。英国非常重视通用能力的培养，认为这些能力是一切从业者或将要从业者必备的基本技能。通用能力具体包括管理和发展自我的能力，与人共事相处的能力，沟通的能完成任务和解决问题的能力，运用数字和技术的能创新与设计的能力。每一个大类下面又分为小的能力标准，共计 18 项，非常细致具体，便于操作实施。专业能力是指学习者在完成教师布置的课业和其他任务时，掌握、运用和创新专

业知识的能力，主要学习者胜任该专业所对应的职业岗位（群）的职业能力、技艺和运作能力。它对学习者今后从事该职业的成功起着至关重要的作用。每个专业都有具体而明确的专业能力培养目标，通过每门课程的学习结果体现出来。这些学习结果经过细致的划分后成为更具体的能力目标，变成学习者可直接实施并可观察到的外显行为。

3. 以学生为中心的教学方式

BTEC NHD 课程的教学模式强调教师的教和学生的学是平等互动的关系，教师"为学而教"，学生"为做而学"。这种互动的教学是一种由学生参与教学部分环节的实施，由教师指导并给予综合评价的教学。这种模式一方面为学生提供更多的锻炼机会，提高学生的积极性、主动性，发挥学生的潜能；另一方面为学生提供表现自我和团队合作的机会，培养学生的群体意识和组织能力，从而使课堂教学不仅传授给学生知识，而且培养学生的综合操作能力。如商业策略课讲述"战略"定义时，不是直接介绍概念，而是让学生分组进行竞赛游戏，使学生在排兵布阵中体会"战略"的实际意义。又如讲述"商务谈判策略"时，为了使学生了解、掌握商业谈判的方式、策略和技巧，课前给学生播放成功和失败谈判的案例录像片，然后由教师出一两个谈判题目，由学生和教师分别参与准备，在学生中挑选 2～3 对谈判的对手，教师和学生分别扮演谈判的角色，进入谈判情景，然后从谈判的成败中让学生进行总结分析，找出成败的原因，教师再引导学生对商务谈判的策略和技巧认识和理解，这一教学组织过程中师生是平等的，角色的扮演可以达到互动作用。在互动过程中，教师和学生之间的关系是密切的，教师对课堂教学的认识更贴近学生的思想实际，收到较好的效果（符凡，2003）。

4. 以课业为主的考核评价

课业考核包括课业成绩、平时学习表现和学习进步表现三个部分。课业成绩主要由教师评定，教师根据学生课业完成的质量，是否达到评价标准中的考核要求，结合学生课业完成时间的快慢、修改次数的多少，以及格式的规范性和美观程度，综合评定成绩。如果课业内容是解决企业经营中的实际问题，或课业本身具有一定的商业价值，还需要企业从业人员给予评价。平时学习表现主要通过课堂记录考核进行，课堂记录包括学生的听课记录、课程学习的自我感受、疑难知识点的提出和解决问题的办法，以及阶段性学习的安排和计划等过程性材料。教师根据学习进度检查课堂记录材料，了解学生的学习困难，并及时提供指导和帮助。学习进步表现

由教师根据学生几次课业的完成情况比较得出,并通过课堂记录与平时常规任务完成情况进行衡量。

(二)基于国际合作交流的中外合作办学——以深圳职业技术学院为例

深圳职业技术学院于 1993 年创建,是国内最早独立举办高等职业技术教育的院校之一。学校办学成绩显著:2001 年首家通过国家示范性高等职业院校实践教学基地优秀评估,2003 年首批通过全国高职高专院校人才培养工作水平优秀评估,2009 年通过国家示范性高等职业院校建设项目验收,成为我国高等职业教育领域首批国家级示范院校。学校非常重视对外合作办学,自建校以来,学校先后与境外近 127 所高校签订了校际合作协议,在教学、科研及师生交流等方面开展广泛的交流。学校还非常重视同境内外知名企业加深合作交流,引进国际化的人才培养标准。在长期探索积累的基础上,深圳职业技术学院与境外开展合作办学方面形成了鲜明的特色。

1. 开展全方位的国际合作与交流

学院与境外的国际合作与交流活动频繁,方式多种多样,可以分为领导互访与协议签署、教师进修与互访、科研合作与专家邀请、学生出境留学与短期交流等类型。以 2015 年为例:校级领导互访方面,国(境)外高校校级领导率团来访共 16 批 72 人次;学校出访共 5 批 22 人次,主要集中开拓欧洲的国际知名高校为合作伙伴,同时巩固和加深与美国、加拿大、澳大利亚、中国台湾等地区高校的合作关系。协议签署方面,学校与美国、澳大利亚、保加利亚、新西兰、奥地利、加拿大、以色列、中国台湾等国家和地区的高校新签或续签 15 份合作协议。教师进修方面,学校组织了文、理科两个培训组共 28 名骨干教师赴中国台湾地区合作院校进行 12 天的师资培训;14 名教师以访问学者身份赴美国、澳大利亚、加拿大、德国的高校进行半年至 1 年的学习研究;15 名教师出国(境)参加国际会议或论坛;14 名教师赴香港、台湾高校开展调研活动。邀请专家方面,聘请德国 RSBK 战略咨询顾问有限公司董事长鲁道夫·沙尔平先生为高级校事顾问、荣誉教授;邀请了美国、加拿大、瑞士、日本、韩国、中国香港、中国台湾 7 个国家和地区的 21 位专家来校讲座、讲学。交换生方面,2015 年派出 130 名学生赴美国、德国、法国、韩国、中国台湾的合作院校学习 1 学期或 1 学年;接收俄罗斯、西班牙、德国、韩国交换学生 23 名。短期交流方面,香港职业训练局、高等教育科技学院的 4 批 94 名学生来校完成

"万人计划"活动；举办中国商务及语言文化研修项目，加拿大兰加拉学院师生 24 人、澳大利亚联邦大学师生 10 人来校参加进行半个月的研修学习；印度尼西亚、中国台湾 10 名学生来校参加 2015 "水&可持续亚洲"设计工学坊；韩国产业技术大学的 28 名师生来校参加冬令营；学校 16 名师生赴俄罗斯参加为期 7 天的圣彼得堡和深圳双城"都市建筑视觉化"设计工作坊。

2. 引进国际先进的人才培养理念

学校通过合作办学借鉴德国、澳大利亚等国家高职人才培养的成功经验，积极引进国际先进的人才培养理念。一是树立全球性人才观念，以全球性眼光审视人才培养的标准、内容和机制，使培养的人才具有国际适应能力。二是树立人才流动性观念，始终坚持"走出去，请进来"的方针，加强人才的流动，在流动中提高人才培养的国际化水平。三是强化市场观念，面向深圳外向型产业，培养市场急需的高技能人才。四是强化竞争观念，培养学生的国际竞争力。

3. 推动人才培养标准的国际化

学校通过与外向型企业合作和引进国际权威职业资格证书等途径，将国际通用的技能型人才标准和人才规格融入培养方案，初步实现了人才培养标准的国际化。一是与外向型企业合作按国际化标准共同制定人才培养方案。学校共有 8 个专业与外向型企业合作按照国际化标准制定人才培养方案。二是引进国际权威职业资格证书，并将其融入人才培养方案。计算机网络技术等 18 个专业引进了国际权威职业资格证书共 63 种。主要的证书包括计算机网络技术专业的 CCNA 国际 IT 认证证书，楼宇智能化工程技术专业的综合布线设计、施工认证工程师国际证书，汽车运用技术专业的美国 ASE 认证体系。

4. 实现教学内容与国际接轨

一是将国际型企业的先进技术标准引入课程。如印刷技术专业按德国海德堡公司印前、印中、印后的生产流程设置课程体系，按照企业岗位技能和职业能力设计课程内容，共同开发了印刷色彩、数字印前技术、印刷工艺、印前综合训练、胶印机操作等专业课程。珠宝首饰工艺及鉴定专业以美国宝石学院（GIA）和国家《钻石分级》标准作为课程体系主要内容。二是引进与开发国际通用教材，教材内容紧跟国际前沿。如引进牛津大学、剑桥大学等国际一流大学的《护理英语》《会计英语》《汽车英语》《商务英语》等最新原版职业英语教材；外语学院开发的《希望英语》教材被韩国购买版权。三是实行双语教学,提高学生外语应用能力。网络互联技术(英语)、专业项目实训(日语)、首饰英语、楼宇智能化工程技术等25门课程采用双语教学;与澳大利亚北悉尼 TAFE 学院合作开办的国际商务(中澳合作)专业实现了全英文授课。

第三节　中外合作办学模式改革的未来发展

一、中外合作办学模式改革的主要成就

我国高职院校中外合作办学模式从孕育到发展,从决策到实践,时间还比较短,还只是正在成长中的新苗,但在国家政策的支持及社会各界人士的不懈努力下,也积累了很多宝贵的经验,为后续发展开创了良好的局面。

(一)积极参与教育国际化进程,合作区域更加广泛

我国高职院校参与高等教育国际化经历了一个逐步发展的过程,国际交流与合作的区域,呈现从欧美向亚洲,再向世界各地分散的趋势。20世纪 80 年代初期,中国政府意识到职业教育对经济发展至关重要的作用,开始积极关注欧美发达国家的工业水平及其成熟的职业教育模式。在政府政策的推动和引导下,职业院校有意识地学习、引进国外先进职教模式。中国加入世界贸易组织之后,中国高职院校加快了融入高等教育国际化的进程。近20年来,澳大利亚、新西兰、英国等推行高等教育国际化政策,提出了明确的教育产业化目标,这些国家尤其注重开拓国际职业教育市场,中国无疑是潜力巨大的市场。在市场开放的过程中,中国高职院校积极参与国际化进程,开展中外合作办学,学习先进经验的同时也积极地推动人才培养模式改革。

近年来,高职院校与周边国家和地区的交流与合作呈现日渐频繁的趋势。由于文化和体制的差异,很多西方国家成熟的理念和方法在中国运用起来总有这样那样的问题。如何把西方和东方的优质元素有机结合,如何在借鉴中创新,发挥后发优势,吸引了中国职业教育界的注意。由于同属东亚儒家文化圈,语言和文化的沟通相对更容易,地理上相对便利,费用也相对较低,中国与东南亚地区交流合作不断加强。随着香港的回归,内地与香港的交流更加便利,一个巨大的市场也吸引了台湾和香港高校调整战略目标,加强与大陆高校的交流与合作。随着国家"一带一

路"倡议的提出，高职院校中外合作办学的区域中，中亚、非洲、南美洲都纳入了视线范围内。与过去不同的是，高职院校与这些区域的合作，在引进优质教育资源的同时，也开始注重教育援助和教育输出的探索。如广州民航职业技术学院从 2003 年起与香港专业教育学院青衣分校合作，利用自己良好的实习条件，承担该校飞机维修专业三分之一的课程；昆明冶金高等专科学院在申请在老挝举办境外教育。一些起步比较早的高职院校开始把目标瞄准国外教育市场，试图把优质的职教资源尤其是特色的专业向外输出。

（二）合作对象更加多样，合作的选择更加丰富

随着中外合作办学的深入发展，高职院校更加主动积极地寻求合作机会，合作方式也从早期的对外考察和交流为主，转为专业人才培养和学历教育。目前，高职院校参与国际交流与合作的主要方式是中外合作办学。据教育部统计，截至 2010 年底，经审批机关依法批准举办的中外合作办学项目有 1138 个，实施本科以上高等学历教育或境外学士以上学位教育的项目有 484 个，其余为大专层次的项目和中小学项目，高职院校的合作项目超过本科院校。在合作国家中，德国、澳大利亚和美国居前三名，在合作形式上，有 12%是签订合作协议，26%属于合作办学，16%是开展合作项目，46%属于一般性交流与访问，所选择的专业多是集中在法律、工商管理、会计、酒店管理等文科专业（李剑平，2008）。近年来，参加或主办国际会议是高职院校参与教育国际交流与合作的一种新形式，比如，深圳职业技术学院举办了 2003 年中英职教论坛；江苏经贸职业技术学院主办了 2008 年中德职教论坛；青岛职业技术学院 2007 年和 2009 年均成功主办了高等职业技术教育国际研讨会。

现在更多的高职院校把与行业内国际顶尖的跨国企业的合作作为战略重点来发展。通过共建实验实训中心，提高学生的动手能力，满足企业的人才培养需要；把企业的技术标准引用到教学中来，不断更新教学内容，紧跟行业前沿，保持教师与企业的紧密接触，提高技术服务的能力。高职院校与跨国企业合作为企业提供员工培训是一种双赢模式，例如，辽宁省交通高等专科学校近年来成为德国巴斯夫、华晨宝马、一汽丰田等知名企业的培训中心，企业赠送教学设备，学校提供技术培训。天津中德应用技术大学成为欧洲空中客车 A320 系列飞机总装线技能人才测评中心，德国 GTZ 项目在华信息服务中心，西班牙发格（FAGOR）公司培训基地，美国 UGS 公司授权 UGCAD、CAM、CAE 软件培训中心。合作方式的多样化，

有助于在多样选择中，寻找最合适的合作方式与发展道路。

（三）合作形式多元化，提升了职业教育质量

高职院校中外合作办学模式从最初的校际友好互访、聘请外籍语言教师的形式开始变得更加丰富。中外合作办学、教师海外培训、学分互换互认成为更多学校的选择。国际学术会议、招收留学生、与跨国企业的深度合作、学生海外交换学习等更加复杂，涉及面更广的交流合作形式也成为不少学校的目标。通过各种形式的合作办学，职业院校的办学质量得到提升。

在中外合作办学项目的推进中，中国的高职院校通过不同的途径了解学习了国际上主流的职业教育模式。经过政府的引荐、学者的介绍、实地的考察、学术的交流，高职院校对北美 CBE、德国"双元制"、澳大利亚 TAFE、英国 BTEC 等都耳熟能详，但大多数学校对每一种教育模式还缺乏真正细致深入的研究，因此能在实践中消化吸收的并不多。一种教育模式的形成绝非一朝一夕，它依赖于特定的社会制度、经济状况和文化渊源，不可能通过简单的移植获得成功，必须经过本土化的改造和创新。西方教育模式的学习引进要经过系统的研究和长期的实践才会有所收效，中外合作办学项目为西方职业教育模式本地化改造提供了良好的实践平台。

职业资格证书是职业技术教育与劳动力市场联系的纽带，因为标准的先进性和运作的规范性，不少工业化国家、行业协会的职业资格证书在国际上具有很好的声誉和通行度，尤其是在劳动力市场上得到广泛认可。随着经济全球化步伐的加快，跨国企业对国际化人才的需求，使得相关行业的"国际职业资格证书"成为进入这些领域的通行证。目前，深圳职业技术学院共有 8 个专业与外向型企业合作按照国际化标准制定人才培养方案，计算机网络技术等 18 个专业中引进了国际权威职业资格证书共 63 种。重庆工业职业技术学院引进国际职业资格证书课程师资培训项目 5 种，获得国外各种职业资格证书师资人数 49 人，3 名教师受聘为欧洲职业教育协会（EBG）中国西南地区数控培训师。中外合作办学引进国际职业资格证书课程，对于开拓学生就业渠道，提升学生就业质量，提高社会声誉发挥了重要作用。

提升教育质量的另一个表现是引进改编国外教学大纲和教材。教材不仅是反映知识技术的媒介，还是落实教学思想的载体。通过开展中外合作办学，系统地引进国外高校的教学计划、教学大纲和原版教材，有效改变了国内教材内容陈旧、体例呆板的状况，优化了课程体系和教学方法，提

升了专业建设水平。据不完全统计，近年来，江苏省通过中外合作办学引进国外原版教材 1000 多部，编写教材 300 多部，一批课程和教学成果分别获得部、省精品课程和优秀教学成果奖。对高职院校来讲，除了原版教材的引进，还要考虑双语教材的编写。一方面是基于高职学生生源的现实考虑，另一方面是基于原版教材所反映的国外风俗习惯、思维方式与中国差异较大，特别是商务贸易、市场营销等专业，有必要融入中国元素，使内容更具多元化，既适应国际市场，也满足中国市场的需要。

（四）合作内涵不断深化，促进了自身能力建设

国际交流与合作最初被人们界定为单纯的人员往来，开阔视野。随着交流的日渐丰富，合作的领域不断拓宽，其内涵也有了进一步的深化，越来越成为学院加强自身建设、促进教育教学改革、提高人才培养质量的有效途径。

第一，促进教育理念更新。教育理念总是通过一系列载体来落实和体现的，如专业设计、课程设置、教材选择、教学方法、评价方式等。教师亲身感受国外的课堂组织，研究专业设计、课程设置的背景、理论基础和技术手段，教材的体例、知识的组合方式等都能从这些实际的载体中体现出其中的教育理念。理念是一个媒介，人们通过它能够想象一种不同于现状的状态。这类想象能够推动人们尝试变革，并且实现变革。只有具备先进的教育理念，才能对实践具有指导意义，也才会产生迁移作用，因此，职业院校开展国际交流与合作的首要目标就是更新教育理念（黄华，2010：56）。

第二，管理体制与运行机制改善。随着国际交流与合作的不断深入，不可避免地冲击高职院校传统落后的管理体制和运行机制。比如，当前大部分高职院校都还是公办院校，忧患意识欠缺、成本意识匮乏、市场意识淡薄。在与国外高校的交流与合作中，职业院校可以学习国外职业院校的成本核算、资源整合和对市场变化的快速反应能力。此外，职业院校还可以系统地学习外方院校包装宣传、营销手段、成本控制、质量监控、资源调配等市场化运作机制。

第三，提高人才培养的质量。学生在日益广泛的国际交流与合作中是最直接的受益群体。一方面，具有国际化视野的教师会自觉将国际化教学内容带入课堂，为校园内日渐丰富的国际化活动营造出更加自由、多元、包容的文化氛围；另一方面，学校通过国际交流与合作，潜移默化地在管理体制、办事规则上与外界接轨，有利于学生通过这些隐性课程来习得除专业知识和技能之外的职业能力；通过直接获得国际交流的机会，拓宽视

野、丰富阅历、提高能力。

二、中外合作办学模式改革的主要问题

中外合作办学的初衷是引进国外优质的教育资源、办学模式与管理经验，通过与国际上的优秀高校联姻来促进国内课程设置、教学方法手段等的改革和创新，在提高教育产出效率的同时促进教育公平，实现教育的外部效益和社会功能。但是，经过 30 多年的发展，有关中外合作办学的立法、执法、院校内外部管理的实际运作等方面仍然存在不少问题。

（一）相关政策方面

强化职业教育的公益性符合国家和社会的共同利益，是国家的战略选择。《中外合作办学条例》（2003）明确规定，中外合作办学在我国属于公益性事业，因此要保证高职院校中外合作办学的公益性。《关于当前中外合作办学若干问题的意见》（2006）、《关于进一步规范中外合作办学秩序的通知》（2007）均强调应坚持中外合作办学的公益性原则。明确指出，"教育服务不是货物贸易，也不同于一般的服务贸易。要正确把握中外合作办学的宗旨和性质。坚决制止以中外合作办学的名义实行乱收费、高收费的行为，防止教育产业化的倾向"。

但是，高职院校中外合作办学的国外合作方，主要包括美国、英国、澳大利亚、新西兰等，其政府的主导策略则是促使教育成为一种出口产业，把教育视为一种增加收入的贸易。基于中外双方办学理念的差异，双方在办学过程中的关注点存在较大的差异。中方是为了引进先进的教育理念、管理模式和教学手段等优质教育资源，而外方则以营利为目的，更关注中方合作院校的招生人数、收费标准及外方能够分得的学费比例等问题，因而对教育质量的关注不是放在突出的位置。在高职院校中外合作办学项目中，有的学校存在高收费、乱收费、教育产业化倾向，即办学过程具有逐利性。有的学校合作项目管理水平不高，培养质量也不高，但是学校为了提升其招生的吸引力及社会影响力，没有将其停止或者整改（赵双兰，2014）。

（二）学校内部管理方面

1. 教学运行和管理体制欠完善

高职院校中外合作办学的管理与运作涉及面广，关系复杂。与国外高校的沟通协调属于外事活动，工作更具复杂性和敏感性，需要多个部门协

调配合，牵涉大量的人力和物力。本科院校和部分国家示范性高职院校通常设置国际交流学院或专门机构进行项目管理。但是，也有很多高职院校由于合作项目较少、经费和生源不足，不具备独立设置专门管理机构的条件。在这些高职院校中，缺乏专业的组织机构和有效的管理制度，中外合作项目的管理与运行较为混乱，教务处、外事处、院系多个部门分头管理，相关部门互相掣肘，从而影响项目的正常管理运作。部分高职院校由于校内繁琐的逐级汇报程序而与外方沟通不畅等都极大地阻碍了教学工作的正常开展和合作办学工作的效率，降低了外方合作办学的意愿。在上述问题频繁出现的院校，合作办学项目通常是外方提出项目中止，其结果是学生的利益和学校的办学声誉受到损害。

2. 专业设置欠合理

高职院校中外合作办学项目由学校提出申请，省级教育行政部门审批，缺乏整体的规划和协调，导致部分热门专业蜂拥而上。高职院校设置的专业有 500 多个，但是，中外合作办学项目招生的专业主要集中在财经、旅游、工商管理、计算机和电子信息类专业，合作项目 80%集中在国际商务、企业管理、市场营销等服务性领域，而工业生产、先进制造、新兴产业等技术含量高、培养成本高、社会需求量大的专业则十分稀缺。2004 年，全国中外合作招生的职业院校专业共有 104 个专业点，招生人数为 4967人，其中，财务会计类、工商管理类、经济贸易类、财政金融类、市场营销类、旅游管理类、自动化类、计算机类、通信类、电子信息类 10 个专业类共招生 3770 人，占高职高专招生总数 4967 人的 75.9%，专业类设置趋同现象非常严重（覃美琼，2006）。造成这种状况的原因是多方面的，一是因为这类专业合作办学成本较低，特别是对于外方而言，属于投入少、收益大的项目；二是因为国内院校优势专业资源匮乏，外方院校愿意进行平等交流的项目不多；三是国内高职学生英语水平较低，加上国内外教育制度差异、文化差异巨大，达不到外方合作院校在授课和考核等环节的质量要求。

（三）优质师资和生源难以保障

1. 优质教师资源缺乏

优质师资是保障中外合作办学质量的重要因素，虽然高职院校在招生宣传中都宣称合作项目由优秀教师担任教学工作，但执行过程中往往无法真正落实。高职院校中外合作办学项目中，外方提供的外语课程教师较多，核心专业课程教师较少，专业课程教师往往由接受外方培训的中国教师担任。出于节约成本的考虑，不少高职院校采用外派教师接受培训然后回国使用双语授课的方式讲授专业课程。部分由外方教师主讲的专业课程，往往不能按国外职业院校的课时计划授课，而是集中安排在一到两周时间完成课程讲授任务。由于授课速度快，再加上语言的障碍，师生交流与沟通不足，学生对授课内容难以消化吸收（王瑾，2008）。高职院校的中外合作办学多采用分段式培养，专业课程的授课安排在国内，学生在国外的教学环节主要是实践和实习，难以真正体验到国外的教学环境和校园文化，合作效果有限。

2. 学生外语水平较弱，生源质量难以保障

在国际交流与合作中，英语作为一种工具发挥着不可或缺的作用。选拔具有较好英语基础的学生参加中外合作办学项目是确保项目成功的重要条件，学生外语水平的高低直接决定了生源的质量。以江苏某学院为例，2009 年江苏高考英语单科总分满分为 120 分，被该校录取的普通类专科新生英语最高分 93，最低分 34，平均分 69.94。中外合作办学项目录取的新生，英语最高分 78，最低分 20，平均分只有 49.94（黄华，2010）。由于中外合作办学收费较高、生源不足，多数高职院校的中外合作办学专业属低分录取，生源素质偏低，特别是英语水平偏低。然而，多数国外院校要求学生在学习专业课之前英语水平要达到相当于雅思 5.5 以上的水平，学生的英语基础很差，需要花大量时间进行英语强化学习，学习任务繁重。中外合作办学项目的专业课程量大，学习年限较短，大部分院校最迟在第二学年将进入专业课学习，因此学生的英语水平从一定程度上来说是中外合作办学成败的关键。

三、中外合作办学模式改革的对策建议

（一）完善政策、优化措施

1. 寻找各方利益平衡点

就目前国内高职院校中外合作办学项目而言，无论是单校园、双校园办学模式，还是单文凭、双文凭办学模式，如果没有充足的经费投入的保障，要保证教学和管理的质量是相当困难的。因此，高职院校中外合作办学不能一味地强调经济利益，必须增加投入，在经济收益与教育质量之间寻找平衡点，真正实现"互利共赢"。在这方面，马来西亚的经验值得我国借鉴。该国首创了其国内院校与外国院校合作办学时两国学分和学位互相承认的"双联制"模式，实行"2+1"或"3+0"等模式，将所有的跨国高等教育项目归属于私立学校的类别中，以营利性、经营性办学机构看待。鼓励私立学校把跨国高等教育作为产业进行经营，为政府减少了大量的外汇外流，也通过促进国内院校创收的方式为教育的可持续发展提供坚实的物质基础。

2. 细化政策法规，做到有法可依

《中外合作办学条例》的颁布实施为高职院校开展中外合作办学提供了法律依据和操作规范，然而合作办学的很多细节问题还有待细化。例如，对合作班学生取得国内外双证书的优惠政策，有关法规没有给出任何描述。由于中外合作办学专业的学费比普通专业要高得多，而且引进国外的教材，学生要更加努力学习才能取得国外的证书，如果国家没有相关的优惠政策，必然会影响学生报考和学习的积极性。外汇管理方面，由于合作办学是与外方开展，牵涉学费的外汇兑换与支付问题。这些问题都有待通过法规和制度完善来解决。

3. 建立评估体系，确保优质资源

由于缺乏相关具有权威性的评估体系，使得资源引进良莠不齐，有必要以政策或评估的方式加以引导。比如，可以根据地方经济发展、产业结构变化的趋势，将紧缺专业以推荐目录的方式公布，并在项目审批和专业建设中给予扶持政策。明确要求中外合作办学项目费用支出中单列专业建设、师资培训费用及其所占学费收入的比例，保证学费收入用于教育教学投入的比例，等等。尽快建立一套评价外国教育机构的制度，并建立中外合作办学第三方质量认证制度。认证评估包括两个方面：一是机构引进时的资质评价，二是项目运行过程中的质量保障。教育主管部门应制定一套评估监控体系，定期对中外合作办学项目进行全面的质量评估。

（二）明确办学目的，掌握办学主导权

1. 审慎选择合作院校

很多高职院校在选择国外合作院校时，通过以营利为目的的中介组织进行联系沟通，中介组织对国外院校的选择也往往将项目盈利能力的多少作为重要标准，表现出很强的功利性特征。这就要求国内高职院校要通过各种途径考量外方院校，避免与不具备办学资质的学校签订合作协议。高职院校在选择国外合作院校和专业时，要充分考虑自身的特点，量力而行，避免盲目合作，做到为我所用，掌握办学的主导权。在引进国外项目时应进行充分的市场调研，包括生源情况、就业前景、毕业后出国

深造途径等，切实保证合作对象属于优质资源；合作项目的专业和课程必须符合经济社会发展和学校建设对人才的需求，并能借助合作项目提高学校的办学水平。

2. 选择性借鉴吸收国外教育教学理念

中外合作办学目的是要为我国培养现代化的专业人才，应始终坚持正确的办学方向，贯彻我国的教育方针，遵循我国的法律，维护我国的教育主权。在合作办学过程中，应充分考虑中国国情，办有中国特色与国际接轨的高等职业教育。中方合作院校通常要引进国外的课程和教材，合作过程中应针对课程和教材中的教育思想和文化理念进行分析和评价，如存在"价值观输出""西方中心主义"等违背社会主义办学方向的内容，应积极与对方进行沟通协商，对相关内容进行适当调整。即便是专业内容，也可能存在与中国实际不符的情况，也需要与外方院校进行协商，调整相关内容。以会计专业为例，中国的情况与国外有所不同，如果教师在讲解的过程中照本宣科，不考虑中国的实际情况，就会影响毕业生的实际工作能力。中外合作办学的目的是学习国外的成功经验，而不是做表面文章，在吸收国外先进办学经验的基础上，应走创新之路，形成应用性人才培养的新思路、新方法、新理念。同时，要不断总结中外合作办学专业的成功经验，并不断推广应用到其他专业，灵活整合国外的先进教育理念和教学方法。

（三）实事求是，适时调整课程和专业

高职院校开展中外合作办学，是快速培养符合经济社会发展所急需的各种高等技术应用性人才的有效途径，专业设置要符合国情，切合实际。当前的专业设置中，经济、服务、管理类多，理工类少；国家提出的紧缺专业中，除计算机类专业外，模具、汽车维护、机械制造等专业较少；合作项目与本校特色专业挂钩的较少，无法发挥自身特长，构建优势。世界加工业的中心已经转移到中国，制造业呼唤与国际接轨的"灰领""银领"人才早日脱颖而出，这是高职院校责无旁贷的责任。为贴近实际需求，课程设置应以职业岗位群能力要求为目标，课程体系以职业能力为中心，注重学生实践能力的培养，课程内容注重实用性、针对性，与不同等级职业资质相衔接，发挥自身优势。合作办学的中方院校在课程方面不是单纯的引进、照搬，应做到"借其形，仿其神"，要根据国情及地区行情，组织一定力量，消化改造教材，因地制宜制定课程框架，真正做到为我所用，保证人才规格与现实需求相适应（张爱英等，2010）。

（四）加强外教团队和双语师资队伍建设

高职院校中外合作办学项目的课程大多是由外方教师与中方教师共同授课，往往一半以上的课程需要由中方教师授课。由于引进国外教材，这就要求中方教师具备国际化的教学理念，既要懂专业，又要有很好的外语能力。外教团队和双语师资队伍的建设对高职院校中外合作办学项目来说既是一个难点也是一个重点，不但建设周期长、难度大，而且需要较高的经费投入，令不少高职院校望而却步。从合作办学的实践来看，中方专业教师的整体水平有待提高。一方面要挑选有较好英语基础的专业教师，另一方面要有计划地组织教师到国外院校进行培训。可以利用合作的机会，选派骨干教师出国学习，实地感受外国高职院校的教育环境、教学理念、方法、手段等。还可以选派教师到外资企业，与外国专家一起工作，在生产实践中体验工作中的文化，强化其职业技能，提高教学质量，从而提高整体办学水平。

参 考 文 献

《职业技术教育》编辑部，2006. 工学交替、产教结合的办学和人才培养模式[J]. 职业技术教育，(27)：36-39.

白晶，2008. 高职院校"订单式"人才培养模式和个案研究[D]. 天津：天津大学.

别敦荣，2000. 学术管理，学术权力等概念释义[J]. 清华大学教育研究，(2)：44-47.

蔡高根，刘金林，2008. 广西职业教育管理体制创新研究[J]. 宏观经济研究，(10)：59-65.

常小勇，2005. 高职产学研合作教育模式及选择的探讨[J]. 中国高教研究，(7)：41-42.

陈波涌，2004. 半工半读职业教育思潮(下)[J]. 职教论坛，(31)：58-60.

陈国锋，2008. 高职院校二级管理：运行现状与发展策略[J]. 中国职业技术教育，(33)：19-21.

陈军，杨诺尔，2013. 省市共建欠发达地区高职院校[EB/OL]. http://www.yjrb.com.cn/web/news/bdxw/webinfo/2013/01/27/1357140982042586.htm[2017-02-16].

陈荔，董苏，2003. 在开放中规范，在合作中做强——中外合作办学的现状调查与思考[J]. 海峡科学，(4)：34-35.

程良龙，2014. 中外合作办学历史·政策·现状[M]. 北京：北京交通大学出版社.

党素芳，2014. 高职院校"订单式"人才培养模式研究——以成都市某高职院校为例[D]. 成都：四川师范大学.

邓小平，1993. 在武昌、深圳、珠海、上海等地的谈话要点[A]//邓小平. 邓小平文选. 北京：人民出版社.

董菊芬，2014. 基于 TAFE 模式的中外合作办学质量保障体系研究[D]. 宁波：宁波大学.

董仁忠，2011. 高职院校治理结构研究[J]. 教育发展研究，(7)：36-39.

范灵，2014. 高职院校校企合作创新改革与对策研究[J]. 职教论坛，(32)：85-88.

范晓鹤，2008. 我国高职院校二级管理模式研究[D]. 苏州：苏州大学.

方德英，2007. 校企合作创新：博弈·演化与对策[M]. 北京：中国经济出版社.

方建锋，2003. 对教育理论与实践关系的再思考——兼论教育研究的取向与方法[J]. 华东师范大学学报（教育科学版），21(2)：19-31.

冯国忠，2015. 工学结合模式下高职院校德育的探索与实践[M]. 北京：中国文史出版社.

冯克诚，田晓娜，1997. 中国学校办学模式全书[M]. 北京：国际文化出版社.

冯丽晶，2016. 高职生工学交替式职业准备教育的研究——以江苏建筑职业技术学院

建筑工程技术专业为例[D]. 成都：四川师范大学.

符凡，2003. BTEC 课程"以学生为中心"教学模式探析[J]. 广东农工商职业技术学院学报，(2)：42-44.

符凡，2008. 开展中外合作办学，提高学院办学水平——基于中英职业教育合作项目的实践回顾[J]. 广东农工商职业技术学院学报，24(4)：29-30.

高延适，1993. 构建与社会主义市场经济体制相适应的高教新体制[J]. 高教探索，(3)：11-16.

耿洁，2007a. 工学结合培养模式实施中的问题与对策[J]. 中国职业技术教育，(8)：13-15.

耿洁，2007b. 我国职业教育工学结合模式的历史发展和实践[J]. 职教通讯，(3)：26-28.

耿洁，2014. 职业教育校企合作体制机制研究[D]. 天津：天津大学.

龚思怡，2007. 高校中外合作办学模式与运行机制的研究[M]. 上海：上海大学出版社.

古文伟，戴桂君，2015. 地市级高职院校办学体制机制现状、问题及对策研究[J]. 当代教研论丛，(3)：8-9.

顾海良，2006. 教育体制改革攻坚[M]. 北京：中国水利水电出版社.

官海兵，张光磊，李俊晶，2016. 中德国际合作 SGAVE 项目汽车机电人才培养创新与实践[J]. 职教论坛，(36)：66-70.

郭晓川，2001. 合作技术创新：大学与企业合作的理论和实证[M]. 北京：经济管理出版社.

国家教育委员会，1994. 新的里程碑——全国教育工作会议文件汇编[M]. 北京：教育科学出版社：74-75.

韩包海，2007. 构建工学结合人才培养模式的长效机制[J]. 天津职业大学学报，16(6)：21-23.

韩星，1998. 五年制高职教育的回顾与探索[J]. 西安航空技术高等专科学校学报，(2)：11-15.

何东昌，2003. 中华人民共和国教育重要文献[M]. 海口：海南出版社.

何玲，2011. 试论以专业竞赛促进高职高专学生综合素质的培养[J]. 教育与职业，(9)：179-181.

胡邦曜，2009. 创建高职教育"工学结合"人才培养模式的探索实践[J]. 中国职业技术教育，(21)：68-70.

胡昌送，2010. 高职院校学术权力的困境、诉求与发展[J]. 职教论坛，(27)：32-35.

胡洁，2009. 基于工学结合人才培养模式的教学管理变革[J]. 天津市教科院学报，(3)：69-72.

胡军，2005. 中外合作办学的健康发展需要加强实践研究[J]. 北京青年政治学院学报，

（4）：50-55.

胡亮才，2008. 国际合作办学模式创新[M]. 长沙：湖南师范大学出版社.

黄华，2010. 我国高职院校国际交流与合作[D]. 上海：华东师范大学.

黄其江，1985. 对高等教育体制改革的几点浅见[J]. 高教探索，（1）：14-22.

纪经纬，1992. 广东高教体制改革的特点及深化改革的思路[J]. 高教探索，（2）：13-21.

蒋英建，张忠军，朱国伟，2005. 美国职业教育立法与政府角色——美国职业教育法制化进程对我国的启示[J]. 现代企业教育，（12）：12-14.

教育部，2006. 职业教育工作部际联席会议制度[EB/OL]. http：//www.gov.cn/ztzl/content_370671.htm[2017-02-15].

教育部改革开放30年中国教育改革与发展课题组，2008. 教育大国的崛起[M]. 北京：教育科学出版社.

教育部职业教育与成人教育司，教育部职业技术教育中心研究所，2010. 2009年中国职业教育年度报告[R]. 北京：高等教育出版社.

居毅，程刚，2001. 国际合作办学的模式与实践[J]. 高等工程教育研究，（3）：24-26.

柯佑祥，2002. 新时期我国民办高等教育的发展[J]. 高等教育研究，（4）：32-34.

李克强，2014. 让职业教育为社会源源不断创造人才红利[EB/OL]. http：//gov.cn/jrzg/2014-02/27/content-2624248.htm[2017-02-14].

李丹，2010-12-24. 全国职业教育师资培养培训基地工作会议召开[N].中国教育报，1.

李剑平，2008-08-06. 高职中外合作办学别有名无实[N]. 中国青年报，3.

李均，2007. 中国古代专科教育之扫描[EB/OL]. http：//www.artx.cn/artx/jiaoyu/37760_7.html[2017-02-16].

李克强主持召开国务院常务会议，2014. 部署加快发展现代职业教育[EB/OL]. http：//www.gov.cn/ldhd/2014-02/26/content_2622673.htm[2017-04-12].

李兰巧，2005. 高等职业教育中外合作办学的特征与特色[J]. 北京青年政治学院学报，（2）：65-70.

李文君，2012. 建章立制，依法治校——《高等学校章程制定暂行办法》施行[J]. 教育与职业，（7）：38-40.

李锡云，2008. 我国高等体育职业技术院校办学模式研究[M]. 北京：北京体育大学出版社.

李昕欣，张德祥，2006. 关于高等学校章程制定与实施的几个问题[J]. 高等教育研究，（9）：48-52.

林崇德，王炳照，王彬，等，1990. 中国中学教学百科全书·教育卷[M]. 沈阳：沈阳出版社.

林金辉，2014. 中外合作办学质量建设研究[M]. 厦门：厦门大学出版社.

林金辉，2015. 中外合作办学与国际化人才培养[M]. 厦门：厦门大学出版社.

林金辉，刘志平，2007. 论高等教育中外合作办学的规范与引导[J]. 江苏高教，(6)：75-78.

林金辉，刘志平，2010. 高等教育中外合作办学研究[M]. 广州：广东高等教育出版社.

刘彩琴，2014. 职业教育工学结合课程开发与实施[M]. 北京：北京师范大学出版社.

刘昌，2015. 发展职业教育，需扩大职业院校办学自主权[EB/OL]. http：//edu.china.com.
　　cn/2015-03/03/content_34935050.htm[2017-02-16].

刘芳，2005. 中外合作办学相关法规的系统思考[D]. 上海：复旦大学.

刘敏，2006. 提高中外合作办学质量的十项措施[J]. 中国高等教育评估，(2)：73-74.

刘庆斌，2004. 美国高等职业教育法制化研究[D]. 兰州：西北师范大学.

刘绍斌，2013a. 高职院校行政和学术权力均衡运行机制的构建[J]. 职教通讯，(2)：1-2.

刘绍斌，2013b. 我国高职院校权力结构现状与问题研究[J]. 十堰工业职业技术学院学
　　报，26(1)：9-12.

刘书瀚，白玲，2014. 校企合作应用型人才培养模式理论与实践[M]. 天津：南开大学
　　出版社.

刘术人，郭晶昉，2005. 国家职业资格证书分量几何？[EB/OL]. http：//www.eol.cn/kao_
　　shi_kuai_xun_2600/20060323/t20060323_115062.shtml[2017-02-16].

刘太刚，2005. 关于高职院校内部管理的思考[J]. 中国高教研究，(10)：60-62.

刘太刚，李金桥，2009. 高职教育"工学结合"人才培养模式探析[J]. 中国冶金教育，
　　(1)：39-42.

刘新平，2011. "校企合作、工学结合、顶岗实习"教学模式的探索与研究[J]. 成功：
　　教育，(14)：83-85.

刘晓，2015. 利益相关者参与下的高等职业教育办学模式改革研究[M]. 杭州：浙江大
　　学出版社.

刘尧，2004. 我国民办高等教育的现状、问题与发展趋势[J]. 教育研究，(9)：71-76.

鲁柏铎，2014. 高职院校章程建设现状的调查研究[D]. 重庆：西南大学.

鲁晓泉，2007. 我国高校学校章程及制定研究[D]. 上海：华东师范大学.

马怀德，2007. 学校法律制度研究[M]. 北京：北京大学出版社.

马军，2009. 高职院校章程与内部治理[J]. 科技信息，(25)：380.

孟源北，查吉德，2013. 高职院校发展与校企合作的互动关系[J]. 高教探索，(3)：119-122.

明航，2008. 民办学校办学模式：产权配置与治理机制研究[M]. 北京：教育科学出版社.

牟晖，杨挺，2009. 我国职业教育管理体制改革研究综述[J]. 教育与职业，(27)：11-13.

潘昊，2010. 实现"工学结合"人才培养模式的法律制度研究[J]. 湘南学院学报，
　　31(6)：113-116.

潘懋元，2000. 高等教育大众化的教育质量观[J]. 清华大学教育研究，(1)：9-11.

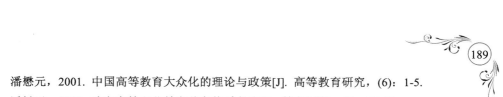

潘懋元，2001. 中国高等教育大众化的理论与政策[J]. 高等教育研究，(6)：1-5.

潘懋元，2005. 建立高等职业教育独立体系刍议[J]. 教育研究，(5)：26-29.

潘懋元，董立平，2009. 关于高等学校分类、定位、特色发展的探讨[J]. 教育研究，(2)：33-38.

潘懋元，吴玫，2003. 高等学校分类与定位问题[J]. 复旦教育论坛，1(3)：5-9.

彭涛，2011. 教育规划纲要指导下的示范性高职院校建设内涵再认识[J]. 泸州职业技术学院学报，(1)：1-5.

青岛港湾职业技术学院，2009. 依托企业办学优势，创新人才培养模式——青岛港湾职业技术学院"工学结合、校企合作、顶岗实习"情况介绍[J]. 现代企业教育，(17)：67.

卿中全，杨群祥，2007. 从评估整改成效看高职院校的建设与发展[J]. 广东农工商职业技术学院学报，23(4)：14-16.

邱丽春，2011. 我国高等职业教育办学体制的比较研究[J]. 教育与职业，(5)：21-22.

屈海宏，2010. 高等教育中外合作办学法律问题研究[D]. 重庆：重庆大学：14.

任钢建，2008. 美国社区学院升学与就业双重功能研究[D]. 重庆：西南大学.

邵丽霞，2008. 中外合作办学存在的问题及其对策分析[J]. 中国高等教育评估，(2)：64-66.

帅相志，2005. 市场经济与中国高等教育体制改革[M]. 济南：山东人民出版社.

眭依凡，1993. 办学体制多元化：市场经济条件下高教办学模式的改革与选择[J]. 江苏高教，(3)：19-21.

孙羽迪，2007. 我国高等教育成本分担及国际比较[D]. 北京：北京工业大学.

谈学梅，2014. 我国五年制高等职业教育的发展研究[D]. 桂林：广西师范大学.

覃美琼，2006. 中外合作办学现状分析与对策建议[J]. 高等教育研究，(5)：34-39.

谭志合，2002. 当代中国高等学校学术权力与行政权力的关系[J]. 设计艺术研究，21(4)：22-24.

唐锡海，蓝洁，2010. 工学结合理论研究受限的成因及对策——复杂科学的视角[J]. 职教论坛，(36)：23-25.

田静，刘福军，杨锐英，2007. 国外高等职业教育几种典型人才培养模式的比较[J]. 成人教育，(4)：94-96.

田平，2010. 高职院校校企合作政策的现状、问题及建议[J]. 十堰职业技术学院学报，23(3)：5-8.

田青雁，2009. 美国高等教育体制改革之思考：高校领导思想录[M]. 北京：中国海洋大学出版社.

田贞训，2013. 高职教育经费投入现状分析与对策研究——基于高职与本科院校经费投入的差异分析[J]. 职业时空，(11)：75-77.

汪敏华，刘春芳，张洁，2005. 经济全球化与高等教育国际化对高等教育的影响及对

策[J]. 理论与现代化，(3)：92-96.

汪为春，侯涵，2014. 高职院校校企合作中的文化互动研究[J]. 职教论坛，(32)：23-26.

王爱敏，2011. 职业教育"一体化"教学模式研究[D]. 天津：天津大学.

王安兴，何文生，2014. 探索混合所有制办学加快发展现代职业教育[J]. 中国职业技术教育，(21)：133-137.

王汉澜，1984. "三个面向"是我国教育改革的指导思想[J]. 河南大学学报（社会科学版），(6)：95.

王慧，2012. 高职院校"工学交替、半工半读"人才培养改革研究实践——以浙江商业职业技术学院电子商务专业为例[J]. 黑龙江高教研究，(9)：68-70.

王剑波，2015. 跨国高等教育与中外合作办学[M]. 济南：山东教育出版社.

王瑾，2008. 高等职业院校中外合作办学研究[D]. 南京：南京农业大学.

王瑞荣，李志彬，2014. 利益相关者视角下高职院校校企合作长效机制的构建[J]. 教育与职业，(32)：21-23.

王文亮，肖美丹，2014. 校企合作创新网络运行机制研究[M]. 北京：科学出版社.

王小梅，陈解放，曾令奇，等，2007. 高等职业教育院校管理模式研究与实践[J]. 中国高教研究，(5)：37-41.

王学勤，2013. 刍议我国高职教育宏观管理体制改革[J]. 中国成人教育，(21)：119-120.

王义澄，1990-12-05. 建设"双师型"专科教师队伍[N]. 中国教育报，3.

王振洪，2010. 高职院校工学结合育人模式存在的问题及其对策[J]. 中国职业技术教育，(18)：75-77.

王中海，2008. 中国近代大学内部权力研究[D]. 桂林：广西师范大学.

魏静苹，2011. 高职国际商务专业工学一体化课程体系构建研究[D]. 广州：广州大学.

魏能涛，2004. 中国出国留学潮25年决策揭密[J]. 北京档案，(s)：38-39.

吴国生，2013. 中国教育经费统计年鉴2012[M]. 北京：中国统计出版社.

吴健，2011. 基于"订单式"人才培养模式的校企合作实训基地建设[J]. 职教论坛，(17)：66-69.

吴岩，孙毅颖，2009. 高等职业教育发展篇[A]//中国高等教育学会. 改革开放30年中国高等教育发展经验专题研究. 北京：教育科学出版社.

吴杨，施卫东，2000. 大学学院制度下内部管理与运行机制创新的探讨[J]. 南京航空航天大学学报（社会科学版），(4)：52-56.

伍超，2004. 普通高校实行校院二级管理的认识与思考[J]. 杭州电子工业学院学报，24(5)：27-30.

肖化移，李谨平，2006. 工学结合的理性思考[J]. 职教通讯，(5)：12-15.

谢维和，1995. 我国教育管理体制改革的走向及其分析[J]. 教育研究，(10)：22-27.

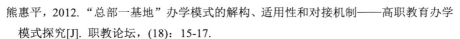

熊惠平，2012. "总部一基地"办学模式的解构、适用性和对接机制——高职教育办学模式探究[J]. 职教论坛，(18)：15-17.

徐海鹰，1990. 教育的困境与深化改革的基本思路[J]. 教育科学，(4)：1-7.

徐涵，2008. 工学结合概念内涵及其历史发展[J]. 职业技术教育，(7)：5-8.

徐卫东，2013. 关于工学结合、顶岗实习人才培养模式的思考[J]. 读写算：教师版，(24)：113-114.

许峰，2010. 高职课堂教学质量评价体系的改革与实践——基于工学结合的教学模式[J]. 辽宁高职学报，12(1)：15-17.

严海鹰，2008. 中国现代高等职业教育发展探究[D]. 厦门：福建师范大学.

杨德广，2001. 经济全球化与教育国际化[J]. 高教探索，9(4)：25-27.

杨红，2012. 制定或修订大学章程，对于建设现代大学制度的意义何在[EB/OL]. http://www.moe.edu.cn/publicfiles/business/htmlfiles/moe/s6073/201202/129997.html [2017-04-10].

杨金土，2007. 以史为鉴谈高职的人才培养规格[J]. 中国职业技术教育，(25)：5-8.

杨军，2015. 高职院校办学体制机制创新的深层次思考[J]. 教育与职业，(29)：31-33.

杨开亮，2010. 规范示范性高职院校二级学院执行力建设刍议[J]. 广东教育职教版，(3)：13-15.

杨文士，张雁，1994. 管理学原理[M]. 北京：人民出版社.

杨仲雄，1998. 关于五年制高等职业教育的由来与特色[J]. 中国职业技术教育，(10)：49-50.

姚奇富，2009. 高等职业教育办学模式创新研究[M]. 杭州：浙江大学出版社.

银丽丽，2014. 高等教育中外合作办学历史研究[D]. 厦门：厦门大学.

尹庆民，2012. 校企合作研究：基于应用型高校的模式及保障机制[M]. 北京：知识产权出版社.

尹玥，2015. 中外合作办学项目效率评价及优化研究[M]. 北京：知识产权出版社.

俞启定，王喜雪，2012. 基于学术权力的高职院校制度建设研究[J]. 湖南师范大学教育科学学报，11(6)：107-112.

喻晓琴，2005. 关于我国高等教育开展中外合作办学的几点思考[J]. 当代教育论坛，(12)：24-25.

张爱英，施余兵，李文娟，2010. 论高职院校中外合作办学模式及其质量监控体系的完善[C]. 2010北京高教学会高职研究会学术年会"金商祺"杯优秀论文专辑.

张家寰，郭扬，陈娟，2011. 中央财政支持职业教育实训基地项目建设综合评析[J]. 中国职业技术教育，(30)：5-11.

张良，2010. 工学结合模式下高职教学管理问题与对策[J]. 职业技术教育，31(11)：74-76.

张念宏，1991. 中国教育百科全书[M]. 北京：海洋出版社：88.

张薇之，1991. 从职业大学的兴起看我国高等职业技术教育的发展[J]. 江汉大学学报，(1)：75-76.

张文斌，2013. 高职院校中外合作办学模式研究[J]. 经济研究导刊，(2)：221-223.

张新科，贾生超，2012. 中德高校"工学结合"教学模式比较研究[M]. 北京：化学工业出版社.

张兴，2007. 高等教育办学主体多元化研究[D]. 上海：上海师范大学.

张扬，胡斌武，2011. 职教园区建设研究述评[J]. 职教论坛，(10)：45-47.

张耀荣，1987. 广东高教改革综述[J]. 高教探索，(4)：22，23-27.

张颖，2015. 多元化办学机制下的高职教育研究[J]. 陕西教育（高教），(5)：75，77.

张有根，2011. 利益相关者组织：高职办学体制机制的创新路径[J]. 职教论坛，(25)：31-34.

赵定勇，2012. 高职院校办学经费收入与支出实证研究[J]. 职教论坛，(10)：22-25.

赵庆典，2005. 高等学校办学模式研究[M]. 北京：人民教育出版社.

赵双兰，2014. 高等职业院校国际合作办学教育的研究[D]. 武汉：湖北工业大学.

赵彦志，2010. 中外合作办学：治理与发展[M]. 大连：东北财经大学出版社.

赵志群，2009. 职业教育工学结合一体化课程开发指南[M]. 北京：清华大学出版社.

郑菁，严先锋，2007. 高职教育产学研合作教育的探索与实践——以台州职业技术学院为例[J]. 轻工科技，23(10)：136-137.

郑莉，2006. 中外合作办学的实践与思考[J]. 成都中医药大学学报，8(1)：10-11.

郑荣林，王雅坤，2012. 我省民办高校更名者众[EB/OL]. http：//news.cntv.cn/20120308/100397.shtml[2017-02-15].

郑卫东，吴志荣，徐挺．2010. 校企共建课程平台共同实施人才培养——宁波职业技术学院应用技术专业工学结合人才培养模式改革[J]. 中国大学教学，(11)：72-74.

中国工程院，2015. 卓越系列人才培养计划实施情况评估简要报告[EB/OL]. http：//www.moe.edu.cn/jyb_xwfb/xw_fbh/moe_2069/xwfbh_2015n/xwfb_151204/151204_sfcl/201512/t20151204_222892.html[2017-02-14].

周济，2006. 工学结合，半工半读，实现我国职业教育改革和发展的新突破——周济部长在职业教育工学结合座谈会上的讲话[J]. 中华人民共和国教育部公报，(4)：3-9.

周建松，2015. 高等职业教育校企合作长效机制研究[M]. 杭州：浙江工商大学出版社.

朱厚望，2015-11-26. 将高职院线简称技术技能积累的资源集聚地[N]. 中国教育报，9.

朱建峰，2008. 澳大利亚 TAFE 人才培养模式研究[D]. 成都：四川师范大学.

朱正平，2010. 工学结合中高职教师的困境与超越[J]. 现代教育科学，(1)：156-158.

竺辉，方湖柳，2007. 2006 年职业院校"校企合作"研究综述[J]. 中国职业技术教育，(23)：9-12.

后　记

　　高职院校是高等职业院校的简称，是高等教育的重要类型，也是我国职业教育的重要组成部分，担负着培养面向生产、建设、服务、管理第一线需要的高技能、应用型专门人才的使命。对于中国高等教育而言，高职院校不仅是一种新的学校类型，也是一种新的办学模式。由于发展历史不长，也没有稳定固化的办学传统，高职院校的办学只能在探索中发展，在发展中不断变革和创新。适应社会需求、适应产业需求、适应学生需求是办学模式改革的内在动力，创新管理体制、理顺运行机制、形成竞争机制、提高办学质量是办学模式改革的主要目标。高职院校的办学模式改革，走的是一条经验借鉴与自主探索相结合的道路，既有对德国、美国、澳大利亚等西方国家成功经验的借鉴，又具有鲜明的中国特色。基于以上认识，本书从理论、政策和实践三个维度，对改革开放以来我国高职院校办学模式改革的发展规律、模式类型、实践经验进行多维度分析，既肯定已取得的成就，也指出其中存在的问题，有针对性地提出对策建议。这是本书研究和写作的基本思路。

　　本书是国家社会科学基金（教育学）青年基金项目"发达地区高职院校办学模式改革研究"的理论研究成果。高职院校办学模式改革的实践经验是非常丰富的，绝大多数高职院校在办学过程中都曾进行过探索性、创新性的实践，积累了成功的经验，也取得了显著的成效。但是，要把这些实践经验归纳提升为系统的理论，却显得困难重重。一方面，我们无法真正深入到高职院校管理和教学的一线体验改革实践，对于改革的艰巨性、复杂性的分析往往不够，容易简单化。另一方面，不同类型的高职院校，不同地区的高职院校，面临的改革环境是不一样的，选择的改革路径也是不一样的，如何选择具有代表性、典型性的改革案例，是个难题。本书选择一些示范性高职院校的改革案例进行介绍和分析，希望其启发和推广价值能够更高一些，但是，这些经验不可能适用于所有的高职院校。从这个意义上来说，本书只是"抛砖"之作。

　　本书的出版得到领导、老师、同事和朋友的热情鼓励和支持帮助。在此，真诚地表达谢意：感谢恩师潘懋元教授一直以来无微不至的关心、鼓

励与厚爱，先生已 97 岁高龄依然不辞辛苦，欣然为本书作序，心中十分感动！感谢亦师亦友亦领导的卢晓中教授，卢老师是教育部长江学者，是华南师范大学高等教育学博士学位授权点的学科带头人。我在这个积极奋进、和谐宽容的团队学习工作了 10 年，非常幸运、非常感恩！感谢同事李盛兵教授、周丽华教授、卢勃教授、陈先哲副教授、宋春燕副教授对课题研究和本书写作提供的热心帮助和重要建议；感谢广东省高水平大学重点建设学科群——华南师范大学"面向教育现代化重大战略的教育学学科群"为本书提供出版资助；感谢研究生王晓隆、蒋与艳、朱子熏、陈惜洋、陈露、邵盼盼、朝彩间、叶根等的协助，他们进行的资料收集、整理及部分文字撰写工作富有成效，在此一并致谢；感谢科学出版社的编辑为本书出版付出的辛勤工作！

在研究和写作过程中，本书吸收了学术界有关研究成果，专此向这些成果的作者表示感谢！限于研究水平和所掌握的资料，本书难免存在错漏和不妥之处，敬请专家和读者不吝赐教。

刘志文

2017 年 8 月于华南师范大学